新时代
学术进阶丛书

言之有物

研究生论文写作全流程拆解 （第三版）

How to Write a Master's Thesis (Third Edition)

[美]伊冯·布伊（Yvonne N. Bui） 著　　李金云　译

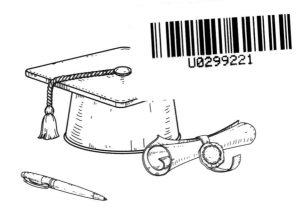

U0299221

清华大学出版社
北京

北京市版权局著作权合同登记号 图字 01-2024-4379

First published in English under the title How to Write a Master's Thesis, 3e
By Yvonne N. Bui ISBN:9781506336091
Copyright © 2020 by SAGE Publications, Inc.
This edition has been translated and published under licence from SAGE Publications, Inc.
此版本仅限中华人民共和国境内（不包括中国香港、澳门特别行政区和台湾地区）销售。未经出版者预先书面许可，不得以任何方式复制或抄袭本书的任何部分。

本书封面贴有清华大学出版社防伪标签，无标签者不得销售。

版权所有，侵权必究。举报：**010-62782989，beiqinquan@tup.tsinghua.edu.cn**。

图书在版编目（ＣＩＰ）数据

言之有物：研究生论文写作全流程拆解：第三版 /
(美) 伊冯・布伊 (Yvonne N. Bui) 著；李金云译.
北京：清华大学出版社，2025. 2.
(新时代学术进阶丛书). -- ISBN 978-7-302-68274-5
Ⅰ. G642.477
中国国家版本馆 CIP 数据核字第 20254NU177 号

责任编辑：顾　强
封面设计：周　洋
版式设计：张　姿
责任校对：王荣静
责任印制：杨　艳

出版发行：清华大学出版社
网　　　址：https://www.tup.com.cn，https://www.wqxuetang.com
地　　　址：北京清华大学学研大厦 A 座　邮　　编：100084
社 总 机：010-83470000　　　　　　邮　　购：010-62786544
投稿与读者服务：010-62776969，c-service@tup.tsinghua.edu.cn
质 量 反 馈：010-62772015，zhiliang@tup.tsinghua.edu.cn
印 装 者：涿州汇美亿浓印刷有限公司
经　　销：全国新华书店
开　　本：148mm×210mm　　　印　张：9　　字　数：247 千字
版　　次：2025 年 4 月第 1 版　　　印　次：2025 年 4 月第 1 次印刷
定　　价：78.00 元

产品编号：105408-01

献给两位我爱的人：

M. 和 O.

序言
PREFACE

本书旨在教授和示范如何撰写硕士学位论文。本书的目标读者是那些需要撰写硕士学位论文的研究生，以及他们的任课教师和指导教师。作为旧金山大学（San Francisco University）的前任教师和旧金山州立大学（San Francisco State University）的现任教师，我的主要工作是为硕士研究生提供学位论文方面的教学和指导。这是一段愉快、充实且富有教育意义的经历。我的学生大多数是在职人士，他们既要全职工作，又要上学，还要照顾家庭，或承担其他责任。硕士学位论文是他们学生生涯的最后一项任务，也有学生将其视为解决学习或工作中遇到的问题的机会。然而，在他们的热情背后，往往是对如何开展研究和如何撰写学位论文的恐惧。

基于指导硕士研究生的经验，我准备揭开硕士学位论文写作的神秘面纱。撰写本书时，我会认为你熟悉你所在领域或学科的内容，但是并没有想当然地认为你了解硕士学位论文的写作过程，因为只有已经完成论文的人才知道如何撰写！因此，我的目标是提供一本简单易懂的、实用的书，而不只是告诉大家"应该做什么"。除了"应该做什么"，本书还会一步步指导你撰写硕士学位论文。

全书共 10 章，每章开头都有该章内容的详细提纲。第 1 章对硕士学位论文进行概述。第 2 章和第 3 章主要介绍如何选择研究课题，以及如何从电子数据库和互联网搜索引擎中检索文献。第 4 章讨论开展研究时要注意的科研伦理问题以及如何向伦理审查委员会（IRB）申请批准。第5、6、7、8和9章分别介绍传统硕士学位论文所包含的5个章节的撰写方法，包括引言、文献综述、研究方法、结果/发现和讨论。第10章重点介绍如何使用美国心理学会（APA）的体例来编辑和设置引文、参考文献、表格等的格式。在每一章，我都会描述和解释本部分需要包含的内容，以及如何准备和撰写，并提供一些范例。这些范例节选自学生已经完成的硕士学位论文。此外，本书还列举了大量图表和从相关网站截取的"屏幕截图"。

每章结尾都有一个"学习材料"部分，用于加深对文中具体信息的理解。这些学习材料适合学生个人、小组或班级使用。该部分包括常见问题和实用解决方案、思考/讨论问题、练习、推荐阅读和网站链接。在"常见问题和实用解决方案"部分，我们讨论了学生经常会遇到的问题，并给出一些建议，目的在于预防问题或缓解学生遭遇挫折时的沮丧情绪。"思考/讨论问题"部分提出了一些综合性问题，以帮助学生从整体上理解该章内容。"练习"部分提供了针对本章内容的练习，目的在于为学位论文的撰写做准备。在"推荐阅读"和"网站链接"部分，我罗列了一些相关读物和网站，以增进学生对本章的理解。书中有很多详细的解释、示例和补充材料，我曾成功地运用它们来指导学生完成硕士学位论文。

本书第3版做了一些重要改动。第一，每章都重新做了编排，并更新了引用。第二，为提供最新的电子资源，每章结尾处的推荐阅读和网站链接都做了更新。第三，由于技术进步，第2章增加了互联网搜索和截图等新内容。第四，补充了更多细节和最新示例来说明漏斗式写作策略（the funnel writing strategy）和三个平行梯子策略（the three parallel ladders strategy）。第五，提供了更多关于质性研究、混合研究方法和数据分析的信息。第六，增加了如何阅读和使用本书以及如何准备硕士学位论文展示和发表的章节。

撰写硕士学位论文是一项复杂的任务，如果说只需读一读本书就能轻松完成，那就言过其实了。你需要努力做研究，需要花很长时间写论文。我非常敬佩你，因为你承担了这项重要任务，实现了一个有价值的目标。你的研究将促使你以不同的方式思考和写作，使你对自己的职业充满信心，并为你打开一扇新的大门。虽然没有机会与你合作，但我希望这本书能满足你学习过程中的需求，并希望你能像我一样从中受益。

致谢

在此感谢那些帮助本书出版的人。感谢以下审稿人，他们对如何改进本书提出了宝贵的意见和建议。

- 安德鲁·沃尔德·布鲁格，温斯洛普大学
- 玛格丽特·K.乔杰纳奇，巴里大学
- 乔尔·M.考克斯，利伯缇大学
- 迈克尔·德雷尔，贝瑟尔大学
- 塔维斯·朱尔斯，芝加哥洛约拉大学
- 刘欣怡，圣道大学
- 乔纳森·梅坎蒂尼，肯恩大学
- 朱莉·诺弗勒斯·古德，新泽西州瑞曼波学院
- 琳达·斯梅塔娜，加州州立大学东湾分校
- 利比·史密斯，威斯康星大学斯托特分校
- 伊丽莎白·托尔曼，南达科他州立大学
- 谢丽尔·杨佩尔顿，蒙大拿州立大学比灵斯分校

我的责任编辑利亚·法戈斯坦（Leah Fargotstein）是 SAGE 出版社（SAGE Publications）一位非常出色的编辑，感谢他的耐心指导和大力支持。感谢出版社的其他编辑、制作和技术人员，感谢他们在整个过程中提供的帮助。感谢我的学生们，从他们那里我学到了很多，感谢他们分享自己的硕士学位论文。感谢朋友们和同事们给予我的帮助

和支持。感谢我的人生导师和知己爱德华·梅恩（Edward Meyen）和拉里·布鲁斯特（Larry Brewster），感谢你们一直以来给予我知识、洞见和鼓励。感谢爱我的父母和兄弟姐妹，感谢你们对我的信任和支持。感谢我的家人，感谢你们给予我灵感，感谢你们无条件的爱。感谢你们所有人。

C 目录
ONTENTS

第1章

初识硕士学位论文

正如两个多世纪以来的情形一样，进展不会是一条直线，也不会总是一帆风顺，而是断断续续的。

——贝拉克·奥巴马（Barack Obama）

如果你正在读本页，那么祝贺你！这意味着你已经顺利拿到学士学位，这是一项重要成就。现在你准备开启下一阶段的学习之旅：完成硕士学位。为什么我要祝贺你而不是为你感到悲伤呢？因为无论硕士学位是你所从事领域内的最高专业学位，还是通向博士学位的大门，获得硕士学位都将为你提供很多个人发展机会。当然，这要取决于你能否找到大门并走进去。

≋ 第1节 什么是硕士学位论文 ≋

硕士学位种类繁多，涉及多个学科和专业领域，主要包括文学硕士和理学硕士两种。文学硕士（MA）学位主要针对艺术学、理学、社会科学（如教育学、心理学）和人文科学（如历史、哲学、宗教）等学科。理学硕士（MS）学位通常授予工程学、护理学、数学和医疗保健管理学等技术领域的学生，但也可以授予部分社会科学领域的学生。

在某些领域，硕士学位被视为专业学位或终极学位。通常情况下，终极学位被认为是某一研究领域的最高学术学位。本书不区分文学硕士、理学硕士或专业学位，因为所有学位都被称为硕士学位。

硕士培养体系是为已获得特定学科或领域学士学位的学生设立的研究生水平课程体系，通常包括科学研究、项目、考试或论文。由于学科和院校不同，可能会有几种获得硕士学位的途径。在一些情况下，学生学习几个单元的课程，并在学习结束时完成一个实地考察项目。例如，研究生可以提交与特定研究相关的项目，如手册或指南的编写以及视觉艺术表演等。其他情况下，学生可以选修课程，并在学习结束时通过综合口试或笔试。还有一种情况，该学位可能同时要求完成课程学习和研究工作。也可能要求将以上提及的课程学习、考试和科研项目结合起来。虽然每个学科对硕士学位都有各自的要求，但这些学科有一个共同点，即学生要积累相关经验或完成最终研究项目，以此证明他们已经"掌握"了学位所要求的必要内容。因此，选择攻读硕士学位之前，最好先了解一下学科、领域和高等教育机构对硕士学位的要求。

除了许多实实在在的好处，获得硕士学位的一个最大益处是它能给人带来极大的满足感。我总是告诉学生们（尤其是在他们想要放弃的时候）："是的，这的确是一项艰巨的工作；是的，我知道你已经一周没有见到家人了，或者，是的，我知道连宠物狗都开始生你的气了。但是，当你完成学业，获得硕士学位后，任何人都不能拿走你的学位。"这通常能让他们坚持一个星期左右。问题是，虽然这看起来像一段漫长（而且几乎没有尽头）的旅程，而且并不总是能轻易看到终点，但一旦完成所有学业，你便不再感到疲惫，而是倍感欣慰，因为你已经完成了自己的目标，而这种目标只有一小部分人能够完成。

在本书中，我只讨论硕士学位论文。硕士学位论文是一项基于实验的研究，是研究生的原创作品。基于实验的研究，以实验或观察所产生的数据（而不是观点）为基础。硕士学位论文必须是原创作品，因为它代表了学生的研究和写作能力。本书的重点在于分析和讲解整个研究过程和传统的由五章构成的学位论文，而不是艺术表演或制作。完成学位论文可以证明你有能力进行原创性研究、查阅现有文献、收集数据、分析数据、报告结果、讨论结论以及从研究结果中得到启示。此外，完成一篇学位论文还体现了你的毅力、自律性和学术写作能力。如同剥鲶鱼皮的方法不止一种，每个学科对论文的规范和要求也略有不同。一些院校可能还要求学生对研究进行最后的陈述汇报。重要的是，你要了解院校对论文的结构、格式和完成过程有哪些要求。通常情况下，研究生院、学院、学校或系部会提供相应的指导。

如果你正准备撰写硕士学位论文，那么很可能你已经完成或即将完成硕士课程。虽然开设硕士课程的目的不在于教授学生如何撰写学位论文，但在学位论文的研究和撰写过程中，课程的学习会让你受益匪浅。其一，硕士学位论文的撰写过程提供了多种学习本专业核心内容的机会。这些知识将帮助你选择适当的研究课题（通常是与你的专业相关且重要的课题），并帮助你找到自己的研究兴趣。其二，大多数硕士学位培养体系要求学生选修一门研究方法课程。

一、撰写硕士学位论文的益处

如前所述，获得硕士学位有多种方式，学位论文是其中之一，可能也是最具挑战性和最耗时的一种。你可能会想：我为什么要选择这种方式呢？除了打印和装订论文定稿时的欣喜若狂，选择撰写学位论文这一方式还有一些实实在在的好处。

首先，完成硕士学位论文可以激励你在本学科领域继续深造。从事学术研究或追求学术事业并非弱者之举，学位论文可以让你做好继续深入研究或进一步深造的准备。通过完成硕士学位论文，你不仅可以证明自己的研究潜能，还可以在决定攻读博士学位之前，尽早判断自己是否适合继续深造。

其次，学位论文的写作提供了一个难得的机会，让你可以与学院教师（即学科领域的专家）进行交流。在这一过程中，你将与导师和指导委员会的成员进行交流和合作，他们会给你提出详细建议，帮助你提高逻辑思维能力和写作能力。导师还可以为你今后的工作、实习或申请博士就读院校提供很好的帮助。时至今日，我仍然与指导过的学生保持着密切联系，并随时给他们提供帮助。

最后，撰写学位论文过程中所掌握的技能将有助于你的职业发展。例如，你将学会如何提出问题、如何运用数据来支撑论点、如何组织思维、如何通过学术写作进行交流、如何有效管理大型项目以及如何接收建设性反馈意见等，这些可以让你在未来职业中表现得更加出色。

二、硕士学位论文和学期论文的区别

撰写硕士学位论文时，学生遇到的最大问题之一是调整学期论文的写作风格，这也是本科生迫切需要完成的转变。硕士学位论文与学期论文存在质的差别，当然，也有量的差别。如前所述，硕士学位论文是基于学生对特定课题的原创性研究。相比之下，学期论文是关于特定课题的书面作业，代表着学生一个学期内取得的成绩。学期论文中可能提出一个问题，需要借助图书、期刊、报纸文章等材料来做出回答。但是，学生并不是为了回答研究问题而进行研究。例如，学期论文可能提出这样的论点：社交媒体技术（如博客、社交网络）的使用实际上降低了而不是提高了社会关系的质量。学生会引用研究资料和其他资料来说服读者并支撑自己的论点。然而，对于硕士学位论文，学生将对所研究的课题进行全面的文献综述，然后提出一个研究问题。之后，学生需要收集数据，或许会随机对 200 人进行调查，了解他们对社交媒体使用和社交关系质量的看法。最后，学生需要分析数据，报告结果，并根据收集到的数据得出研究结论和启示。

三、硕士学位论文和博士学位论文的区别

在一些情况下，"学位论文"一词同时指硕士学位论文和博士学位论文。但更为常见的是，大学用"thesis"一词指硕士学位论文，用"dissertation"一词指博士学位论文。博士学位论文通常是取得博士学位的最高要求。博士学位论文和硕士学位论文的区别取决于特定学科、专业领域和院校的要求。在很多情况下，尤其是硕士学位论文采用"传统"的研究形式时，两者的相似之处多于不同之处。例如，两者都应遵循系统化的研究过程，包括一个可以研究的问题、背景文献、研究文献、数据收集方法（如抽样、测量工具）、数据分析以及基于研究结果的讨论和结论。

但是，博士学位论文的写作可能需要博士研究生探索更深或更广的领域。例如，博士学位论文通常包括与问题相关的理论依据或概念框架。有时博士学位论文是为了对现有理论进行完善，而硕士学位论文一般不

需要这样做。博士学位论文可能还需要更大的样本量或更复杂的抽样计划、更多的测量工具，以及对数据进行更为复杂的统计分析或质性分析。因此，博士学位论文的篇幅（包括收集数据的时间和页数）可能比硕士学位论文长很多。

博士学位论文与硕士学位论文的另一个区别在于参与的人数。对于博士学位论文来说，大多数院校要求博士研究生成立一个委员会，委员会由一位主席和两三名（甚至四名）教师人员组成，他们担任论文的审阅人。博士研究生必须通过委员会成员参与的开题答辩后才能继续进行研究，并在完成研究后进行最终答辩。就硕士学位论文而言，硕士研究生通常只需要与导师和另一名教师合作。

最后，两者的另一个重要区别在于研究的重点或目的的不同。硕士学位论文多侧重小范围内的实践问题，而博士学位论文侧重较大范围内的理论问题。虽然两者都具有实际意义，但硕士学位论文更关注当前的问题。因此，区分两者的方法之一是将博士学位论文视为更复杂的、要求更高的硕士学位论文。事实上，指导学生完成硕士学位论文时，我会不断提醒他们，这是为他们撰写博士学位论文做准备！

≋ 第2节　如何选择导师和指导委员会 ≋

撰写硕士学位论文时，关键的一个环节是选择导师和指导委员会。硕士学位课程的学习有助于你了解课程或院系里的教师。这时你能更加了解哪些教师在工作方式和研究兴趣方面最适合担任你的导师。导师由系里指派或由硕士研究生自行选择，他将在整个硕士学位论文撰写过程中提供指导。请记住，导师有可能不是你的任课教师或系主任。一些院校为学生指定导师，而在另一些院校，学生可以选择导师以及指导委员会的其他成员。通常情况下，硕士学位论文委员会有两名教师：导师和一名委员。不过你最好咨询一下所在院系，因为成员人数可能从两人到五人不等。通常情况下，导师必须是担任学位课程的教师，而委员会成员可以是担任学位课程的教师，也可以是系内或系外的其他教师。同样，你需要向所在院校咨询相关规定。

如果允许学生挑选导师，需要注意以下几点。首先，导师不是硕士学位论文的共同作者。换言之，导师不会与你一起或者为你撰写硕士学位论文。相反，导师的职责在于指导你进行研究，不包括撰写和编辑论文、开展研究、收集和分析数据。导师会认为你已具备完成硕士学位论文的所有必要技能，导师会在你写论文的过程中提供帮助。选择导师要考虑的一个因素是导师的专业领域。如果导师熟悉你的论文选题，那么导师能在重要研究文献收集方面提供建议，这对你的研究非常有利。导师还可能具备其他领域的专业知识，而这正是你的研究所涉及的领域。选择导师时要考虑的另一个因素是适合。在此，需要提前判断自己能否与该教师建立积极的合作关系。请记住，你并不是想结交新朋友，而是希望有人能对你的论文提出真知灼见和反馈意见。最后，一定要考虑导师是否平易近人。导师的指导工作非常耗时，尤其在提供反馈意见时，因此不要选择一个已经被其他职责压得喘不过气来的人。

选好导师之后，需要安排一次与导师的会面，商讨如何开展合作。每位导师希望与研究生合作的方式都不尽相同，因此必须了解并按照导师的方式来进行合作。请参阅本章末尾的"学习材料"部分，了解初次与导师见面时可以询问的问题。这将有助于你和导师建立良好的合作关系。

〰 第3节 如何阅读和使用本书 〰

本书旨在为你讲述研究的步骤，并逐步指导你撰写论文。这不是《纽约时报》上列出的一本畅销小说，所以除非你像我一样晚上睡不着觉，否则真的没有必要一口气把书从头到尾读完。相反，应该像阅读参考书一样阅读本书，先略读全书，然后在需要更多详细信息时深入阅读特定章节。正如开头的引文所述，每个人的写作过程都不尽相同。虽然本书以线性方式写成，但有些人可能想从学位论文的第二章开始写，然后再回头写第一章，而其他人可能想从第三章开始写。实际上这是个人的选择，也可能是导师的选择。显然，不可能开始就写论文的第四章和第五章！关键是要开始行动，将本书作为参考指南，坚持阅读和写作，不断前进！

请记住，本书并非研究方法类的书籍，不会深入探讨各种研究设计和数据分析方法。虽然简要介绍了上述内容，但我还是强烈建议，作为补充，你可以使用适合自己研究的研究方法类书籍和课程。市面上有很多不错的方法类书籍，本书也推荐了一些，导师也会推荐一些研究方法类书籍。

每章末尾还附有其他资源，包括常见问题和实用解决方案、思考 / 讨论问题、练习、推荐阅读和网站链接。这些资源是我之前给研究生提出建议的汇总，让你有机会实践和应用每章所涉及的内容。我发现，撰写论文之前与同学或导师交流你的想法将大有裨益。

〰〰 第4节　硕士学位论文有哪些组成部分 〰〰

硕士学位论文包括五章，每一章都有不同的重点和目标。这五章的标题分别是：①引言；②文献综述；③研究方法；④结果和发现；⑤讨论。无论你做的是质性、定量还是混合研究，这五章的结构都一样，尽管某些小节可能有所不同。接下来将对每一章进行简要介绍。本书第5章至第9章全面讨论了如何撰写学位论文的各章节。为避免混淆，我在提到本书的章节时使用阿拉伯数字（如第 1 章、第 2 章），在提到硕士学位论文的章节时使用汉字形式（如第一章、第二章）。请记住，你所在的学校或专业可能使用不同的论文章节格式，或使用其他术语（如"部分"）来指代硕士论文的不同组成部分。

第一章 引言

第一章向读者介绍学位论文的选题。本章的关键在于确定研究课题。你需要向读者说明研究课题的必要性，以及将回答哪些具体的问题。通常情况下，研究课题需要根据你的专业来确定（我将在第2章讨论如何选择合适的研究课题）。例如，如果你的硕士专业是"社会工作"，那么你感兴趣的研究课题可能是无家可归的单亲妈妈，具体问题可能是孩子缺乏适当的托儿服务或教育服务，单亲妈妈无法找到稳定工作，因而频繁地换工作。在向读者介绍具体的研究课题之前，要先介绍与课题相关的研究背景。换句话说，讨论具体问题之前，你需要先将研究课题与背景联系起来。例如，你需要先讨论与有孩子却无家可归的家庭相关的一般问题，并使用国家或州的数据和统计资料来支撑你的论点。这一部分将包括无家可归对母亲和孩子造成的社会影响和情感影响。

学位论文的第一章包括问题陈述（关于具体问题的信息）、背景和需求（与问题相关的背景文献以及仍然存在的研究空白）、研究目的（研究的重点和目标）、研究问题（研究拟回答哪些问题）以及其他重要部分。本章需要引用实证研究、政府报告和数据、网站、理论以及论文来支撑你的论点。本书第5章将详细讨论如何撰写学位论文的第一章。

第二章 文献综述

学位论文的第二章向读者介绍与研究课题相关的研究文献。第二章的关键不是进行详尽的搜索，而是确定与你的课题最密切相关的研究文献。从根本上说，你要告知读者与该课题相关的重要研究，这可以为读者提供相关背景信息。文献综述还可以为你的研究提供论据，因为你指出了现有研究中存在的不足。第二章为你的研究提供了可信度，因为它表明你在研究该课题时做了功课，而且你的研究是基于其他研究之上的。换言之，你的学位论文并非凭空杜撰，而是出于研究的需要，你的论文将有助于相关问题的解决。

撰写第二章时，需要先介绍研究背景和具体的研究课题，然后提供一个先行结构句，说明本部分涵盖哪些内容。本书将涉及与研究课题相关的三个问题，概述会明确指出这三个问题的讨论顺序，这有助于确定文献综述的结构和组织你找到的文献。例如，前面提及的社会工作的例子中，与研究课题相关的三个问题可以是无家可归及其对儿童的影响，无家可归的母亲与其子女之间的关系，学校与社会机构的合作。这些问题从何而来？别担心，在阅读现有文献、撰写第一章的"问题陈述"和"背景与需求"部分以及第二章的文献综述时，这三个问题就会出现。

介绍完这三个问题后，可以针对每个问题查找并研读 3 ～ 4 篇研究文献（附带实证数据）。每一部分的开头需要简要介绍研究问题，然后在结尾处概括这一问题取得的进展和存在的不足。文献综述结尾部分应对与该课题相关的所有文献进行总结。第 6 章将详细讨论如何撰写学位论文的第二章及其三个主要部分。

第三章　研究方法

第三章将阐述开展研究所使用的研究方法。第三章的关键是描述开展研究的实际程序。实际上，你是在向读者介绍研究如何逐步开展，因此需要详细描述研究的各个环节。第三章应包括以下内容：①背景（研究发生的地点）；②参与者（参与研究的人以及他们如何被选中）；③指导策略或干预材料（用于开展研究的任何材料或策略）；④测量工具（用于收集数据的工具）；⑤程序（如何收集数据和／或实施研究）；⑥数据分析（用于数据处理的统计方法、质性研究方法或混合研究方法）。第三章需要包含足够多的细节，以便其他研究人员可以复制你的研究（尤其是定量研究）。第 7 章将详细讨论如何撰写学位论文的第三章。

第四章　结果和发现

第四章将报告研究结果。第四章的关键是介绍第三章数据收集和数据分析的结果。从根本上说，你要告诉读者发现了什么，根据采取的研究方法——质性、定量还是混合方法，选择用文字叙述、数字或表格的形式全面介绍研究结果。第四章要交代第三章数据分析的结果，涉及研究的每个变量、参与者和测量工具。例如，如果做的是质性研究，可以根据研究问题对结果进行文字性描述。如果是定量研究，可以提供每个参与者或整个样本组（或两者）的描述性数据统计。描述性数据统计是对样本组数据进行统计分析的基本方法。通常情况下，报告的统计数据包括平均值、中位数、众数、方差和标准偏差。如果对一个大组或不止一组的参与者进行干预，你可以使用推论统计（inferential statistics）来说明干预前后或两组之间的差异。

推论统计是较高层次的统计分析，是将样本推断为群体的统计分析。推论统计还包括假设检验和设定概率水平，以检验不同小组之间是否存在显著差异。第8章将详细讨论如何撰写学位论文的第四章。本书中，定量方法、质性方法和混合研究方法将在第7章（研究方法）和第8章（结果和发现）中分别讨论，通过这两章你会了解到三种研究方法的差异很大。

第五章　讨论

第五章是学位论文的最后一章，将基于研究结果或发现得出结论。第五章的关键在于结合问题陈述和第一章中确定的研究问题讨论研究结果或发现。讨论部分包括研究人员对结果或发现的解释，还可以讨论研究结果或发现与已有研究文献的关系。此外，第五章还包括"研究局限"一节，这部分将讨论研究设计或研究结果的局限性。第五章的另一部分是对未来研究的建议，将针对后续研究提出一些建议。还可以包括行动、政策或程序方面的建议。第五章的最后一节是"结论"，将阐述研究的重要结论及其影响。第9章将详细讨论如何撰写学位论文的第五章。

第5节　什么是定量研究、质性研究和混合研究

前面已经简要提及定量研究、质性研究和混合研究方法。你正在阅读本书，所以很可能已经或正在学习研究方法课程，因此我不再过多介绍不同的研究方法。不过，研究类型会影响学位论文的写作，因此我将简要区分各种研究方法，并举例说明不同学科可能会采用的方法。虽然本书会分别描述定量方法和质性方法，但请记住这些方法是相关联的，并非截然对立（Newman & Benz, 1998）。两种研究方法各有利弊，不能说哪种更好或更重要。具体采用哪种方法取决于研究的问题，而不是研究人员的个性，尽管这也很重要。除了选择研究类型，研究人员还要在定量、质性或混合研究方法中加以选择，并确定研究设计。研究设计是调查类型或"调查策略"（Denzin & Lincoln, 2011）。以下是一些研究类型的举例。

一、定量研究

定量研究的重点在于使用客观测量方法收集数据（即数字），并使用统计方法（描述性方法或推论性方法）进行分析；然后，将数据分析的结果用于描述不同人群的特点或解释特定现象（Babbie, 2016; Mujis, 2010）。一些较为常见的定量研究设计包括实验设计（如真实的实验、模拟实验、单案例研究设计）和非实验设计（如因果比较设计、关联性研究设计、调查设计）（Creswell & Creswell, 2018; Mills & Gay, 2019）。

定量实验研究中，研究人员可以用单个或多个自变量来测量因果关系。自变量是研究人员有意操纵的变量（如原因），目的是让因变量发生变化。因变量是被观察的变量，目的在于观察其对自变量的反应是否有所改变（如结果）。研究人员不能操纵因变量。定量研究中，通常使用演

绎推理，即从一般到具体的推理。通常情况下，定量研究人员（在进行研究之前）会根据理论提出一个假设，并通过测试确定该假设是否正确。定量研究中，假设就是要根据事件的概率分布或可能性分布做出预测。

在无须做实验的定量研究中，研究人员会测量两个或多个变量或一组数据之间的关联。在此基础上，选取典型人群（即样本）进行调查，分析人口趋势、态度、行为和观点。

研究人员经常使用一种或几种测量工具收集数据。测量工具是用来测量因变量或相关变量变化的数据收集工具（如调查、观察、测试）。数据以数字形式记录，如百分比、平均成绩点、平均分或评分。数据分析会有两种结果：证明之前的假设成立或不成立。定量研究的样本量通常较大，样本可能有多个组别。此外，研究人员与研究参与者的直接互动不多。收集数据后，研究人员会运用描述性或推论性统计来分析数据。定量研究的优势在于研究人员可以控制研究的各个方面，而且由于样本量大，研究结果可以在更大的范围内推广。

定量研究可适用于许多学科和研究课题，但也需考虑具体要研究的问题。例如，在心理咨询领域，可以研究父母离婚对一所幼儿园内 4 岁儿童的社交和情绪行为产生的影响。在犯罪学领域，可以对父母被监禁的青少年进行调查，评估他们对执法的态度和看法。在组织和企业管理领域，可以研究员工通过保健（如运动、瑜伽、冥想、针灸）来减轻压力与工作效率的关系。在社会工作领域，可以研究父母年迈对亚裔美国人家庭中兄弟姐妹关系的影响。最后，在教育领域，可以对男女高中生在男女同班或同性班级中数学成绩的差异进行研究。由上述例子可以看出，使用定量研究方法进行跨学科研究没有局限。请注意，以上提及的潜在研究都需要通过调查、测试或观察来收集数据。

二、质性研究

质性研究指对特定情境进行深入研究，旨在更好地理解自然情境下某种现象和参与者的观点（Mills & Gay, 2019）。一般来说，质性研究人员主要运用文字（而非数据）来探索、描述和解释人类行为。

运用质性研究的课题通常会收集叙述性的文字资料（而非数据）来回答研究问题。质性研究包含很多类型。社会和健康科学文献中常见的质性研究方法包括叙事、现象学、扎根理论、人种学和案例研究等（Creswell & Poth, 2018）。与定量研究不同，质性研究在开始研究时并不提出假设，也不需要找到支持假设的理论。质性研究通常使用归纳推理，即从具体到一般的推理。质性研究是从具体情境入手，发现数据中的规律，提出初步的假设，然后得出结论。研究人员经常通过大范围的、详细的田野记录、观察、访谈以及在自然情境中与参与者进行讨论来收集数据（也就是说，研究人员不能控制或操纵环境）。质性研究的样本量通常较小，因此研究人员有时间和机会与参与者进行广泛互动。数据收集完成后，研究人员会进行编码和分析，并根据数据中出现的规律进行分类。接下来，可以总结研究发现。质性研究的优势在于：研究人员可以对某个问题进行深入调查；可以根据参与者（而非研究人员）的观点对结果进行解释；可以对研究过程进行全面描述。

质性研究适用于许多学科。例如，在心理咨询领域，质性研究可以用来研究单亲拉丁裔母亲对心理健康服务的看法；在犯罪学领域，质性研究可以用来研究被监禁的未成年母亲对青少年拘留中心抚养子女的看法；在组织和企业管理领域，质性研究可以用来研究志愿服务如何影响非营利组织员工的积极性和满意度；在社会工作领域，质性研究可以用来研究哪些因素有助于家庭暴力受害者的恢复；最后，在教育领域，研究人员可以对第一代非洲裔美国大学生的经历进行人种学研究。由上述例子可以看出，有些课题需要使用访谈和观察等质性方法来回答研究问题。

三、混合研究

第三种类型为混合研究，混合研究同时包含了质性和定量研究方法

清華大學出版社
Tsinghua University Press

青年学者
成长训练营

四大模块

论文写作
打造高水平论文，提升发表成功率

项目申报
把关申报全流程，提高本子中标率

教学方法
传授教学的艺术，启发教研双驱动

研究方法
掌握系统方法论，增强研究科学性

清华出品，名师授课
教研干货，助力成长

◀ 扫码领取优惠

的要素，所以介于两者中间。混合研究的使用和普及率越来越高。"在混合研究中，针对研究问题和假设，研究人员会严格地收集和分析质性和定量数据，整合两种形式的数据及结果，将这些步骤组织成研究设计，为开展研究提供具体的步骤。这些步骤需要在理论和哲学的指导下进行。"(Creswell & Plano Clark, 2018, p. 5)。

三种常用的混合设计是聚敛式设计（convergent design）、解释性序列设计（explanatory sequential design）和探索性序列设计（the exploratory sequential design）（Creswell & Plano Clark, 2018）。不同的设计说明了数据收集和解释的不同阶段，后续的研究结果可以补充或者提供进一步的解释。在聚敛式设计中，研究人员通常同时收集两种形式（定量＋质性）的数据，然后将信息整合，进行数据分析和解释。解释性序列设计的第一阶段是定量研究，研究人员分析数据；第二阶段是质性研究（定量＋质性）。探索性序列设计与解释性序列设计的顺序相反，其第一阶段为质性研究，第二阶段为定量研究(质性＋定量)。虽然看起来研究人员只是将各阶段的研究"加在一起"，但实际上他们进行了信息整合，以创造出大于各部分之和的新知识，即达到"1+1=3"的效果（Fetters & Freshwater, 2015）。

如果研究人员回答研究问题时发现一种来源的数据不够充分，那么可以开展混合研究。混合研究是一种比较理想的方式，因为研究人员不再受限于某些定量或质性的数据收集工具，可收集更多证据来深入研究问题。但是，请记住，混合研究不仅需要多种研究技能，还需要时间和资源来进行多个阶段的数据收集和分析。

第6节 什么是文体格式

除了选择研究类型和研究设计，你还需要遵守特定的文体格式。所有学术著作，如图书、期刊论文、参考资料、学位论文和毕业论文，都必须严格遵守文体格式。文体格式既指写作文体，也指编辑风格。编辑风格是作者在发表文章和出版图书时必须遵守的一套规则或准则。其中一些关键要素包括标题、引文、参考文献、表格、数字等。本书和书中涉及的硕士学位论文选择了美国心理学会制订的文体格式（简称 APA 格式），这种格式常用于教育学、心理学、社会学、商学、经济学、护理学和社会工作等各种社会科学学科。具体来说，我使用的是《美国心理学会出版手册》第六版（VandenBos，2010 年）的文体格式。APA 手册是一本参考书，其中包含 APA 写作和编辑风格的规则。APA 网站[1]会根据新出现的问题对手册进行修订或更新，因此请确保使用最新版本。APA 格式广泛应用在行为科学和社会科学领域，但具体的格式因学科或学术部门而异。文体格式的其他常用参考文献包括芝加哥大学出版社出版的《芝加哥格式使用指南》（2017 年第 17 版）和人文学科广泛使用的现代语言协会（MLA）制订的文献引文规范。请咨询导师你的硕士学位论文需要使用哪种文体格式。

学位论文的写作格式必须符合规定的文体格式，因此在开始写作时熟悉文体格式非常有用。不过，文体格式并不是一种研究方法，而是撰写论文的一种工具。本书的第 10 章将帮助你正确使用 APA 格式。这一章在本书中的位置比较靠后，但这并不意味着它不重要。如果你在以前的论文中使用过 APA 格式，或者熟悉该格式，那么你可以将第 10 章作为复习。如果以前没有使用过 APA 格式，那么建议你在收集数据和论文撰写过程中参考第 10 章的内容。

≋ **本章小结** ≋

祝贺你读完了本书的第 1 章（只剩 9 章了）！现在，你应该对本书有了一定了解，并感到浑身充满力量，已经准备好开始这次教育探险了。

---

[1] 参见http:// www.apastyle.org

感谢你们给我这个机会，让我成为你们的向导。在下一章中，我将讨论如何选择研究课题和确定研究问题。祝愿你们一切顺利，我将带领你们顺利抵达终点（如果有必要，我还会拉你们一把）！以下是本章的要点。

- 硕士学位是学士之后的学位，由学院或大学授予完成 1 ~ 2 年研究生课程的候选人。

- 在某些领域，硕士学位被称为专业学位或终极学位，这意味着该学位是该专业的最高学术学位，而不是通向博士学位的门户。

- 硕士学位论文让你有机会学习本领域的核心内容和研究方法。就本书而言，硕士学位论文是一篇基于实证研究的论文，共分为五章。

第一章向读者介绍学位论文的选题，确定研究问题。

第二章向读者介绍该课题相关的研究文献，并确定哪些是最相关和最重要的研究。

第三章解释研究方法和研究设计，并介绍实际的研究步骤。

第四章报告第三章数据收集和数据分析所得出的结果或结论。

第五章结合第一章中的研究问题，讨论第四章中的研究结果，并得出结论。

- 促使研究人员进行定量研究、质性研究或混合研究的因素并不是研究人员的个性（尽管这很重要），而是需要回答的研究问题。

≋ 学习材料 ≋

一、常见问题和实用解决方案

该阶段学生时常对学位论文的规模不知所措。他们首先想到的是：这可如何是好？如果是因为从未进行过研究或撰写过类似论文而感到焦虑，请不要惊慌！本书（以及你的导师）将帮助你把各个部分划分成易于操作的小块，并指导你完成硕士学位论文的撰写。不过，复习一下相关的研究方法可能会对你有所帮助。

该阶段学生经常面临的另一个问题是选择定量研究、质性研究还是混合研究。你不用现在就做出决定，而应该先阅读现有研究，提出研究问题，在这一过程中，你会自然而然地做出决定。

二、思考 / 讨论问题

撰写硕士学位论文之前，最好花一些时间进行"思维转换"，即从本科阶段的写作类型转换到硕士学位论文的写作上来。此外，现在也是认真思考学科难题，以及考虑是否适合采用定量、质性或混合研究的好时机。以下思考 / 讨论问题将有助于你完成这一过程。

（1）定量、质性和混合研究之间有何异同？

（2）集思广益，讨论特定领域或学科的关键研究问题。解决这些研究问题的最佳方法是什么？说明选择每种研究方法的利弊。

三、练习

以下练习（练习一和练习二）将帮助你确定有能力担任你的导师和委员会成员的教师，并帮助你准备与导师的第一次见面。练习三旨在帮你分析获得硕士学位对你的职业和个人的益处。这些将让你在撰写论文的过程中保持写作动力，因为你知道完成论文后可以获得回报！

练习一：重点关注硕士学位培养体系内外的教师。

- 请列出你选修课程的所有教师的名单。
- 请列出与你合作过课外项目的所有教师的名单。
- 查看教师的简历（通常可在大学网站上查阅），列出与你有共同（研究）兴趣的教师。
- 列出可以担任你的导师和委员会成员的教师名单。
- 写一封邮件，简要介绍你的研究兴趣并询问对方是否愿意担任你的硕士学位论文导师或委员会成员，并安排初次见面。

练习二：与导师的第一次见面至关重要，这次见面将为今后的合作奠定基础，同时也将明确导师与你未来的合作方式。

- 列出与导师初次见面时要提的问题。请记住，你可能只有30分钟的时间与他交谈。因此，所列的问题应简明扼要，并与论文相关。同时，还需准备好回答导师提出的问题。以下是一份可能用到的问题清单。

（1）我们应该多长时间见一次面，一周一次、两周一次还是视需要而定？

（2）什么日期、什么时候见面最好，上午、下午、晚上？

（3）如果我需要安排或取消预约，与您联系的最佳方式是什么？

（4）我应该以哪种形式提交论文草稿，电子邮件还是打印稿？

（5）收到论文反馈的时间一般是多久？

（6）您希望我在多长时间内提交下一份论文草稿？

（7）在等待您的反馈期间，我应该做哪些工作？

（8）校内外有哪些资源可以帮助我进行写作、编辑和数据分析工作？

练习三：重点讨论本专业或学科领域获得硕士学位对个人和职业的好处。

想象一下，你已经拿到硕士学位，系主任要求你在毕业典礼上发表主题演讲：在本学科领域获得硕士学位将如何提升和促进你实现职业目标。你必须写一篇5分钟的演讲稿，阐述获得硕士学位对专业和个人的益处，并感谢一路上支持你的人。知道我们为什么想做某件事和怎么做一样重要。

四、推荐阅读

- Creamer, E. G. (2017). *An introduction to fully integrated mixed methods research*. Thousand Oaks, CA: Sage.

- Creswell, J. W., & Creswell, J. D. (2018). *Research design: Qualitative, quantitative, and mixed methods approaches* (5th ed.). Thousand Oaks, CA:

Sage.

- Creswell, J. W., & Plano Clark, V. L. (2018). *Designing and conducting mixed methods research* (3rd ed.). Thousand Oaks, CA: Sage.

- Creswell, J. W., & Poth, C. N. (2018). *Qualitative inquiry and research design* (4th ed.). Thousand Oaks, CA: Sage.

- Dane, F. C. (2018). Evaluating research: *Methodology for people who need to read research* (2nd ed.). Thousand Oaks, CA: Sage.

- Drennan, J., & Clarke, M. (2009). Coursework master's programmes: The student's experience of research and research supervision. *Studies in Higher Education*, 34(5), 483−500. doi:10.1080/030750708 02597150

- Ercikan, K., & Roth, W. M. (2006). What good is polarizing research into qualitative and quantitative? *Educational Researcher*, 35(5), 14−23.

- Fatima, N. (2009). Investment in graduate and professional degree education: Evidence of state workforce productivity. *Florida Journal of Educational Administration and Policy*, 3(1), 9−35.

- Fletcher, K. M. (2005). The impact of receiving a master's degree in nonprofit management on graduates' professional lives. *Nonprofit and Voluntary Sector Quarterly*, 34(4), 433−447.

- Labaree, D. F. (2003). The peculiar problems of preparing educational researchers. *Educational Researcher*, 32(4), 13−22.

- Little, S. G., Akin−Little, A., & Lee, H. B. (2003). Education in statistics and research design in school psychology. *School Psychology International*, 24(4), 437 − 448.

- Mills, G. E., & Gay, L. R. (2019). *Educational research: Competencies for analysis and applications* (12th ed.). Upper Saddle River, NJ: Pearson.

- Modern Language Association. (2016). *MLA Handbook* (8th ed.).

New York, NY: Author.

- Morrow, S. L. (2007). Qualitative research in counseling psychology: Conceptual foundations. *Counseling Psychologist*, 35(2), 209−235.

- Patenaude, A. L. (2004). No promises, but I'm willing to listen and tell what I hear: Conducting qualitative research among prison inmates and staff. *Prison Journal*, 84(4), 69S−91S.

- University of Chicago Press. (2017). *The Chicago Manual of Style* (17th ed.). Chicago, IL: Author.

- VandenBos, G. R. (Ed.). (2010). *Publication manual of the American Psychological Association* (6th ed.). Washington, DC: American Psychological Association.

- Yauch, C. A., & Steudel, H. J. (2003). Complementary use of qualitative and quantitative cultural assessment methods. *Organizational Research Methods*, 6(4), 465−481.

五、网站链接

- APA Style

http://www.apastyle.org/

- Glossary of Master's Degree Programs

https://study.com/article_directory/Glossary_of_Master's_Degree_Programs.html

- Modern Language Association (MLA)

https://www.mla.org/

- Modern Language Association (MLA) The Style Center

https://style.mla.org/

- Purdue Online Writing Lab (Chicago Manual of Style 17th Edition)

https://owl.purdue.edu/owl/research_and_citation/chicago_

manual_17th_edition/cmos_formatting_and_style_guide/chicago_manual_of_

style_ 17th_edition.html

- The Chicago Manual of Style Online

http://www.chicagomanualofstyle.org/home.html

- The Princeton Review: Find Your Grad School

https://www.princetonreview.com/grad-school-search

第2章

确定研究课题

写作是对生活的感悟。你劳碌一生，也许已经在某一个小领域里取得了成功。

——纳丁·戈迪默（Nadine Gordimer）

前面我已经介绍了硕士学位论文的基本情况，现在是时候开始写作了！与大多数写作一样，撰写硕士学位论文的第一步是选题。这是一项艰巨的任务，因为有许多有趣的、尚无定论的研究课题值得研究。显然，选择的论文课题应该在你的学科领域有重要意义。但是，请记住，研究应针对你希望回答的研究问题，因为这些问题非常重要，却一直无法找到答案。你的研究问题可以是原创性的，也可以是重复前人的。例如，如果我正在攻读大学心理咨询专业的硕士学位，那么我可能想研究该专业的某些方面，这些方面对心理咨询的过程、心理咨询的相关问题或心理咨询相关人员都很重要。我还必须关注一个或几个研究将回答的具体问题。就心理咨询过程而言，也许我想找出小组咨询和个人咨询在参与度和满意度方面的差异。至于该专业的相关问题或挑战，我可以考察家族里第一个上大学的学生[①]，或少数族裔大学生在毕业率和新生返校率[②]方面的差异。最后，关于参与心理咨询的人，我可以研究移民学生或难民学生对大学教育的不同体验。提出研究问题是规划学位论文的重要部分。接下来，我将深入讨论研究问题。

第1节　选择研究课题时应考虑哪些因素

硕士研究生常问的一个问题是"我该从何处入手？"通常情况下，学生在选择研究课题时会感到焦虑，因为这就像对一个未曾谋面的人做出长期承诺一样！选择研究课题不应该像相亲或其他随机行为一样。相反，这是一个系统的过程，需要花时间反思和讨论，当然还需要进行深入研

---

① first-generation students，通常来自低收入家庭，他们在学习、社交等方面存在一定压力。——译者注
② 美国大学的新生入学一年后，如果对学校不满意，他们会放弃返校。新生返校率是美国大学排名的一个重要指标。——译者注

究。要选择一个有意义且值得研究的课题，还要选择一个可以在规定时间内完成的课题。接下来，我将讨论选择研究课题时需要考虑的 6 个重要因素。

一、对个人有意义

选择研究课题首先要遵从内心。你选择的研究课题首先应该对你有意义。你之所以选择某个学科领域是有原因的，希望你对该学科领域感兴趣。研究课题正是硕士课程和你获得的所有经验可以派上用场的地方。通过硕士课程的学习，你回顾了解了相关研究。其中一些研究可能会引起你的思考，或许课程中的某个话题、理论、问题、阅读的内容、教师的某句话或实地工作经验会让你产生兴趣。请记住，你的研究和学位论文可能需要 1～2 年的时间才能完成，因此你应该选择有意义的、你所热衷的课题，为此你将投入大量的时间和精力。根据个人兴趣选择研究课题也会给你提供继续做下去的动力，尤其是在你想放弃的时候（这会经常发生）。

攻读硕士学位时，我也在研究课题的选择上碰到了困难，因为我感兴趣的课题实在太多。其中大多数都是非常重要的、与学习障碍学生相关的、宽泛的社会性问题，但没有一个是我力所能及的。当我和导师坐下来，滔滔不绝地说出 10 个想法时，他说："什么对你最重要？你来自哪里？你能为谁发声？"我惊呆了。什么对我很重要？为什么会有人想知道对我重要的东西？我回答说："最近有很多越南难民带着学习障碍儿童移民到美国，我不知道他们是否了解特殊教育服务，因为他们不会说英语，而且越南的特殊教育服务也很少。"30 分钟后，我走出他的办公室，手里拿着研究课题，异常兴奋！获准进行一项对我个人来说意义重大的研究，这改变了我对研究的看法。我不再把数据收集视为一种负担，反而为能接触到不同的家庭而感到高兴。对于学习障碍儿童接受特殊教育服务，家长们有自己的经历和看法，我对此非常感兴趣。完成这项研究后，我在一次全国性学术会议上介绍了研究成果，当时会场上的人都想听听家有学习障碍儿童的越南移民的故事。这让我感到非常惊讶，我想我不是唯一一个认为这项研究很重要的人。因此，我从这件事学到的经验是，选择一个你感兴趣的课题，并得到导师的指导，他将帮助你聚焦关键问题。毕竟只要听从自己的内心就不会出错（大多数时候是这样）。

二、该领域内的关键问题

第二个寻找研究课题的地方是生活或学习场所附近。换句话说，无论在学校、教室、诊所、青少年拘留中心、寄养家庭、企业还是在非营利组织，你和你的同事目前面临着哪些问题？通常情况下，你会发现研究课题是你一直想要努力解决的问题，也是需要帮助才能找到解决方法的问题。例如，你可能对如何吸引并留住非营利组织的捐赠者感兴趣。在学校，也许你担心网络欺凌日益严重的问题，也许你对少年司法系统中青少年的心理健康问题感兴趣。

如果不清楚领域内的问题所在，一个可行的办法是与同学、老师、学院管理人员以及导师交谈。他们熟悉你的专业领域，会有很多想法，你跟他们交流会大有裨益。研究课题可以是专业领域里的问题，也可以是工作中碰到的问题。但是，请记住，你的目标是关注一个问题，而不是你所在领域的所有问题。

三、现有研究文献

第三种寻找研究课题的方法是对文献进行深入研究。通过互联网或图书馆进行文献研究通常是寻找课题的好方法，因为这可以让你了解领域内那些重要的、宽泛的问题。这一点非常重要，因为你的研究应该对研究文献有所贡献。就像大多数研究一样，你希望能够为所在领域添砖加瓦。换句话说，"个人"关注的问题必须是学术界关注的问题（Machi &

McEvoy, 2016）。通过文献研究，可以大致了解该领域已经完成的研究、最佳的实践路径以及仍然存在的空白。据此，你可以选择重复现有的研究问题，在新的人群中实施以前验证过的做法，或者填补研究空白，开展一项新研究。

查找现有研究文献时，一个经常被忽视的资源是信息交换网站和政府部门的报告。这些网站列出了那些有科研经费资助的、在许多不同领域和学科发表的研究成果。可以由此开始你的文献研究，因为它们集中了特定领域的主要问题。例如，国家司法研究所（美国司法部司法项目办公室）创办了一个信息交换网站，该网站发布了与刑事司法、少年司法和犯罪受害者服务相关的各种实践和研究报告。该领域的专家会根据研究报告提供的证据来评定每项计划的有效性（例如，有效、有潜力的或无效的）。再如，What Works Clearinghouse 是教育领域的一个信息交流网站，由教育科学研究所创办。信息交换网站和政府报告的优点是随时可用，免费开放，并提供特定领域现有的研究概况。

在过去的 15 年里，文献研究的方式发生了巨大变化。我进行硕士论文研究时必须真正走进图书馆（是的，即使是在冬天）。首先我需要通过卡片目录找到图书和期刊，然后从书架上拿走它们，最后带着一把把的五角硬币和一角硬币去复印。有时还得自己摸索如何使用缩微胶片复制一份！现在，随着技术发展，只需舒舒服服地坐在毛茸茸的椅子上，坐在家里或图书馆的电脑前，喝着咖啡，吃着甜甜圈，便可进行文献研究。

四、搜索引擎

互联网上的许多搜索引擎可以帮助你进行文献研究。搜索引擎是一个存储和组织信息以便检索的计算机系统。最常见的搜索引擎是万维网。不过，在互联网上搜索时，要确保你的搜索比较具体，而不能笼统。高级检索允许围绕搜索内容设置特定参数（如日期、作者和主题），这样可以缩小资源库和搜索范围，可以帮助你减少阅读量。你可以从谷歌学术（Google Scholar）开始你的研究（搜索界面见图2-1）。谷歌学术搜索引擎可以在几秒钟内找到各个学科领域的数千篇研究文章。请注意，这与常见的课题搜索不同（这就像试图找到掉在井里的一分钱一样）。例如，假设想进行一项关于网络欺凌的研究，我在谷歌学术中输入"网络欺凌"进行搜索，检索到了37300多篇文章！为了缩小搜索范围，我可以使用"高级搜索"（高级搜索界面见图2-2）。在谷歌学术搜索界面，你需要把光标移到左上方，然后点击菜单栏，"高级搜索"框就会出现。在"高级搜索"中，可以使用特定的搜索词，并按照作者、出版日期或时间查找相关文章。当我使用"高级搜索"并设置搜索标题中包含"网络欺凌"的文章时，我检索到了4640篇文章（使用文章标题的高级搜索界面见图2-3）。我进一步缩小搜索范围，将日期限制为5年，检索到2670篇文章。最后，我在"精确短语"框中添加了"社交媒体"，只搜索到62篇文章（使用精确短语和日期限制的高级搜索界面见图2-4）。这与我开始时搜索到的37300多篇文章有很大差异！

图2-1　谷歌学术搜索界面

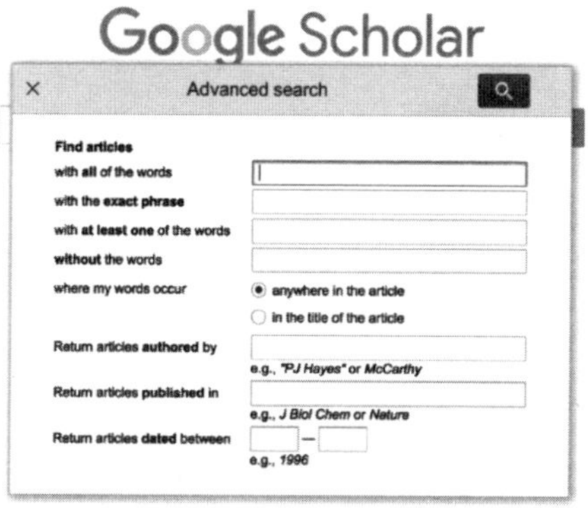

图2-2 谷歌学术高级搜索界面

图2-3 使用文章标题的高级搜索界面

图2-4 使用精确短语和日期限制的高级搜索界面

缩小搜索范围进行高级搜索可以帮助你对信息进行分类，剔除那些虽然重要但与你的课题不直接相关的研究。如果你在高级搜索时需要确定搜索条件，可以向导师寻求帮助。与导师交流 15 分钟，可以让你在进行网络搜索时少走很多弯路。

五、电子数据库

搜索电子数据库是寻找研究课题的另一种方法。电子数据库是信息（如图书、期刊论文、参考资料）的电子集合，个人可以在其中进行文献检索和研究。

电子数据库可以是跨学科的，也可以是围绕某一特定领域的。在电子数据库中，可以找到与你所在领域相关的期刊和报纸文章、博士学位论文和硕士学位论文、图书、技术报告、政府报告以及测试和测量方法的引文和摘要。如果幸运的话，甚至可以从数据库中获得文章全文（感觉就像中了彩票一样！）。你所在院校的图书馆订阅了各种电子数据库，作为在校生，你可以免费访问这些数据库。通常你可以按主题或字母顺序进行搜索。例如，PsycINFO（http://www.apa.org/pubs/databases/psycinfo/index.aspx）是一个非常受欢迎且非常有用的数据库，其中包括心理学及护理学、社会学、教育学、语言学、人类学、商学和法律等领域的资源。

如果无法访问所在院校的图书馆，你也可以使用其他免费的电子数据库，不过有些数据库可能会收取少量费用。例如，教育资源信息中心（ERIC）（http://www.eric.ed.gov）是一个庞大的数字图书馆，收录了自 1966 年至今与教育有关的 120 多万条引文、摘要、文摘、同行评审和全文文章。ERIC 由美国教育部教育科学研究所资助。进入这个数据库后，后续操作过程就与普通搜索引擎非常相似。你同样需要通过设置有关主题、作者、日期和时间等参数来进行高级搜索。不过，与普通搜索引擎相比，电子数据库的优势在于其中的大多数资源都与研究领域直接相关。我将在第 3 章详细讨论如何通过电子数据库和互联网搜索研究文献。

六、伦理因素

选择研究课题时需要考虑的另一个重要因素是科研伦理。例如，根据权威人士的命令，要求一群志愿者对一个人实施电击（违背他们的良知），这种做法就不符合科研伦理。实际上这是斯坦利·米尔格拉姆（Stanley Milgram）于 1961 年在耶鲁大学做的研究。确定研究课题之前，应该问自己以下问题：该研究课题以及研究方法是否会损害参与者的身体健康、情绪健康、学业进展、经济状况、精神健康、社会福祉或隐私？如果能对这些问题明确回答"否"，那么该研究课题符合科研伦理。如果不确定自己的研究是否会违反科研伦理，请不要担心，每所高等院校都会要求研究生在研究开始之前，将硕士学位论文的研究提案提交给伦理审查委员会（IRB）审批。伦理审查委员会是由院校正式指定的组织，负责审查和监督涉及人类受试者的研究申请。我将在第 4 章详细讨论科研伦理、伦理审查委员会的工作流程以及如何撰写伦理审查提案。

≈≈≈ 第2节　如何聚焦研究课题 ≈≈≈

选定大致的研究课题后，你可能需要缩小选题范围。通常情况下，学生选择的研究课题需要符合以下条件——对个人有重要意义、该领域的关键问题、对现有研究有所贡献、符合科研伦理。然而，这些课题仍然过于宽泛，超出了学生的能力范围。这会让人沮丧，但幸运的是，有一些方法可以让你的研究更具体、更易于操作。有时，学生会选择一些重要的问题进行研究，但由于开始前没有缩小研究范围和聚焦研究重点，最终会感到力不从心、束手无策、失去动力，直到完全放弃。为了避免以上情况的发生，请尽早与导师见面，讨论如何在保留感兴趣的内容的同时，缩小研究范围。这样做的目的是节省时间，减少挫折感，这也可能决定了你能否在规定时间内完成硕士学位论文。正如我经常提醒学生的：
"'最好的'硕士学位论文就是已经完成的论文！"除了听取导师的建议，
还必须利用个人的研究技能以及有关研究方法和研究设计的知识。整个
过程中，参考研究方法教材和本领域的学术期刊会对你有所帮助。接下
来，我将讨论聚焦和缩小研究范围需要考虑的三个因素：可行性、可访问
性以及时间和资源。

一、可行性

通常情况下，学生找到感兴趣的课题时会太过兴奋，以至于选择了
一个没有可行性的课题。可行性指的是能否获取数据或接触参与者，是
否有完成研究所需的时间。例如，研究课题可能是某学区高中生申请大
学有多大压力，我想通过调查和一些后续访谈来了解学生的看法。但是，
由于该课题涉及面太广，需要由经验丰富的研究人员组成一个团队和相
当多的资源，因此该课题的可行性不够。

提高可行性的方法之一是限制样本组。样本组指一项研究的参与者，
他们是研究人员收集数据的对象。如何减少或挑选样本组很大程度上取
决于具体的研究问题，但这是让研究更可行、更易于操作的一个好方法。
例如，上述研究中，我可以研究学区内一所高中学生的看法，而不是研
究学区内所有高中学生的看法。但是，如果选择我就读的那种公立高中，
样本组就会有 2400 名学生！这对于一个研究者而言，样本量还是太大。
减少样本量的方法之一是从每个年级随机抽取一定数量的（比如 50 名）
学生。这样我依然可以得到具有"代表性"的样本，而且只需收集 150
份调查问卷，而不是 2400 份。另一种减少样本量的方法是调查一个年级
（比如高三）学生的看法。虽然这只能反映高三学生的看法，但他们或许
是受大学录取影响最大的群体。这样样本组可能只涉及 800 名学生，因此
随机抽样一个年级也是缩小研究范围的一种方法。限制样本量增加了研
究的可行性，也增加了成功收集数据并完成论文的可能性。

　　缩小研究范围和提高研究可行性的另一个方法是减少研究问题的数量（本章稍后将深入讨论如何提出研究问题）。请记住，研究问题越多，需要收集和分析的数据就越多（可能还需要更多参与者）。学位论文的目的并非研究与你的课题相关的所有内容，一般来说，深入研究一两个问题就够了。对需要收集的数据数量进行限制，有助于你更好地控制整个研究过程。在很多方面，开展研究就像烹饪一样。如果你选择的食谱有10种配料（其中一些必须在专卖店购买），那么烹饪过程就会比只有5种配料的食谱复杂得多，因为其中包含了很多你无法控制的因素。如果操作得当，你可能做出一道令人垂涎欲滴的菜肴，并获得亲朋好友的好评。但是，由于很多配料需要混合、搅拌、焯水或打浆，你犯错误、烧焦东西、割伤自己、煮得过熟或者不熟的概率会增加，而且极有可能在烹饪过程中失去理智。

二、可访问性

　　缩小研究范围时需要考虑的另一个因素是可访问性。可访问性是指能够进入研究地点和接触研究参与者。如果无法进入研究地点或无法接触参与者，就不可能完成研究。请记住，一些商业场所、学校、拘留中心、医院和诊所是不允许外部人员在其场所开展研究的。即使允许外部研究人员进入，申请和审批过程可能需要数周或数月才能完成，因此你需要做好相应的计划。最终确定研究计划之前，最好能从研究机构的管理人员处获得接触参与者的许可证明（有些伦理审查委员会的申请要求在提案中提供此类许可证明）。这将确保你至少能够进入研究场所和接触研究参与者。

　　如果能够进入研究场所，另一个需要考虑的因素是进入场所的便利性以及距离场所的远近。你需要大致确定研究数据收集的难易程度。例如，我想研究关押在青少年拘留中心的未成年母亲的育儿技能，这可以通过观察她们与孩子互动时的表现来进行评估。拘留中心的管理者允许我接触这些母亲。拘留中心距离我家约 24 公里，母亲们及其子女的探视时间为周一至周五的 12:00 至 14:00；然而，我的正常工作时间是 8:00 至 13:30，这意味着当我到达拘留中心时，我只有 15 分钟的时间观察他们！这样的话我将无法收集到丰富的观察数据。尽管可以进入研究地点并接触参与者，但由于其他无法控制的因素，我不能顺利地完成数据收集。因此，确定研究课题前，请确保你能真正进入研究现场，并完成研究数据的收集。增加接触机会的方法之一是在熟悉的地方开展研究，如工作场所、志愿者服务站、培训基地或学校。在前面提及的研究中，虽然我无法停下手头的工作，但可以在下午去托儿所与孩子们接触，因此我可以将研究课题调整为研究被监禁的未成年母亲对儿童社交和情感发展的影响。通过调整课题，我的研究仍然围绕青少年拘留中心的未成年母亲这一课题展开，但参与者变为了孩子，这样我可以真正接触研究对象。

三、时间和资源

除了可行性和可访问性，开始一项研究前，还必须考虑时间和资源。时间是指研究人员可用于研究的时间，以及研究的持续时间（持续时间的长短）和频率（研究人员与参与者互动的频率）。资源是指有形资源，如开展研究所需的材料和资金，但也包括无形资源，如个人的健康和精力。确保你有时间和资源完成研究，如前往研究地点、在必要时实施干预、购买或编写材料、收集数据、分析数据和报告数据。请记住，你的研究"团队"将由你自己、一台电脑，以及支持你的配偶、伴侣、朋友、宠物或家人（如果幸运的话）组成。因此，开始研究前，缩小研究范围和调整研究重点至关重要，这样才不会过度投入，也不会让自己的精力过于分散。

例如，你所在的学区要求所有教师参与以研究为基础的在职培训，以提高学生在全国阅读竞赛中的成绩。由于你正在攻读教育硕士学位，校长要求你以此为课题来撰写硕士学位论文。校长想让你观察 15 名教师的教学活动，并收集相关数据。这些教师来自幼儿园到五年级的任课教师，每人将在学校讲授 20 个小时的专业发展课程，以收集教师进行研究性实践的数据，并报告教学成果。培训将于寒假结束后的 1 月份开始，州评估将于 4 月份开始，你必须编写并提供所有培训材料。公平起见，校长给了你 300 美元的预算和每周两次各 50 分钟的自由时间。你觉得这项研究可行吗？你可以找到愿意参加的人，有一定的自由时间，有少量预算，还有校长的支持，所以应该是可行的，对吗？错！显然，这项研究在时间和资源上都超出了你的能力范围。首先，研究时间太短。3 个月的时间不足以查找资料和研究，不足以进行 20 个小时的在职培训，不足以对 15 名教师进行观察和收集学生数据，因为这些都是在你正常的教学任务之外进行的。其次，没有可用的课程资源，这意味着你的 300 美元预算很快就会花光，或者你必须（在业余时间）为培训编写材料。因此，尽管交通便利，但受时间和资源的限制，这是一项不切实际的研究。建议在研究开始之前，尽早缩小研究范围，将 20 个小时的课程时间减少到 10 个小时，这样你就可以只教授和观察一个年级，同时还可以要求校长增加预算和自由时间。通过让参数更切合实际（包括研究持续时间和用于研究的时间）和更充分利用资源，来提高研究的可行性和质量。

〰〰 第3节　提出可以回答的研究问题 〰〰

选定并缩小课题范围后，就该提出研究问题了。研究问题是研究过程中研究人员试图回答的具体问题。恰当的研究问题不仅可以缩小课题范围，还有助于确定需要收集哪些类型的数据以及如何收集。例如，我想围绕邻里暴力和幼儿认知发展问题展开研究。较宽泛的课题是"邻里暴力"，而该课题的研究问题是"邻里暴力如何影响幼儿的认知发展"。确定了研究问题后，我需要进一步提出一个或多个具体问题来指导研究。有些项目或学科可能会使用不同的术语来指代研究问题，如研究假设。请务必向导师咨询，以确保你使用恰当的术语。

一、可以回答的问题

提出研究问题时，最需要考虑的是你能否回答这个问题（即问题是否具有可研究性）。这似乎有点奇怪，不是所有问题都可以回答吗？其实未必。可以回答的研究问题指研究人员能够通过收集数据或信息（使用测量工具）来回答的问题。必须有某种测量工具和方法（如调查、观察、测试、访谈）来收集研究参与者的数据或信息。换句话说，如果不能以某种方式限定研究选题，就无法回答该选题涉及的具体问题。例如，我的研究选题是"邻里暴力和幼儿的认知发展"，研究问题是邻里暴力对幼儿认知发展的影响。其中一个具体的研究问题是"邻里暴力对幼儿的学习成绩有什么影响？"这是一个可以回答的问题，可以通过数据收集来评估邻里暴力对幼儿学习成绩造成的影响。但是，由于存在几个含义模糊的术语，这一研究问题并不十分明确。所以，必须先定义这些模糊的术语，才能确定到底要研究什么。例如，什么是邻里暴力？哪些人是幼儿？什么是学习成绩，将使用哪些指标来评价？关于术语是否含义模糊，可以问问自己，你和一个陌生人是否会对该术语有不同的理解，或者该术语对你所在领域之外的人是否陌生。如果是这样，最好给该术语下个定义。

二、定义术语

可以通过三种方式定义与研究相关的术语，即字典定义、举例定义和操作性定义（Fraenkel & Wallen, 2015）。字典定义是字典提供的定义，可用于定义与研究相关的、含义模糊的术语。如果术语是一个复合词或代表一个概念或观点，如邻里暴力，这种方法就不合适了。例如，我在字典中查"邻里"一词的含义时，字典给出的最接近的定义是"住在附近的人"。然后，查找"暴力"时，字典给出的最接近的定义是"施加身体力量以伤害或虐待"。把这两个词放在一起，我对邻里暴力的定义就是"居住在附近的人使用暴力伤害或虐待他人"。这与我的想法很接近，但与想要研究的内容不太相符，因为这一定义对邻里范围和暴力类型的描述含糊不清。

定义术语的另一种方法是举例定义。举例定义是使用示例来定义与研究相关的、含义模糊的术语。例如，对于邻里暴力，可以定义为"经常发生枪击或刺伤、入室盗窃和汽车盗窃等暴力犯罪，以及打架、抢劫等帮派活动的地区"。举例定义可以让读者更好地了解我想要研究的内容，但邻里的范围以及该暴力犯罪的频繁程度仍然模糊不清。定义术语的最佳方式是给出一个操作性定义。操作性定义是一种描述术语的属性或特征的定义，这些属性或特征是理解术语的关键。例如，邻里可以由特定邮政编码或一组城市内的街区来界定，邻里暴力可以仅限于使用枪支和刀具等武器实施的暴力行为。在本研究中，幼儿可以是6～9岁的儿童，学习成绩可以是儿童在标准化成绩测试中的表现。通过对模糊术语的操作性定义，现在我和读者都清楚了研究对象。此外，这种定义也明确了需要收集哪些数据，接下来我们可以收集数据，并回答研究问题。

至少存在三种不可研究的问题：哲学与修辞学问题、价值与道德问题，以及假设性问题（Fraenkel & Wallen, 2006）。第一种不可研究的问题本质上属于哲学与修辞学，该种问题类似于4岁儿童提出的问题，会让你绞尽脑汁寻找答案。例如，"我为什么出生？""我们家的狗为什么会死？""生命的意义是什么？"这些都是不可研究的问题。不可研究的问题是指研究人员无法收集到可测量的数据来回答问题，或者"答案"是基于哲学、精神或个人信仰的问题。第二种不可研究的问题涉及价值与道德判断。例如，"杂货店是否应该避免使用塑料袋？""政府是否应该为所有儿童接种疫苗？""电休克疗法对病人有益还是有害？"这些都是不可研究的问题，因为这些问题的答案可能会受到个人价值观和偏见的影响。第三种不可研究的问题是假设性问题。例如，"如果没有战争会怎样？""如果每个人都自己种植粮食会怎样？""如果消灭了疾病，人类还能活多久？"这些都是不可研究的问题，因为你无法从假设的环境中收集数据。此外，也不会得到任何可衡量的结果。

以我的研究为例，请判断以下问题属于哪类不可研究的问题。

- 为什么邻里暴力频发？
- 怎样才能让儿童远离邻里暴力？
- 是否应该通过禁枪以减少邻里暴力？
- 如果儿童没有经常看见邻里暴力，他们会发生什么变化？

总之，研究的关键在于你的问题可以回答，并且相关术语有明确的定义。这是研究的第一步，因为研究问题将指导研究的其他部分以及你用来回答问题的方法（例如，研究设计、环境、参与者、测量工具、数据收集、数据分析）。

≋ 第4节　制定切实可行的时间表 ≋

现在，你已经缩小了课题范围并提出了可以回答的研究问题，接下来需要制订一个时间表。时间表是研究人员制订的日程表，列出了规定时间内需要完成的所有研究步骤。这一步非常必要，因为学生往往会因为发现一个有趣的研究问题而兴奋不已，以至于忘记制订一个切合实际的时间表。例如，假设你有一学年的时间来完成研究，研究需要在春季学期结束前完成（一般在 5 月）。干预阶段需要 3 个月时间，而你要到 1月初才能开始实施干预。你只剩下一个月的时间来整理所有数据、完成数据分析、报告数据并撰写结果（更不用说你还需要进行多次修改）。紧张的时间安排不仅会给你和导师带来不必要的压力，而且可能影响你完成研究。合理的时间安排是提前开始干预，如果无法做到，则缩短干预时间。

　　切实可行的时间表提供了一定的缓冲时间，同时也给论文的每一节或每一章都安排了合理的时间。请记住，制订时间表时，每部分所需时间都可能比你预期的要长，而且途中肯定会出现意外情况。你还需要考虑每一章都需要进行多次修订。此外，可能会有一些无法预测和控制的事件或情况（如个人的或职业的）导致研究中断。因此，在时间表中加入一定的缓冲时间可以让你灵活地按计划进行，不至于总是因为落后于计划而内疚。

　　以下是一个时间表的示例，周期为一年，表内列入了所有的任务。由于各院校的情况不同，所以最好先了解一下你所在院校的要求。

　　8 月—9 月

　　开展初步研究，寻找可能的研究课题

　　与同事讨论可能的研究课题

　　与导师会面，讨论如何缩小课题范围并调整研究重点

　　提出可以回答的研究问题

　　获得进入研究地点和接触参与者的许可

　　9 月—10 月

　　与导师会面，讨论第一章

　　寻找并确定参与者样本组

　　向大学伦理审查委员会提交申请

　　向组织、校区或其他单位提交研究申请

　　提交第一章初稿

　　10 月—11 月

　　修改并提交第一章终稿

　　确定测量工具

　　获得所有相关方的许可后，开始前测阶段（若条件允许）

　　开始进行访谈或课堂观察（若条件允许）

　　与导师会面，讨论第二章

进行文献综述

提交第二章初稿

11 月—12 月

修改并完成第二章

开始研究的干预阶段（若条件允许）

继续进行访谈和实地观察（若条件允许）

与导师会面讨论第三章

收集参与者和研究地点的信息和人口统计数据

提交第三章初稿

12 月—1 月

与导师会面，讨论当前进展

开始研究的干预阶段（若条件允许）

继续进行访谈和实地观察（若条件允许）

修改并完成第三章

1 月—2 月

完成干预或数据收集

开始后测阶段（如果合适）

与导师会面，讨论数据分析

2 月—3 月

确定数据并完成数据分析（若条件允许）

誊写实地记录并完成数据分析（若条件允许）

与导师会面讨论第四章

提交第四章初稿

3 月—4 月

修改并完成第四章

与导师会面讨论第五章

提交第五章初稿

4 月—5 月

修改并完成第五章

仔细检查所有引用和参考文献的格式（如 APA）

制作必要的表格和图表

查找所有附录文件

编写摘要和目录

最后排版

与导师会面并讨论最终打印和审查事宜

装订和打印最终论文

5 月

向委员会成员提交论文的最终修订稿和副本，供其签字

毕业典礼

6 月

享受美好假期

第5节　怎样进行时间管理

完成整篇学位论文可能有点令人畏惧。但是，如果能很好地管理时间，定期与导师讨论，并尽量严格遵守时间安排，那么你有可能在规定的时间内完成所有研究和一篇高质量的学位论文。不同于有硬性截止日期的课程作业，完成学位论文时很可能有几个月的时间会白白流逝，而无任何实质性进展。遗憾的是，硕士学位论文不会像你大学里前一天晚上赶写的学期论文（还得了 A！）一样。你需要在数据收集和写作过程中不断取得进展。有两种策略可以帮助你在这一过程中取得成功。

一、预留时间

第一种策略是为论文预留时间。当前这个时代，我们无时无刻不在

忙碌，似乎永远都没有足够的时间来完成所有需要完成的事情，谁能吃得健康、坚持运动、保持足够的睡眠呢？就像其他较大的项目（如清理车库）一样，除非你分配和预留时间，并坚持不懈地完成学位论文，否则它就会被压在待办事项的最底层。预留时间可以是每周一天、每天早上一小时，甚至每天晚上 20 分钟。可以根据你的日程选择最合适的方式。一旦预留了时间，你就必须遵守。这意味着你没有任何借口不遵守"约定"，或者推脱说"我明天或下周再做"。请面对现实，如果你今天连 20 分钟的空闲时间都找不到，明天又怎么会有 40 分钟的空闲时间呢？当然，偶尔也会有突发事件和意外情况，真正重要的是，你必须持续地、定期地投入时间来撰写论文。你需要自律，需要关掉手机、电子邮件、电视或任何会干扰你的东西。你还需要找到一个工作效率最高的地方，无论是家里的书房、图书馆还是咖啡馆。定期与也在写论文的伙伴见面也可以避免拖延写作时间，但要确保这个见面不会成为社交活动！你还可以在智能手机和电脑日历上设置提醒事项。与其直接写在待办事项清单上（这样很容易忘记），还不如在手机和闹钟上设置提醒。这样，你至少可以在一周内定期思考你的论文。在谷歌日历中，这些提醒会一直保留到第二天，直到你标记为完成。这样，未完成任务的愧疚会一直伴随着你！

二、分块法

帮助你取得成功的另一策略是分块法。分块法指的是将大型任务分解成更小、更易于管理的小块，比如完成一章中的一个小节。如果任务是撰写一整章或整理所有访谈，这看起来非常吓人，你会自然而然地选择做其他事情（如清理办公桌、整理衣橱）来逃避。相信我，我就是拖延症大师，我的办公桌非常干净。但是，如果你设定一个目标，只完成较大任务中的一小部分（例如，一章中的一个小节），任务看起来就不那么艰巨，你也乐于开始这项任务。撰写论文类似于坚持锻炼（我在脚踝受伤后不得不这样做）。为自己设定每隔一天骑 40 分钟自行车健身的目标后，我几乎找不到 40 分钟的"空闲时间"，只能一直拖到第二天。由于设定的时间是隔天，这意味着我从未骑过自行车。与此同时，自行车不断提醒着我的"失败"，我却把它当成了一款昂贵的"衣架"。然而，把目标设定为每天骑车 15～20 分钟后，我可以坚持这项计划了，有时甚至还能再骑 20 分钟！一旦养成了骑车的习惯，骑车就成了我日常生活的一部分。现在，我可以自豪地说，我几乎每天都要骑 30 分钟的自行车，甚至对此充满期待。同样，撰写论文最难的是鼓励自己坐下来打开电脑。一旦开始写作，并形成一种动力和习惯，你会发现，不仅坚持下去会更容易，而且你可能真的很享受这个过程。每完成一大块工作后，给予自己一个小奖励，这也是鼓励自己的一种方法（不建议像我一样在骑完自行车后吃一袋薯片）。下一次，当你感到力不从心、准备放弃时，请深呼吸，并记住中国古代哲学家老子的这句话：天下难事，必作于易；天下大事，必作于细。千里之行，始于足下。

≈≈≈ 本章小结 ≈≈≈

选择研究课题可能是论文撰写过程中最重要、最困难的阶段，希望本章能为你提供一些思路，让你知道该从哪里入手，以及如何缩小研究范围。下一章我们将详细讨论如何研究现有相关文献。以下是本章的要点。

● 选择的学位论文研究课题应与你的学科领域相关，并能解决研究问题。

● 选择的研究课题应具有个人意义，可以是你或同事目前面临的问题。同时，确定研究课题有助于你查找研究文献。

● 在 ERIC 等电子数据库中，可以找到与自己领域相关的期刊和报纸文章、博士学位论文和硕士学位论文、图书、技术报告和政府报告以及测试和测量方法的引文和摘要。

- 选择研究课题时要考虑的一个重要因素是伦理，因为你不能以任何方式损害参与者的健康。

- 每所高等院校都要求研究生在开展硕士学位论文研究之前，将研究计划提交给伦理审查委员会（IRB）审批。

- 缩小研究范围时要考虑的三个重要因素是可行性、可访问性以及时间和资源。

- 提出研究问题时，首先要考虑的是你能否回答这个问题（即问题是否可以研究）。

- 你可以通过三种方式定义相关研究术语：词典定义、举例定义和操作性定义。

- 至少有三种难以回答的研究问题：哲学与修辞学问题、价值与道德问题，以及假设性问题。

- 缩小课题范围、提出研究问题之后，请制订时间表（包括提醒事项），以便在分配的时间内完成研究。

≋ 学习材料 ≋

一、常见问题和实用解决方案

这一阶段常见的问题是学生对选择研究课题感到焦虑。他们会说："一切听起来都很有趣，但该如何选择一个研究课题呢？"在这一点上，不要给自己太大压力去寻找一个完美的研究课题。相反，你可以多选择几个，然后进行搜索和观察，看看哪个看起来最有趣、最可行和最容易做到。请记住，你可以随时更换研究课题，有时在研究过程中研究课题会自然而然地"找到"你。

另一个常见的问题是时间安排。我想到的一句话是"我怎么会有足够的时间写作呢？"如果你和我一样，从早上睁开眼睛到第二天凌晨闭上眼睛，每天的时间都安排得满满当当，那么找到空闲时间就像没有买彩票却中了大奖一样，机会非常渺茫。这就是为什么安排写作时间至关重要，在每日的计划表中安排写作时间，就像预约医生一样，把它当作是一次让你受益的约会，而且无须付费。

二、思考 / 讨论问题

开始思考可能的研究课题时，重要的是根据具体的研究问题来确定研究课题。提出学科领域内可以回答的具体的研究问题，将有助于缩小研究重点，并确保你的研究切实可行。以下思考有助于提出可以回答的研究问题和对术语进行定义。

（1）什么是可以回答的研究问题，什么是不可以回答的研究问题？不可以回答的问题有哪些类型？对你所在领域的关键问题进行深入讨论，并提出三个可以回答的问题和三个不可以回答的问题。讨论这些问题为什么可以回答或者不可以回答。

（2）定义术语的三种方法有何不同？讨论每种方法的利弊。根据之前提出的可以回答的研究问题，使用最合适的方法识别和定义含义模糊的术语。

三、练习

下面的练习（练习一和练习二）有助于你寻找论文的选题和缩小选题范围，从而选定一个可行的研究课题。练习三旨在让你在导师的帮助下制订一个时间表。这个时间表和个人写作计划将帮助你按时完成论文。（记住第 1 章中的奖励！）

练习一：请回顾硕士就读期间获得的经验和知识，它们会在整个论文撰写过程中为你提供帮助。

梦想主题：在一个完美的世界里，我拥有无限的时间、金钱和精力，我会开展研究。

既然你已经想好了，那就按照下面的步骤为硕士学位论文选题吧。

- 列出你有兴趣进一步研究的课题 / 问题清单（基于课程作业）。

- 列出你有兴趣进一步研究的课题 / 问题清单（基于社区、田野工作或临床经验）。

- 根据上述信息，完成下列提示。

（1）具有个人意义的课题：_____

（2）我所在领域的关键课题：_____

（3）我在现有研究中发现的课题：_____

（4）符合科研伦理的研究课题：_____

- 现在，请从（1）到（4）中选择一个最适合自己的课题，并就你有兴趣作为硕士学位论文研究的课题写一段描述性文字。

练习二：根据练习中选择的研究课题，与同事或导师讨论如何在考虑可行性、可访问性以及时间和资源的情况下缩小研究重点。

练习三：与导师会面，制订切实可行的学位论文时间表。参考本章中的任务清单示例，修改任务和时间表，使其符合导师和学校规定的论文最终提交日期。然后制订一份个人计划，规定自己将在何时何地集中精力完成写作任务。在时间安排表和合同上签字，一份交给导师，一份贴在你的工作场所。同时，在手机和电脑日历上设置提醒事项。

四、推荐阅读

- Bell, J., & Waters, S. (2014). *Doing your research project: A guide for first-time researchers* (6th ed). New York, NY: Open University Press.

- Lei, S. A. (2009). Strategies for finding and selecting an ideal thesis or dissertation topic: A review of literature. *College Student Journal*, 43(4), 1324 - 1332.

- Shon, P. C. H. (2015). *How to read journal articles in the social sciences: A very practical guide for students* (2nd ed.) (SAGE Study Skills Series).

Thousand Oaks, CA: Sage.

五、网站链接

- Academia

https://www.academia.edu/

- Figshare

https://figshare.com/

- Mendeley

https://www.mendeley.com/

- MIT Libraries: Selecting a Research Topic

https://libguides.mit.edu/select-topic

- ResearchGate

https://www.researchgate.net/

第3章

利用文献做研究

为了写作，作家的大部分时间都花在阅读上；一个人
可能需要翻阅半个图书馆之后才能写出一本书。

——塞缪尔·约翰逊（Samuel Johnson）

现在，你已经选定了研究课题，需要阐释该课题对别人有何重要意义，以及前人已经做了哪些研究。具体方法是搜索文献，找到之前对该课题的研究。

你可能会想到的一个问题是"既然已经知道了我的研究要做什么，为什么还要知道别人对这个问题的看法呢？这不是在走回头路吗？"请记住，硕士论文的目标是开展研究，为尚未完全解决的问题找到答案。如果你能在文献中找到研究问题的答案，那么就没必要再做这个研究。通过做文献综述，既可以了解与研究课题相关的已知信息，还可以了解与你有共同兴趣的人。之后，随着研究的进展，你可能会发现与他们沟通对你很有帮助。

虽然文献综述可能是一个耗时且艰巨的过程，但它也是硕士论文撰写的重要环节。一旦熟悉了文献综述可以运用的工具和策略，你就能了解相关问题的研究历史和当前研究的最新情况，学习新观点，并更加深入地认识到如何推进现有研究（Fraenkel, Wallen, & Hyun, 2015）。本书第6章将介绍如何撰写文献综述。

〜〜 第1节　做文献综述的好处 〜〜

做文献综述有诸多好处。一个主要好处是了解你所研究问题的重要性，以及已有的研究成果（包括重要的理论、研究以及前沿动态）。一旦你能够将现有文献与研究课题联系起来，就能提高研究的可信度，也能提高你作为研究者的可信度。文献综述表明，你已经了解课题研究现状，现在可以继续推进你的研究（McMillan, 2015）。人文社科知识的更新非常迅速，因为研究人员会开创新的理论，证实或否定现有的理论。因此，需要订阅和阅读专业期刊，参加本领域的学术会议，了解研究动态，这样你的知识才不会过时。

做文献综述的另一个好处是可以获得新的观点或想法，并将其融入研究中。这可以避免浪费时间。通过回顾与你课题相关的已有研究，你可以学习其他研究人员的成功经验，还可以从他们的错误中吸取教训，并尽量避免重蹈覆辙。这有助于完善你的研究课题和研究方法，也有助于缩小研究课题的范围，聚焦或重述你的研究假设（McMillan，2015）。例如，通过学习前人研究的研究问题、方法和结果，你可以确定哪些方法对特定样本群体有效、哪些无效。如果某项干预措施在与你的样本组（如青少年）相似的样本组中取得成功，那么你可能会想复制部分或整个研究。同样，如果某项干预措施在与你的样本组（如儿童）截然不同的样本组中取得了成功，你可能会想你的样本组（如成人）是否会取得同样结果。有时你可以在"方法"部分找到与你的研究相关的、经过验证的测量工具或数据分析过程。在"局限性"部分可以找到研究者的建议。在该部分中，研究者通常会讨论一些遇到的问题、犯过的错误以及给出如何改进研究的建议。

最后，做文献综述可以了解你的研究将如何推进现有研究。请记住，你的研究目标之一是推动该领域向前发展，并将你的研究结论添加到现有的知识库中。这意味着你的研究是对以前研究的补充、延伸或拓展（McMillan，2015）。通过查阅文献，你将能够确定你的研究是否可以填补研究空白，是否会增进对特定主题的了解。通过阅读"未来研究建议"部分，可以了解你的研究将如何推进现有研究。这一部分通常就未来研究如何扩展当前研究提出建议，并指出与该课题相关的未解决的问题。每篇文章末尾的参考文献都是一个宝库，可以找到与你的研究相关的文献，可以参考其他作者的研究思路。

〜〜 第2节 安排与参考咨询馆员会面 〜〜

开始做文献综述之前，你应该做的第一件事就是与所在机构图书馆的参考咨询馆员见面。除了导师，参考咨询馆员是帮助你完成论文的另一位重要人物！此外，所有参考咨询馆员都拥有图书馆学、信息研究或图书馆与信息科学硕士学位，只有这样他们才更加了解你的需求。

生活在信息时代，你与参考咨询馆员的会面至关重要，参考咨询馆员可以帮助你从大量材料中筛选出与你的研究相关的材料。如今，互联网搜索引擎、电子数据库和研究文献的获取变得更加便捷，人们很容易被过量的信息淹没。英裔美国诗人威斯坦·休·奥登（Wystan Hugh Auden）曾用这样一句话（有趣的是，这句话是在互联网出现之前写的）来描述这一现象。

当今最大的问题是，在人们死亡之前如何教会他们忽略无关紧要的事情，以及如何拒绝去认知事物。因为太多的事实和没有事实一样糟糕。

——威斯坦·休·奥登

参考咨询馆员通常被分配到不同的学科领域（例如，商业、教育、心理学等），所以找到你所在领域的参考咨询馆员十分重要（国外大学的图书馆都配备了参考咨询馆员，国内高校的图书馆一般没有。在国内的大学图书馆查阅资料时，一般可以去图书馆服务部或咨询部询问相关信息。——译者注）。他们能够自定义你的搜索，并提供相关教程。这些教程将教给你如何登录和使用所在机构的图书馆，如何掌握基本的研究方法，如何访问和选择特定的数据库，以及如何查找研究文章和图书。向参考咨询馆员进行个性化的研究咨询将节省很多时间，并且可以让你避免情绪沮丧。还要记住，最好登录大学的在线图书馆，因为图书馆已经支付了不同数据库的订阅费用，你可以免费访问这些资源（让你的学费发挥作用吧！）。

第3节 数据来源：一手资料与二手资料

开始撰写文献综述之前，必须区分不同的资料来源。文献资料的主要来源有两个，即一手资料和二手资料。每种资料的用途不同，但都是文献综述中需要考虑的重要因素。下面将简要讨论这两种类型的资料，以及在搜索中如何使用它们。

一、一手资料

一手资料是研究人员报告的实际或原始研究成果。一手资料通常非常详细，包括研究的所有信息：研究问题、样本、方法和研究设计、数据分析和结果、讨论和结论等。一手资料通常包括发表在专业期刊上的文章或专著，以及学术会议上提交的论文。从根本上说，判断一份资料是不是一手资料，要看其中的信息是否直接来自开展研究的人，就像一个人写自传一样。

二、二手资料

二手资料通常是对他人研究的总结或描述，不像一手资料那样全面。二手资料通常以文献综述、研究综述或教科书的形式发表在学术期刊上。你可以在参考资料中找到二手资料。参考资料包括百科全书、手册、索引和字典等。下面列出的是大学图书馆的参考资料样本。请务必查看你所在学校的图书馆提供了哪些参考资料（这取决于图书馆购买的参考资料库）。

- **多学科资料**

圣智盖尔电子图书馆（Gale Virtual Reference Library）

牛津参考资源数据库（Oxford Reference）

SAGE 电子书在线平台（SAGE Knowledge）

- **商业和管理**

《当今世界商业百科全书》（*Encyclopedia of Business in Today's World*）

全球市场信息数据库（Global Market Information Database，GMID）

- 传播学

《传播学年鉴 40》（*Communication Yearbook 40*）

牛津在线参考书目数据库研究指南（Oxford Bibliographies Online Research Guide）

《赛奇跨文化能力百科全书》（*The SAGE Encyclopedia of Intercultural Competence*）

- 教育学

《教育哲学与教育理论百科全书》（*Encyclopedia of Educational Philosophy and Theory*）

《性别与教育百科全书》（*Gender and Education: An Encyclopedia*）

《国际调查方法手册》（*International Handbook of Survey Methodology*）

《赛奇教师教育研究手册》（*The SAGE Handbook of Research on Teacher Education*）

- 哲学

《简明劳特利奇哲学百科全书》（*Concise Routledge Encyclopedia of Philosophy*）

《互联网哲学百科全书》（*Internet Encyclopedia of Philosophy*）

- 社会学

《布莱克威尔社会学百科全书》（*The Blackwell Encyclopedia of Sociology*）

《犯罪学与刑事司法百科全书》（*The Encyclopedia of Criminology and Criminal Justice*）

《国际社会和行为科学百科全书》（*International Encyclopedia of the Social and Behavioral Sciences*）

《牛津美国移民与种族手册》（*The Oxford Handbook of American Immigration and Ethnicity*）

此外，二手资料还包括在新闻报纸和期刊上发表的文章。识别二手资料的方法是鉴别这些信息是否来自研究人员。如果是对他人研究成果的描述，那么它就是二手资料（如传记）。二手资料可以帮助你辨别一手资料，并佐证一手资料的价值。

查阅这两类资料都有益处。二手资料包含大量可供参考的信息，能让你对相关研究有一个大致了解。二手资料还有助于你完善研究课题（Fraenkel, Wallen, & Hyun, 2015）。二手资料通常是简短易读的文章或摘要，因此从二手资料入手可以避免被过多的具体信息困扰，二手资料会提供一些与你研究课题相关的研究文章的线索。

请记住，撰写论文的第二章"文献综述"时，你仍然需要查找一手资料。一手资料可以让你全面了解别人的研究工作，可以根据具体的研究问题对数据进行综合。此外，还可以通过分析对研究结论做出合理解释。因此，你应该利用二手资料帮助自己确定关键的一手资料或与研究课题相关的其他二手资料。

〰〰 第4节　如何选择关键词 〰〰

阅读二手资料有助于通过使用关键词获取一手资料。关键词通常是两到三个单词或短语，是研究课题或问题的基本要素，也用于对搜索过程的优化。在搜索时选择适当的关键词可以节省大量时间，避免日后产生挫败感。一个好的策略是使用与研究课题相关的单词或短语（Creswell & Poth, 2018）。

例如，我的研究课题涉及移民和人口贩卖，因此我从参考书目《牛津美国移民与族裔手册》（*The Oxford Handbook of American Immigration and Ethnicity*）（Bayor，2016）开始搜索。《牛津美国移民与族裔手册》中列出了一些关键词，包括移民、族裔、种族、泛族裔、同化和跨国主义等。然而，并不是所有的关键词都和我的研究相关。与我的研究相关的一些关键词是"走私人口"和"贩卖人口"，我在搜索框中输入了这些关键词（图 3-1 是文章快速检索界面）。

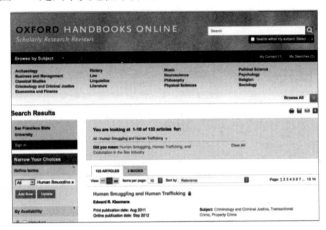

图3-1　《牛津美国移民与种族手册》中的快速搜索界面
资料来源：选自牛津大学出版社出版的《牛津在线手册》，经许可转载。

通过快速搜索，我检索到113篇文章和2本书。如果再具体到我感兴趣的特定群体，可以在搜索中添加关键词"未成年难民"（细化搜索界面见图3-2）。这样我检索到17篇文章，这些文章将为我提供研究课题的总体背景和要点，以及撰写论文第一章"引言"所需的一些背景信息。这些文章与我的研究课题关系更加密切，每篇文章末尾都有一份引用资料列表，可以用于文献综述。

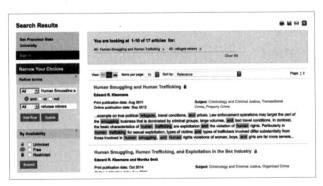

图3-2　《牛津美国移民与种族手册》中的细化搜索界面
资料来源：选自牛津大学出版社出版的《牛津在线手册》，经许可转载。

〰〰　第5节　怎样在电子数据库中进行检索　〰〰

电子数据库是检索研究文献的一个便捷途径。电子数据库存储了数以万计的图书、文章、报告和演示文稿。电子数据库可以设置搜索限制，如日期、语言和资源类型，还可以使用不同的表述进行搜索。数据库可以是多学科的，也可以是特定学科领域的。

多学科数据库是一种涵盖众多学科的电子数据库。如果你的研究领域没有特定的数据库，或者研究课题与多个领域相关，那么你需要搜索多学科数据库。常见的多学科数据库包括谷歌学术（Google Scholar）、JSTOR 期刊数据库（JSTOR）、学术期刊大全（Academic OneFile）、ProQuest 数据库（ProQuest Central）、综合学科全文数据库（Academic Search Complete）和学术研究数据库（Academic Search Premier）。这些数据库都包括跨学科的文章、引文和摘要。另一个多学科数据库是国际学位论文摘要（Dissertation Abstracts International）数据库。你可以使用该数据库查阅大学和学院的各个学科的博士学位论文和硕士学位论文。虽然可以免费查看引文和摘要，但要获得全文，通常需要支付一定的费用。

这些多学科数据库的优势在于可以提供文章全文。文章全文是指可打印的网页格式或PDF格式的文章。PDF格式是文档全文的电子"照片"，类似于研究文章在期刊中的实际页面。多学科数据库可以节省你在不同数据库中搜索资源或到图书馆查找资料的时间。在全文数据库中进行文献检索需要注意：如果可以选择可打印的网页格式或 PDF 格式，请务必选择 PDF 格式，因为 PDF 格式有期刊的文章页码（如 534 ~ 552 页）。因此，如果引用该文章的部分内容，就可以在使用 APA 格式时标注具体页码（参见第 10 章 APA 格式）。此外，还有许多针对特定学科领域的电子数据库。第 2 章中提到的两个非常受欢迎的数据库是心理学的 PsycINFO 和教育学的 ERIC。ERIC 是教育领域一个较大的数据库，通过美国教育部免费向公众开放。如果通过美国教育部网站（http://eric.ed.gov）使用

ERIC 数据库，其界面可能与你所在机构图书馆的界面不同，因为向图书馆发放数据库许可证的供应商各不相同。

下面列出的是大学图书馆中的学科数据库，请务必查看所在院校图书馆提供了哪些数据库。

- **商业**

商业和经济管理资源全文数据库（ABI/Inform Collection）

商管财经学术文献大全（Business Source Complete）

关键行业比率（Key Business Ratios）

商业金融数据库（Mergent Online）

标准普尔数据库（Standard and Poor's NetAdvantage）

- **传播学**

大众传媒学全文数据库（Communication and Mass Media Complete）

性别研究期刊全文数据库（GenderWatch）

语言学与语言行为研究文摘数据库（Linguistics and Language Behavior Abstracts）

社会学文摘数据库（Sociological Abstracts）

- **教育学**

教育管理摘要（Educational Administration Abstracts）

教育数据库（Education Database）

教育全文数据库（Education Full Text）

教育学全文数据库（Education Research Complete）

教育资源信息中心数据库（ERIC）

美国心理协会心理学期刊文摘索引数据库（PsycINFO）

- **族裔研究**

北美印第安人文献数据库（Bibliography of Native North Americans）

黑人思想与文化数据库（Black Thought and Culture）

伦理新闻观察数据库（Ethnic NewsWatch）

拉美研究数据库（HAPI Online）

人文学科全文数据库（Humanities Full Text）

国际黑人期刊全文索引数据库（International Index to Black Periodicals Full Text）

- **历史**

美国历史与生活数据库（America: History and Life）

历史文摘数据库（Historical Abstracts）

国际中世纪文献数据库（International Medieval Bibliography）

期刊储存数据库（JSTOR）

中东和中亚研究数据库（Middle Eastern and Central Asian Studies）

- **法律／政治学**

CQ Researcher 数据库（CQ Researcher）

刑事司法数据库（Criminal Justice Database）

新闻、商业、法律数据库（Nexis Uni）

西方法律研究数据库（Westlaw）

世界政治学摘要数据库（Worldwide Political Science Abstracts）

- **护理与健康教育**

护理学全文数据库（CINAHL Plus With Full Text）

考克兰图书馆数据库（Cochrane Library）

人体营养学数据库（Human Nutrition）

生物医学数据库（PubMed）

科学网数据库（Web of Science）

- **心理学**

期刊储存数据库（JSTOR）

印刷版心理测量年鉴（Mental Measurements Yearbook With Tests in Print）

美国国家创伤后应激障碍中心数据库（PILOTS: Published International

Literature on Traumatic Stress）

美国心理学会期刊全文数据库（PsycARTICLES）

美国心理学协会灰色文献数据库（PsycEXTRA）

美国心理协会心理学期刊文摘索引数据库（PsycINFO）

- 社会学

全球家庭与社会研究数据库（Family & Society Studies Worldwide）

期刊储存数据库（JSTOR)

社会研究数据库（Social Explorer）

社会服务文摘数据库（Social Services Abstracts）

社会工作文摘数据库（Social Work Abstracts）

社会学文摘数据库（Sociological Abstracts）

城市研究文摘数据库（Urban Studies Abstracts）

美国妇女与社会运动数据库（Women and Social Movements in the United States）

　　虽然每个数据库的检索格式略有不同，但它们的检索工具和功能类似。使用者可以便捷地进行浏览，也可以从一个数据库切换到另一个数据库。在某些情况下，所在机构的图书馆可能会订购一项知识发现服务（如 One Search、EBSCOhost、ProQuest）。知识发现服务只需用一个关键词就能搜索该机构图书馆收藏的全部资料（如图书、期刊论文、全文）。这使得图书馆搜索变得非常快捷，类似于互联网上的搜索引擎（如谷歌学术）。为了向大家展示如何在电子数据库中进行基本搜索和高级搜索，我以综合学科全文数据库（Academic Search Complete）为例，因为该数据库涉及多个学科，而且与其他数据库的界面相似。

一、基本搜索

　　综合学科全文数据库规模很大，一次搜索可以出现数千条记录。关键是该数据库可以缩小搜索范围，以便找到与你的研究课题最相关的文献。因此，必须从至少 5 个与你研究相关的关键词开始搜索（其他关键词将在搜索过程中生成）。例如，以我前面提到的研究课题来说，关键词可能包括难民、难民营、无人陪伴的未成年人、外来移民、移民局、人口贩运、人口走私等。这些是你将在"查找字段"框中键入的关键词，然后单击"搜索"按钮（见图 3-3）。基本搜索选项还允许限制或扩展搜索。下面将简要解释其中的每一项功能。

图3-3 综合学科全文数据库的基本搜索界面

二、搜索模式

在综合学科全文数据库中有四种搜索方式。

在电子数据库和其他搜索引擎中，布尔运算符既用于定义关键词之间的关系，还可以扩大或缩小搜索范围。以下三个布尔运算符对搜索至关重要："AND""NOT"和"OR"。"AND"布尔运算符将两个或多个术语组合在一起，这样每条记录就包含了所有术语。例如，我可以搜索"'难民'AND'无人陪伴的未成年人'"（使用"AND"布尔运算器符进行的基本搜索见图 3-4）。我将搜索到同时包含"难民"和"无人陪伴的未成年人"的内容。从根本上讲，在关键字或短语之间使用"AND"会缩小搜索范围，因为它不会包含只有其中某一个的记录。

搜索关键词时，"NOT"布尔运算符可以将包含某些词语的记录在搜索结果中排除，这是另一种缩小搜索范围的方法。例如，如果使用"'亲属移民'NOT'移民政策'"进行搜索，搜索结果将只包含"亲属移民"（使用"NOT"布尔运算符进行的基本搜索见图 3-5）。

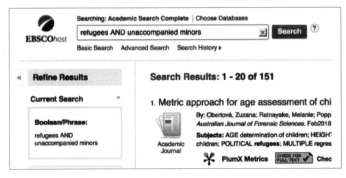

图3-4　在综合学科全文数据库中使用"AND"布尔运算符的基本搜索

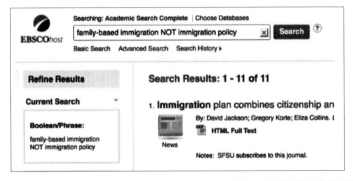

图3-5　在综合学科全文数据库中使用"NOT"布尔运算器进行的基本搜索

使用"OR"布尔运算符进行搜索时，至少会出现一个术语。例如，如果使用"'走私人口'OR'买卖人口'"进行搜索，搜索结果将包含两个词（使用"OR"布尔运算符进行的基本搜索见图3-6）。从根本上讲，在关键字或短语之间使用"OR"可以扩大搜索范围，因为它可以检索到包含其中任何一个术语的内容。如果在搜索中同时使用"AND"和"OR"这两个词，"AND"将优先于"OR"。

使用布尔运算符搜索短语时，要将整个短语放在引号内，确保搜索内容包括所有词语并按特定顺序排列，而不是单独搜索每个词语。在一些数据库中，布尔运算符必须使用大写字母，因此为安全起见，要养成用大写字母输入的习惯。如果了解代数，还可以使用括号对布尔运算符进行组合，将要搜索的术语嵌套到其他术语中。例如，你可以搜索：[（走私人口或贩卖人口）和移民］或无人陪伴的未成年人。在这种情况下，搜索引擎会先搜索括号内的内容，然后添加括号外的术语，并且很快就会搜索到。如果不理解代数的运算顺序，建议不要使用这种方法。

图3-6　在综合学科全文数据库中使用"OR"布尔运算符进行的基本搜索

搜索模式"查找我的所有搜索条件"类似于使用"AND"布尔运算符，"查找我的一些搜索条件"则类似于使用"OR"布尔运算符。综合学科全文数据库的第四种搜索模式是智能文本搜索。在这种搜索模式中，你可以输入任意数量的文本或从其他来源剪切和粘贴文本。智能文本搜索会对文本进行总结，并匹配最相关的搜索词，从而找到结果。这种模式非常不错，但并非所有数据库都能使用这种模式。你可以将上述任意一种搜索模式与下文所述的限制器和扩展器结合起来。

三、限制器（limiters）

如果想缩小搜索范围，我会使用限制器功能。限制器功能通过允许用户设置特定限制来缩小电子搜索的范围，使搜索结果只包含符合特定标准的内容。例如，在综合学科全文数据库中可以设置以下限制。

- 全文本：仅检索有全文链接的记录（请注意，此限制可能会让你错过一些重要文献，因为这些文献无法只通过一个数据库获得）。

- 学术（同行评审）期刊：仅检索同行评审期刊上发表的文章。
- 出版物：可以指定出版物的名称（如书名）。
- 页数：指定页数。
- 有参考文献：只检索有参考文献列表的文献。
- 发表时间：指定发表的起止月份、年份或年月份。
- 出版物类型：可以指定出版物的类型（如文章、图书章节、报告）。
- 图像快速视图或图像快速视图类型：包含特定类型的图像快速视图结果（例如，图表、彩色照片、图表）。

由于搜索结果数量巨大，设置限制是缩小搜索范围的关键步骤。但是，必须谨慎，不要在一开始搜索时就设置太多限制，否则可能无法获得足够数量的结果，或者可能错过一些关键内容。一个可行策略是先设置几个重要的限制，然后根据需要设置更多的限制。例如，在我的搜索中，我设置的是全文、学术期刊、有参考文献、2013—2018 年和定期刊物（请参阅图 3-7 了解基本搜索中的限制功能）。

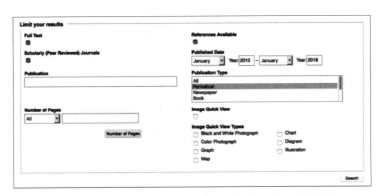

图3-7　在综合学科全文数据库基本搜索中的限制器功能

四、扩展器（expanders）

如果想扩大搜索范围，我会使用扩展器功能。扩展器功能与限制器功能相反，该功能允许用户使用与搜索词相关的词语进行搜索，从而扩大搜索范围（基本搜索中的扩展器功能见图3-8）。两个常见的扩展器是"应用相关词语"和"也在文章全文中搜索"。若使用"应用相关词语"搜索，结果会扩展到包括搜索词语的同义词在内的内容。若使用"也在文章全文中搜索"，结果会扩展到文章全文、摘要和引用中出现搜索词的内容。

图3-8　在综合学科全文数据库基本搜索中的扩展器功能

综合学科全文数据库的另一个扩展功能是"应用等效主题"（apply equivalent subjects）。这与特定研究中的研究对象（如样本组）不能混为一谈。相反，"应用等效主题"指的是映射词汇，用于识别主题索引中使用的概念（想想大多数教科书后面是如何编排主题索引的）。这一功能可以提高关键词搜索的精确度和相关性。例如，假设用户使用关键词"工伤"进行搜索，由于这是行业内常用的一个词，因此，这个关键词和"工作相关伤害"这一概念存在关联。然而，作为用户，你并不知道"工作相关伤害"概念如何与不同词汇表中的主题索引相联系。不同的数据库可以将"工作相关伤害"与"职业伤害"或"职业相关伤害"联系起来。 如果不在这里使用扩展器功能，就会错过其他数据库中以这一概念为主题索引的内容。当你使用扩展器将关键词与已知概念匹配时，搜索就会扩展到词汇表中该概念的确切术语。如果你仍然感到困惑，或搜索结果过少，或偏离了你的研究主题，我的建议是使用扩展器功能。（它可能对你有所帮助！）

五、高级搜索

虽然基本搜索很实用，但高级搜索可以为你提供更精细、更精确的搜索结果。当你需要搜索特定研究课题的文献时，高级检索非常有用。例如，高级搜索中可以设置以下附加限制。

- 文档类型：可以指定文档的类型（例如，摘要、文章、图书章节、报告）。
- 语言：可以指定书面语言（例如，英语、中文、西班牙语）。
- 出现在封面上的文章：只包含出现在封面上的文章（这意味着该文章很重要——译者注）。
- PDF全文：仅包含有全文的文章。

高级搜索还提供了通过下拉菜单中的"选择字段"来优化搜索的选项。其中一些选项是通过"所有文本、作者、标题、主题术语"等来优化搜索。相比"全文本"搜索，选择"主题词"选项可使搜索结果更加准确，因为主题词由数据库分配，并包含在词库中（详细解释见下文）。

六、使用主题词（词库）

有时候，你在电子数据库中输入你认为最适合研究问题的关键词和短语，搜了几个小时，结果却是"未找到结果"或数百条无关记录。这时，你或许会想要改变研究课题！问题在于，我们进行搜索时倾向于使用日常用语，而数据库则使用数据库语言对资源进行编排。其实我们还可以通过浏览数据库的词库来进行搜索。词库包含按字母顺序排列的描述符（即主题词），电子数据库使用描述符赋予每条记录一个主题索引术语（即受控词表）。找出数据库的两到三个描述符，可以省去猜测应该使用哪些关键词的麻烦，从而提高检索效率。最有影响的受控词表是美国国会图书馆的主题词表。一个简单的例子是电话簿中如何列出主题。如果需要修车，我应该查找汽车维修、修车、机械修理工、汽车修理、汽车服务、汽车修复、汽车翻新……如果能知道电话簿创建列表时使用的是哪个词，那不是很好吗？这正是数据库词库的工作原理！通过使用词库中正确的主题词，可以增加检索到相关文章的概率。

例如，当我使用"无人陪伴的未成年人"来搜索主题词时，数据库使用"无人陪伴的移民儿童"或"无人陪伴的难民儿童"来指代同一人群。通过使用关联度排序选项，主题词会按从最相关到最不相关的顺序显示，这有助于优化搜索过程（使用关联度排名的搜索主题词见图3-9）。现在可以在搜索中使用这些主题词，并且可以获得更准确的搜索结果。这样我就可以把更多时间用在阅读文章上了！

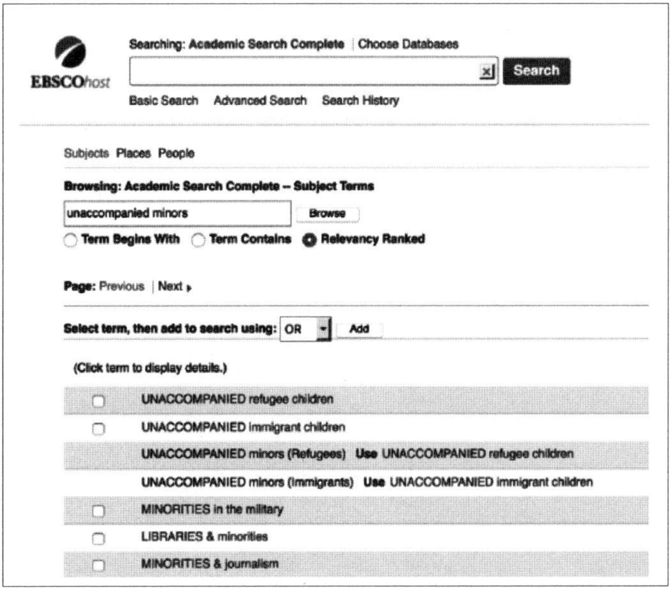

图3-9　在综合学科全文数据库中使用相关性排序的主题词搜索

有了一定数量的搜索结果后，通常我先粗略查看一下标题和作者，然后将这些搜索结果添加到文件夹中，以便后续进行更详细的阅读，或者点击标题去获取更多信息。详细记录界面提供了一些关键信息：标题、作者、来源（期刊、卷、期和页码）、主题词和摘要（期刊文章的示例记录界面见图3-10）。此外，记录还可显示是否提供文章全文（PDF）。如果提供PDF全文，我就可以下载、查看、打印文章，将其保存到谷歌云盘（Google Drive），或转存到另一个账户。进行搜索时，很容易迷失方向。大多数图书馆搜索界面都允许你保留搜索记录，你可以将记录保存到电脑里，或将搜索记录通过电子邮件发送到另一台电脑，以防你再次使用相同的关键词进行搜索，或者丢失宝贵的结果。强烈建议你在找到相关结果后将其添加到文件夹中，这样你就有了结果记录，以便之后打印、通过邮件发送或检索这些结果。

图3-10　综合学科全文数据库中期刊文章的示例记录界面

你还可以按照自己需要的格式（如APA、MLA）获得完整的引文，并将其导出到引文管理软件中。引文管理软件是一种工具，可以让你从各种渠道收集引文，并对其进行整理，然后将其汇编成引文作品列表或参考书目。引文管理软件可以帮助你在研究和写作过程中管理这些资料信息，而不用在论文结束时再去查找所有资料的来源。这非常方便，省去了花大量时间整理参考文献目录的麻烦。有许多不同的软件（如

CITAVI、Easybib、EndNote、Mendeley、ReadCube、RefWorks、Reference Manager、Zotero）可供选择，你还可以选择所需的写作格式指南（如APA、MLA、Chicago）。本章末尾列出的网站，可以帮助你进行选择，研究生常用的有 EndNote、Mendeley、RefWorks 和 Zotero。请向你所在院校的图书馆咨询，因为他们通常都有引文管理软件的许可证，你可以免费使用这些服务。

最好随身携带一个笔记本，记下那些发表过相关课题文章的作者，或许你需要联系他们了解更多信息，还需要记下在其他数据库、互联网、图书馆目录或通过馆际互借查找到的文章。馆际互借是图书馆提供的一项服务，一个图书馆的用户可以借阅另一个图书馆的图书或期刊文章的复印件（有时需要付费）。

〰〰 第6节　怎样在互联网上搜索 〰〰

互联网搜索与电子数据库搜索各有利弊。互联网的搜索过程与电子数据库的搜索过程类似，只要输入关键字，搜索引擎就会找到与关键字相关的网站和网页。互联网搜索的优点是快速、简便、可随时访问。此外，信息的时效性较强，你可以获得各种各样的资源。互联网搜索的缺点是由于信息量巨大且杂乱，搜索过程比较费时，而且很难找到相关信息。为了提高效率，你必须掌握相当复杂的搜索技术。此外，搜索到的信息可能质量不高或不可靠（Creswell & Poth, 2018; Fraenkel, Wallen, & Hyun, 2015; Mertler & Charles, 2010）。例如，网站上经常不列出作者姓名，因此无法确定文章是否由该领域的专家撰写。此外，也无法知道文章是否经过了外部审查。不过，有时互联网是最便捷的或唯一的检索图书馆引义的渠道。谷歌学术可能是最有用的学术研究搜索引擎。通常情况下，只有查找特定参考文献时我才使用互联网搜索。如果从互联网上获取了信息或文件，请记录下网站或网页地址以及获取信息的日期，因为这些信息将会作为 APA 格式下的引文或参考文献（参见第 10 章 APA 风格）。

还有一些免费的网站，收集了大量研究文献（有些网站是收费的），这些网站使用方便，并按学科领域分类，包括 Ingenta Connect (http://www.ingentaconnect.com) 和 Directory of Open Access Journals (https://doaj.org/)。刚开始搜索时，或者无法访问电子数据库时，这些网站特别有用（"学习材料"部分有更多关于开放数据库的信息）。你还可以利用 LibGuides 来帮助你进行研究。LibGuides 是特定研究领域资源推荐（如数据库、期刊、网页）的汇编。要查找相关的 LibGuide，请在搜索引擎的查找栏中输入"关键词 + LibGuide"。这些主题指南均由图书馆员创建，非常有用！

第7节　研究文献的类型

在电子数据库或互联网上搜索时，会遇到不同类型的文章。其中包括理论文章、实证研究、文件、文献综述和跨学科分析等。文献综述（也称研究综述）是对几项相关研究的结果进行比较和总结的文章。跨学科分析是对几项相关研究的结果进行分析并报告统计数据的研究文章。不同类型的文章有不同的用途。例如，如果想为研究寻找理论依据，就需要搜索讨论现有理论或提出新理论的文章；如果想回顾基于系统观察的研究，就需要搜索实证研究文章。这对于撰写论文的第二章非常关键。如果想要一篇综述国外某一特定领域（如"阅读策略"）的文章，那么需要搜索有关该主题的跨学科分析或文献综述。最后，如果想支持某个特定观点或引用专家的观点，那么需要搜索有关立场或观点的文章。

区分可以参考和不可以参考的文献

作为一名消费者，你总是希望自己能买到质量最好的产品。因此，做文献综述时必须牢记，与大多数消费品一样，研究文章也涉及质量等级。人们普遍认为，如果某篇文章被刊登在期刊上或发表在网站上，那么这篇文章的质量较高。遗憾的是，事实并非总是如此。在研究领域，文章质量的高低主要通过是否经过评审来判定。经过评审（也称为同行评审）的文章在发表之前，已经提交给评审小组进行外部评审。也就是说，当作者投稿时，稿件要经过期刊编辑和该领域其他专家的审阅。通常情况下，审稿人不知道稿件作者的身份，这在一定程度上避免了偏见。然后，评审小组会决定稿件是否可以在期刊上发表，是接受、修改后接受还是拒绝（Creswell & Poth, 2018; McMillan, 2015）。由于大多数审稿期刊的录用率通常低于50%，因此只有最优质的研究文章才能被录用发表。没有经过审查的文章是指在发表前没有经过外部评审的文章。鉴于此，你最好搜索那些有同行评审程序的期刊，大多数数据库都允许设置这一限制。要警惕那些作者必须缴纳一定费用才能发表文章的在线期刊！这类期刊通常没有严格的同行评审程序。在互联网上搜索文章时，要警惕这类期刊，因为这类"付费出版"的在线期刊超过1万种，这类文章也可能出现在谷歌学术的搜索结果中。

〰️ 第8节　如何管理研究文献 〰️

文献检索最重要的策略之一是有条理。当你完成搜索时，你可能找到40篇或50篇文章、图书和文件。这意味着你需要记录搜索内容，保存、打印、邮寄相关记录，还要建立一个组织系统。有些人可能需要建立一个实体的组织系统，有些人则会订阅一个引文管理软件程序。这纯属个人偏好，只要能让文献井井有条就可以了！如果你能记住文章的作者是谁，按作者姓氏的字母顺序归档是整理检索文章的一种简便方法。如果对时间顺序感兴趣，也可以按照发表日期将文章进行归档。最后，你可以根据特定的共同属性（如主题、样本、干预、方法），按主题类别对文章进行分组。我更喜欢这种方法，因为这种方法可以帮助我从主题上组织文献，这有助于以后的写作。请记住，如果文章或信息来自互联网，你需要记录网站地址和获取信息的日期。

确定了文章的存放方法后，就可以组织文章中的信息了。很少能找到一篇与你的研究课题完全相关的文章。更多时候你需要使用不同文章中的某些部分来支持你的观点。将文献综述中的研究内容汇集到一起，就像拼一个复杂的拼图。因此，如何组织研究中的信息非常重要。你需要建立一个系统，该系统不仅能有效地记录关键信息，而且还便于检索。我发现有一种方法很有帮助，那就是在阅读时使用不同颜色的荧光笔来标记不同类型的信息（例如，黄色＝问题，绿色＝可能的解决方案，橙色＝背景信息，粉色＝定义）。如果更喜欢在电脑上阅读和编辑文档，也可以使用具有标记功能的电脑软件和应用程序。

组织文章信息的另一种方法是编写摘要。编写摘要包括概述相关研究和选定关键信息（Creswell & Creswell, 2018）。这不同于复制和粘贴作者的摘要，因为作者的摘要不一定包括你认为的关键信息。你编写的摘要应简短，不必采用完整的叙述形式，但是应包含以下内容：问题、研究目的、样本和主要结果。一旦给所收集的文章编写了摘要，就更容易看出它们之间的关系。这是文献整理过程中的关键步骤，因为最终在撰写文献综述时，需要在所选研究之间建立明确的联系，并说明这些研究与你的研究之间的关系。

为了厘清研究文献之间的关系，可以创建一个文献矩阵。文献矩阵是一种组织工具，如表格、图表或流程图，用于显示多项研究之间的关系或其共同属性。其目的是显示不同研究之间的关系，因此请使用最适合你的格式。例如，对于涉及"阅读教学"的研究，我可能想把所有与双语学习者阅读教学有关的研究归为一组。然后，将针对学习障碍学生的阅读教学研究归为另一组。接下来，第三组是针对学习有困难的双语学习者的阅读教学研究。通过分组，可以了解你收集的文献是否存在重叠或空白。若有空白，就意味着需要再次搜索。

这是一项艰巨的工作，但请相信，这将为你节省时间，也有助于你整理思路、构思研究问题和撰写文献综述。"学习材料"部分提供了文献矩阵的示例。

≋ **本章小结** ≋

研究相关文献是论文撰写过程中的重要一步。沉浸在文献中时，你会被大量的信息淹没，因此要有批判性思维，只保留与研究直接相关的信息。下一章中，我将讨论开展研究时的伦理问题，以及如何准备研究申请，以供伦理审查委员会（IRB）审查。以下是第 3 章的要点。

做文献综述的主要益处在于了解那些已经完成的相关研究，学习其他研究人员的成功经验，吸取他们的教训，并确定你的研究是否可以填补该研究领域的空白，进而增进对特定主题的了解。

- 一手资料是研究人员报告的实际的或原始的研究成果。

- 二手资料是对他人工作的描述或总结。

- 关键词通常是两到三个词或短语，是研究课题的基本要素。

- 电子数据库的优点在于可以使用多个关键词进行搜索，还可以设置搜索限制，如全文、日期、同行评审等。

- 电子数据库和其他搜索引擎通常使用布尔运算符"AND""NOT"和"OR"来定义词或词组之间的关系。

- 词库包含按字母顺序排列的描述符（即主题词），电子数据库使用这些描述符赋予每条记录一个主题索引术语（即受控词汇）。

- 互联网搜索的缺点包括耗时较长，难以找到相关信息，或者信息质量不高或信息不可靠。

- 术语"可供参考"意指文献的质量控制，即是否经过了同行评审。

- 一种受欢迎的组织文章信息的方法是撰写摘要，即为研究文章撰写简短的摘要，其中包括选定的关键信息。

〰 **学习材料** 〰

一、常见问题和实用解决方案

由于我们生活在一个信息过量的世界，学生收集文献时普遍感到不知所措，不知道应该从哪里开始。我想到了"迷失在网络空间"一词。如果大致了解自己的研究课题，并且熟悉互联网，那么你可以从谷歌学术开始。如果对自己的研究课题有明确的认识，建议从多学科或特定学科领域的电子数据库开始搜索。如果觉得在网络空间里完全迷失了方向，建议你咨询所在院校的参考咨询馆员，让参考咨询馆员帮你入门。请记住，搜索研究文章就像寻宝，既耗时又费力（找到一个来源通常会引出另一个来源）。

找到研究文章后，学生们面临的一个问题是如何整理。我想到一句话："房间里堆满了研究文章！"从一开始，建立一个整理系统并坚持下去非常重要。建立一个归档系统，或者订阅一个你能接受的引文管理软件（而不是将研究文章堆在地板上），然后对研究文章进行分类，可以是纸质版，也可以是电子版（保留备份）。这将减少日后查阅特定文章或查找遗失文献的时间。

二、思考 / 讨论问题

开始查找研究文章时，要考虑如何以及为什么要做文献综述，以及你将运用的文献类型。例如，研究文献可以帮助你发现某一特定课题里的研究空白和不足，研究文献还可以用来证明研究干预中不同方法的合理性。

以下思考 / 讨论问题将帮助你确定如何做文献综述以及不同类型信

息来源的优缺点。

（1）什么是文献综述，为什么文献综述是研究过程的重要组成部分？

（2）在规划和实施研究之前，进行文献综述的好处是什么？

（3）一手资料和二手资料有何不同？每种资料的优缺点是什么？进行头脑风暴，然后列出你的研究领域内重要的一手资料和二手资料。

三、练习

以下练习旨在帮助你开始文献搜索。练习一是确定潜在的数据库和网站，在那里你可以找到学科领域内的相关研究信息。练习二是使用关键词和高级搜索来查找实证研究文章。练习三是给其中一篇研究文章写一个简短的摘要。

练习一：重点关注你所在学科领域的特定资源。

● 通过所在院校的图书馆，至少找到 5 个与你的学科领域相关的电子数据库。

● 通过互联网搜索引擎，至少找到 5 个由组织赞助的网站或公开网站，这些网站包含你所在学科领域的相关信息。

● 通过互联网搜索引擎，至少找到 3 个由国家（如美国教育部）或州赞助的网站，这些网站包含你所在学科领域的相关信息。

练习二：文献检索时，重点关注你选择的研究问题。

● 列出 10 个可用于文献搜索的关键词。需要通过词库找到关键词。

● 在一个电子数据库（通过练习一找到的）中进行高级搜索（使用扩展器和布尔运算符）。记住要保留关键词和你的搜索记录。

● 选择 5 篇来自同行评审期刊的相关实证研究文章。

练习三：重点关注练习二中选定的一篇研究文章。

● 给其中一篇研究文章写一个摘要，摘要包括：①研究问题；②研究设计；③方法（例如，样本组、干预、测量仪器、数据收集、数据分析）；④结果和 / 或发现。

四、推荐阅读

- Kolata, G. (2017, March). A scholarly sting operation shines a light on "predatory" journals. New York Times online.

  https://www.nytimes.com/2017/03/22/science/open−access−journals.html?action=click&contentCollection=Science&module=RelatedCoverage&region=Marginalia&pgtype=article

- Kolata, G. (2017, October). Many academics are eager to publish in worthless journals. New York Times online.

  https://www.nytimes.com/2017/10/30/science/ predatory−journals−academics.html

- Lomand, T. C. (2017). *Social science research: A cross section of journal articles for discussion and evaluation* (7th ed.). New York, NY: Routledge.

- Subramanyam, R. (2013). Art of reading a journal article: Methodically and effectively. *Journal of Oral and Maxillofacial Pathology: JOMFP*, 17(1), 65−70. http:// doi.org/10.4103/0973−029X.110733

五、网站链接

- Duquesne University: Matrix Method for Literature Review
  http://guides.library.duq.edu/matrix
- EBSCO Free Databases
  https://www.ebsco.com/who−we−serve/academic−libraries/subjects/free−databases
- Education Resources Information Center (ERIC)
  http://www.eric.ed.gov/
- Google Scholar
  http://scholar.google.com/

- How to Choose a Citation Manager

http://guides.lib.uchicago.edu/c.php?g=297307&p=1984557

- Ingenta Connect

https://www.ingentaconnect.com

- UC Santa Barbara Library Free Publically Accessed Databases

https://www.library.ucsb.edu/search-research/free-databases

- Walden University: Literature Review Matrix Template

https://academicguides.waldenu.edu/writingcenter/assignments/

literaturereview/ organization

第4章

开展符合科研伦理的研究

我一生中学到两个教训：第一，对于人类悲剧，文学、心理学或历史都无法给出充分的答案，只有道德才能。第二，正如绝望来自他人，希望也只能来自他人。

——埃利·威塞尔（Elie Wiesel）

你可能想知道，为什么要在一本关于硕士学位论文写作的书中加入一章科研伦理的内容。很显然，在开展一项涉及人类受试者的研究时，研究人员必须向受试者交代研究目的和程序，并且获得他们的同意。难道科研人员不知道必须尊重受试者，将他们受到伤害的风险降到最低并为他们保密吗？遗憾的是，历史告诉我们，事实并非总是如此。过去的情况表明，科研人员曾在受试者不知情或未经其同意的情况下故意欺骗他们。开展任何类型的研究，都有可能遇到伦理问题。因此，在研究生涯的早期，了解与人类受试者相关的政策和标准，并严格遵守科研伦理尤为重要。开展研究的核心在于采取必要步骤来保障参与研究的人类受试者的权利。本章将概述与人类受试者相关的科研伦理，以及在开展硕士学位论文的研究中需要遵守的相关政策。

≋ 第1节　法律法规和科研伦理标准 ≋

尽管上述问题的答案显而易见，但我们必须认识到，直到 1974 年，还没有关于研究中人类受试者的法律法规或伦理准则。最广为人知的两起滥用人体实验的事件是：在第二次世界大战期间的纳粹集中营中，给孕妇使用萨力多胺药物，以及针对非裔美国男性进行的塔斯基吉梅毒研究。直到历史揭露了这些使受试者受到严重伤害的研究，公众和政策制定者才意识到有必要制定法律和政策来规范涉及人类受试者的研究。下面将简要讨论这些政策。

1947 年，《纽伦堡法典》（ *The Nuremberg Code* ）颁布。该法典的制定源于第二次世界大战期间，德国纳粹在受试者（集中营中数千名囚犯）毫不知情的情况下对其进行了非人道的医学实验。《纽伦堡法典》是一套医学行为伦理标准，所有医生在涉及人类受试者实验时都应遵守这些标准。（《纽伦堡法典》全文的网络链接请参阅"学习材料"部分）。法典的主要标准之一是自愿、知情和同意。自愿、知情和同意是指某人有能力表示同意，并获得有关研究的充分而准确的信息（如目的、方法、风险、好处），从而做出是否参与研究的决定。尽管该法典并非法律授权，但它是第一份规定受试者知情并自愿参与某种研究的国际文件。

20世纪50年代末至60年代初，一种未经批准的药物萨力多胺被出售给孕妇，用以缓解恶心和失眠症状。由于萨力多胺未知的副作用，1万名婴儿出生时患有严重的先天缺陷（四肢发育不良或根本没有四肢）（Kim & Scialli, 2011）。因为这一悲剧，美国国会于1962年通过了《基福弗－哈里斯药品修正案》（Kefauver-Harris Drug Amendments）。该修正案改变了药物在美国的测试、生产和销售方式，增强了美国食品及药物管理局的监管权力，使药品生产商在向公众推广和销售药品之前，必须证明其安全有效。同时，还要求医学研究只有在受试者知情并同意的情况下才能进行（Greene & Podolsky, 2012）。

另一个滥用人体实验导致研究政策改变的例子是塔斯基吉梅毒研究。1932年，美国公共卫生署和亚拉巴马州的塔斯基吉研究所开展了一项研究，意在监测未经治疗的梅毒对600名低收入且大多是文盲的非裔美国男性的影响。这项研究持续了40年，甚至在1947年梅毒的治疗方法（青霉素）问世之后还在继续。研究人员没有向参与研究的男性提供青霉素，这导致他们中的许多人死于梅毒（Kim, 2012）。

最终，由于塔斯基吉梅毒研究中的滥用行为，美国国会于1974年出台了《国家研究法案》（National Research Act of 1974，公法93-348）。根据这部法案设立了国家生物医学和行为研究人类受试者保护委员会，这是第一个全国性公共团体，其职责是为涉及人类受试者的生物医学和行为研究确定一套科研伦理原则和指导方针。1979年，委员会履行了这一职责，编写并发布了《贝尔蒙报告》（*Belmont Report*）。这份报告总结了对人类受试者进行研究的基本科研伦理原则和指导方针（请参阅"学习材料"部分，获取报告全文的网络链接）。在这份报告中，委员会确定了三项旨在保护人类受试者的基本伦理原则：①尊重个人；②仁慈；③公平。直到今天，这些原则对如何开展合乎科研伦理的研究仍具有重要影响（美国卫生与公众服务部，1979）。我们将简要讨论每一条原则，因为它与你的论文研究密切相关。

《贝尔蒙报告》中的第一项原则，即尊重个人，包括"两个科研伦理观念：第一，个人应被视为自主行为者；第二，自主权受损的人有权得到保护"（美国卫生与公众服务部，1979，B部分，第二段）。这两条要求研究人员必须向参与者（或其监护人，如果他们是未成年人）提供足够的信息，以便他们做出知情同意。参与者必须充分了解研究目的和研究程序，研究人员不得遗漏研究信息或提供虚假信息，即欺骗。

以下是应向参与者披露的一些基本信息。

- 谁在开展这项研究，以及在研究前、研究中和研究后如何与他们取得联系。
- 研究目的。
- 数据收集程序（如测试、访谈等）。
- 潜在风险。
- 研究的益处。

如果参与者无法理解研究者所提供的信息，或在研究目的、程序方面受到欺骗，即使他们同意参与研究，也不等于他们做出了知情同意（Drew, Hardman, & Hosp, 2008）。只有参与者充分了解研究内容，才会自愿做出知情同意（而不是被迫参与）。知情同意还意味着参与者可以随时（自愿）退出研究，不会受到惩罚或产生负面影响（Orcher, 2014）。

尊重个人的第二条要求旨在保护那些因年龄、疾病、受伤、残疾或人身自由受限制（比如身处监狱之中）而无法完全自主行使权利的个人（即弱势群体）。弱势群体是指儿童、孕妇、囚犯或其他可能需要额外保护以免受伤害的人，具体取决于所涉及的风险。

仁慈是《贝尔蒙报告》中科研伦理的第二项原则，包括两条规则："①不伤害；②最大限度地提高可能的益处，最大限度地降低可能的伤害"（美国卫生与公众服务部，1979，B 部分，第 7 段）。检查研究是否会给参与者带来潜在风险的最佳时机是确定研究问题的阶段。尽早检查潜在风险不仅能节省时间，还能提高研究的可行性。以下问题可以确保你的研究不会对参与者造成伤害。

- 参与者是否有可能在身体、心理、情感、社交或学业等方面受到伤害或面临受伤害的风险？
- 如果面临受伤害的风险的话，我能否重新设计我的研究，以便既能保护参与者不受伤害，又能获得回答研究问题所需的信息？
- 我是否需要更改研究问题以确保参与者的健康？
- 这项研究是否需要昂贵的外部保障措施？

第二条规则"最大限度地提高可能的益处，最大限度地降低可能的伤害"，指的是成本效益分析，即研究人员必须权衡潜在效益和预期风险。以下是一些在设计研究时分析成本和效益的问题。

- 潜在效益是否大于预期风险？
- 研究收集到的信息是否值得研究对象承担潜在风险？
- 我在设计研究时，是否尽可能地将风险降到最低、将效益最大化？
- 我是否发现了所有潜在风险？

公平是《贝尔蒙报告》中科研伦理的第三项原则，指在选择参与者和分配利益时要做到公平和公正。请确保你选择研究对象的原因在于他们是与研究问题最直接相关的群体，而不是因为他们在社会中处于弱势地位（如低收入人群、儿童）。同时还要考虑研究中的参与者以及他们所代表的广大人群是否能获得公平、公正的收益。

除《贝尔蒙报告》中规定的科研伦理，不同学科领域的研究人员还针对涉及人类受试者的具体研究类型制定并采用了不同的科研伦理标准。例如，美国教育研究协会制定了一套科研伦理标准，主要针对经常涉及儿童和其他弱势群体的教育研究（"学习材料"部分提供了获取美国教育研究协会科研伦理标准的网络链接）。美国心理学会也为心理学家制定了一套一般原则和科研伦理标准，称为《心理学家的科研伦理标准和行为规范》（"学习材料"部分提供了获取美国心理学会科研伦理标准的网络链接）。作为一名专业人员，了解所在学科领域的科研伦理标准很重要，尤其是涉及人类受试者的研究。

1981年，美国卫生与公众服务部以《贝尔蒙报告》中的三项科研伦理原则为基础，制定了关于在研究中保护人类受试者的联邦法规。1991年，这些法规被正式命名为《美国人体试验受试者保护联邦法规》（The Federal Policy for the Protection of Human Subjects），即《美国联邦受试者保护通则》（The Common Rule）。这是一项保护人类受试者的联邦政策，大多数同意进行人类受试者研究的联邦部门和机构都遵循该政策（如教育部、司法部、环境保护署、美国国家科学基金会、美国消费品安全委员会）（USDHHS,1991）。《美国联邦受试者保护通则》的三项核心要求：①任何联邦部门或机构支持或开展的研究都必须确保遵循该政策；②研究人员必须获得书面知情同意；③机构必须设立伦理审查委员会以审查和批准研究项目。通则还包括B到D三个子部分，对涉及孕妇、胎儿、新生儿、囚犯和儿童作为受试者的研究提供额外保护。2017年1月19日，美国卫生与公众服务部发布了名为《最终规则》（The Final Rule）的修订版，对2018年之前的《美国联邦受试者保护通则》进行了更新。《最终规则》的修订旨在加强对人类受试者的保护，同时减轻研究人员在行政和监管方面的负担。2017年1月19日，《联邦公报》公布了其生效日期，规定该规则于2019年1月21日生效（"学习材料"部分提供了获取《最终规则》修订版的网络链接）。如果你在此日期之后完成论文，很可能要遵守新的人类受试者保护政策。在下一节中，我将重点介绍伦理审查委员会的审查程序，因为这可能对你的论文研究产生影响。在此之前，请务必向你所在学校的伦理审查委员会办公室咨询，确认你是否可以豁免于这一程序。若是，这将为你节省大量的时间和精力（而且你可以跳过下一节）！

〰〰 第2节 伦理审查委员会简介 〰〰

如上所述，所有接受联邦基金（用于研究或奖学金）的高等教育机构都必须设立伦理审查委员会（The Institutional Review Board, IRB）。根据《美国联邦受试者保护通则》，伦理审查委员会至少由五名成员组成，代表不同的专业知识和背景（如来自不同的大学和大学内不同的学院）。伦理审查委员会的主要职责是确保本校相关人员（包括管理人员、教职员工和学生）所进行的所有涉及人类受试者的研究都符合科研伦理，并遵守联邦法规。在此过程中，伦理审查委员会遵循《贝尔蒙报告》的三项原则：尊重个人、仁慈和公平。为了贯彻这些原则，伦理审查委员会要求研究人员（包括本科生和研究生）提交一份伦理审查委员会协议，以供其审查。某些类型的研究（如普通教育实践）可能不需要伦理审查委员会审查，因此请务必查看你所在学校的要求。

伦理审查委员会的审查流程

本节中，我将介绍一所大学中典型的伦理审查委员会的审查流程。虽然所有的伦理审查委员会都遵循《美国联邦受试者保护通则》，但实际申请流程因大学而异，因此你必须了解所在学校的伦理审查委员会的程序和指导方针（伦理审查委员会网站会提供模板和表格以供使用）。通常情况下，有研究生学位授予权的大学都会设立一个委员会，负责协助研究人员履行义务，以满足涉及人类受试者的相关要求。通常你还可以在线完成培训和小测验（如获得美国国立卫生研究院颁发的证书、CITI 证书），以证明你了解伦理审查委员会的原则。如果你对伦理审查委员会的程序有疑问，请与导师或所在学校的伦理审查委员会进行讨论。

伦理审查委员会的审查程序始于你提交申请之时。这是为了确定申请属于哪个类别：豁免审查、快速审查或会议审查。如果你的申请属于豁免审查，则无须进一步审查，你可以立即开始研究。（就像中彩票一样！）豁免程序需要 1～2 周的时间才能完成。如果你的申请属于快速审查，则由伦理审查委员会成员对申请进行审查，他们 l 或者批准或者要求进行修改。如果获得批准，你有 1 年的时间开展研究。快速审查程序需要 2～4 周的时间才能完成。如果你的申请属于会议审查（即非豁免），那么该申请将发送给伦理审查委员会的各位成员，供他们在委员会会议上审查和讨论。委员会可以完全批准，或者在满足特定条件的情况下批准。如果需要进行实质性修改，他们也可以推迟批准。这个过程可能需要 4～8 周的时间，这取决于伦理审查委员会开会的频率，因此你需要在研究时间表中考虑这点。伦理审查委员会审查过程示例流程见图 4-1。为避免进一步延误，请确保使用清晰易懂的语言回答了申请表中的所有问题，当然还要使用正确的语法，不要有拼写错误。没有什么比语法和拼写错误更让伦理审查委员会恼火的了！

请记住，伦理审查委员会负责审查来自全校教职员工和学生的申请，因此有时会有大量申请表，尤其是学期开始和结束时，这可能会导致处理时间被延长。因此，建议你在开始研究之前，提前启动伦理审查委员会程序。制定任何招募程序、与潜在参与者接触或收集数据之前，必须获得伦理审查委员会的批准。因为伦理审查委员会批准的申请不能追溯既往研究，所以在开始研究之前必须获得批准。否则你可能无法使用已收集到的数据或继续进行研究，更不用说其中涉及的科研伦理问题了。一旦获得批准，你通常有 12 个月时间来完成涉及人类受试者的数据收集工作。不过，可以通过一定的流程申请延长期限，或根据研究的变更修改申请表。

一旦得到伦理审查委员会的批准，请确保获得了其他机构（如校区、医院、企业）的许可。一些情况下，你需要通过单独的申请流程，而在其他情况下，其他机构会要求你的学校提供一份伦理审查委员会批准的副本。只有在获得各方批准后，你才能接触参与者。如果参与者是成年人，需要让他们签署一份书面同意书。请记住，你不能要求参与者签署一份

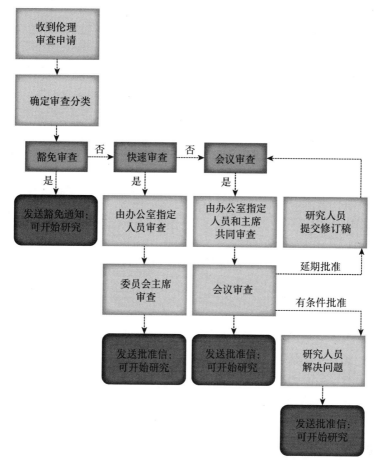

图4-1 伦理审查流程概览

他无法阅读或无法理解的同意书（这不是知情同意）。因此，如有必要，在与不能阅读或丧失听力的参与者进行面对面交流时，可以使用翻译。如果你发送的是书面通知，请将研究信息翻译成参与者的母语。如果参与者是未成年人（18岁以下），你需要获得其父母或监护人的知情同意。伦理审查委员会还可能要求你向参与者提供一份《研究对象权利法案》（Research Subject Bill of Rights）的副本。这是一份权利清单，保障每位参与者的权利。确保参与者收到知情同意书的副本，并将其存档。收到参与者的知情同意书后，你就可以开始研究了！

≈≈≈ 第3节　遵守科研伦理 ≈≈≈

完成伦理审查委员会的审批程序并在开展研究时遵守相关要求，只是研究人员科研伦理行为的一个组成部分。在开展和报告研究时，要始终遵守科研伦理。现在要尽可能多地学习、消化和吸收科研伦理方面的知识，使其成为职业行为的一个组成部分。这包括与参与者互动时保持诚实，以及在数据收集、分析和报告时遵守本领域的科研伦理标准。作为一名初级研究人员，你会发现经常有意想不到的情况发生。当出现这种情况时，会有一些恰当的解决方案，但也可能有一些不适当的解决方案，如捷径。不要使用捷径这种不恰当的方法解决问题。你的硕士学位论文会公开，许多研究人员在搜索相关文献时都会阅读它。虽然无法详述可能出现的所有情况，但以下示例可能对你有所帮助。数据收集过程中，当参与者没有按照你预期或希望的方式回答问题时，不得干扰、影响或修改参与者的反应。这一点至关重要，因为即使在最好的研究中也会出现这种情况。数据分析过程中，不要为了获得理想的结果而夸大、删除或篡改数据，这一点也很重要。请记住，研究结果无法支持你的假设的情况并不少见。你需要通过研究来找出问题。也请记住，研究过程中，研究人员也承担着一定风险，研究结果可能并不总是符合预期。发现某项干预措施对特定样本无效也是一种贡献。

一、抄袭和转述

在撰写论文和报告结果时，务必避免有意或无意的剽窃。撰写论文是一个漫长且反复的过程，当你完成论文时，你已经反复阅读了大量的一手和二手资料。在此过程中学生无意剽窃的情况并不少见。然而，剽窃是一种非常严重的行为，你需要尽量避免。剽窃是指使用他人的观点或文字而没有注明出处（Plagiarism.org, 2017）。剽窃可以是以下任何一种行为：把别人的作品当成自己的作品；抄袭别人的文字或观点而没有注明出处；引文不加引号；提供错误的引用来源信息；只改动个别单词，抄袭了原文的句子结构而没有注明出处；不论你是否注明出处，从某一来源抄袭的大量文字或观点构成了你论文的主体部分（Plagiarism.org, 2017, para. 4）。

我们并不要求你对自己的研究课题了如指掌，但希望你注明引用文献的出处。根据上述定义，这里有几种防止剽窃的方法：①做好自己的工作；②引用并注明文献的原始出处或观点；③转述并注明文献的原始出处或观点。引用资料和转述是两个非常重要的技巧，可以帮助你成功完成论文。当你引用某人的话时，需要逐字抄录原文，并用引号标明文字属于原文。在引用末尾，加上脚注或在文中标明原始出处（通常带有页码）。注意不要在论文中过度使用引用。引用应尽量少用，只有当你无法转述别人的话语时，才使用引用。转述是将原文改写成自己的话语，同时尽量保留原作的观点或精髓。

转述仍然需要在脚注或文中注明文献的出处。学生在转述别人的作品时往往会遇到麻烦，因为他们转述了别人的作品，却忘了注明出处。另一个问题在于他们只改动了原文中的几个词。转述不是使用词库来查找同义词！请记住，转述是使用别人的观点，你必须用自己的语言进行解释和改写。有时学生不确定是否应该注明文献出处。如果在论文中使用了他人的观点，就应该注明出处。如有疑问，最好注明出处。一方面，这显示了你的诚实，另一方面，对方看到你引用他的观点会很高兴！请参考普渡大学写作实验室关于如何进行转述的建议[①]。

二、有效转述的六个步骤

（1）反复阅读原文段落，直到理解其全部含义。

[①] 参见https://owl.purdue.edu/owl/research_and_citation/using_research/quoting_paraphrasing_and_summarizing/paraphrasing.html。

（2）把原文放在一边，把转述写在便签上。

（3）在转述下面做备注，提醒自己以后如何使用这些材料。在便签的上方，写一个关键词或短语，标注转述的主题。

（4）根据原文核对自己的转述，确保转述以新的形式准确表达了所有重要信息。

（5）使用引号注明从原文中借用的独特术语或短语。

（6）将原文出处（包括页码）记录在便签上，便于之后在论文中使用。

由于网络的存在，学生抄袭变得很容易。同样，教师和学校识别剽窃材料也变得容易。有经验的人能够发现剽窃，一些软件程序（如 Plagiarism Checker X、Turnitin、Grammarly、Plagiarism Detector、Viper）专门用于识别剽窃。如果学生被发现剽窃，可能面临挂科、开除学籍，甚至撤销学位的惩罚。如果一个有工作的人被发现剽窃，其职业生涯很可能受到影响。因此，不要剽窃，即使你周围的人都在这样做。严格遵守学术规范，就能轻松避免剽窃。

论文在于展示研究技巧和完成原创性的研究工作。了解并遵守科研伦理原则和学术研究规范同样重要。通过遵守科研伦理和保持诚信，你将开展一项原创性研究，并撰写一篇值得骄傲的硕士学位论文。

本章小结

了解和遵守与人类受试者相关的科研伦理原则和标准，是成为研究人员的关键一环。在计划开展研究时，请务必考虑《纽伦堡法典》和《贝尔蒙报告》中主要的科研伦理原则和标准。这将确保你为伦理审查委员会准备一份符合科研伦理且能被批准的研究申请。下一章我们将讨论如何撰写论文的第一章，即引言。以下是第4章的要点。

- 《纽伦堡法典》的三大标准：①自愿的知情同意；②避免一切不必要的身心痛苦；③权衡风险与预期效益。

- 1962 年，美国国会通过了《基福弗－哈里斯药品修正案》，增强了食品药品管理局的监管权。

- 1974 年，《国家研究法案》出炉，设立了国家生物医学和行为研究人类受试者保护委员会。

- 在《贝尔蒙报告》中，委员会确定了开展以人类为研究对象的三项基本伦理原则：①尊重个人；②仁慈；③公平。

- 不同学科领域的研究人员针对人类受试者制定和采用了特定的科研伦理标准。

- 1991 年，美国卫生与公众服务部提出的关于保护人类受试者的核心法规，被正式命名为《美国人体试验受试者保护联邦法规》，即《美国联邦受试者保护通则》。

- 《美国联邦受试者保护通则》的三项核心要求：①任何联邦部门或机构支持或开展的研究都必须遵循该政策；②研究人员必须获得书面的知情同意；③所在机构必须设立伦理审查委员会以审查和批准研究项目。

- 《最终规则》立法取代了《美国联邦受试者保护通则》，并于 2019 年 1 月 21 日实施。

- 伦理审查委员会的主要职责是确保本校相关人员（包括管理人员、教职员工和学生）所进行的涉及人类受试者的研究全部符合科研伦理，并遵守联邦法规。

- 伦理审查委员会要求研究人员（包括本科生和研究生）在制定任何招募程序、与潜在参与者接触或收集数据之前，提交一份伦理审查委员会申请表，以获得批准。

- 开展研究和报告研究结果时，要始终遵守科研伦理和保持科研诚信。

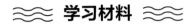

学习材料

一、常见问题和实用解决方案

此阶段，学生经常会对伦理审查委员会的流程感到焦虑。他们会想："如果没有获得批准怎么办？"不要担心。大多数学生的研究对参与者造成伤害的风险极低，除非你在做一些非常奇怪的事或不应该做的事。但是伦理审查委员会必须审查你的申请，以确保你的研究切实可行，也确保你把潜在伤害降至最低，同时也把参与者的利益最大化。也有可能你会豁免审查，请把伦理审查委员会当成一位友好的门卫。

学生面临的另一个常见问题是获得其他相关组织（如学区、医院、监狱）的批准，以便开展研究。多数组织都有自己的研究审批流程，且往往比大学的伦理审查委员会的审核流程耗时长。关键在于找到一个主要联系人，严格遵守他们的要求，并尽早开始工作！

二、思考 / 讨论问题

开始设计研究时，极为重要的一点是考虑研究将给他人（尤其是参与者）造成何种影响或后果。在此过程中，请反思过去研究中所发生的悲剧和不符合科研伦理的做法。以下问题将帮助你明确开展有人类参与者的研究时，必须遵循哪些科研伦理原则和标准。请记住伟大哲学家乔治·桑塔亚纳（George Santayana）的至理名言："忘记历史的人，注定会重蹈覆辙。"

《纽伦堡法典》和《贝尔蒙报告》的主要标准和科研伦理原则是什么？请运用具体事例说明它们与你的学科领域的关系以及如何应用它们。

三、练习

以下练习旨在帮助你完成学校伦理审查委员会的审查协议。及早进行这项工作至关重要，因为如果没有获得委员会的豁免或批准，就无法开始收集数据。练习一将帮助你了解所在学校的伦理审查委员会的审核流程。练习二将帮助你为自己的研究拟订一份伦理申请。

练习一：请重点关注你所在学校的伦理审查委员会的网站或校园办公室的网站。

- 搜索学校网站，找到伦理审查委员会网站或校园办公室的地址。
- 搜索伦理审查委员会网站或访问伦理审查委员会办公室，并列出导师或联系人的姓名。
- 搜索伦理审查委员会网站或访问伦理审查委员会办公室，获取手册或指导方针，以完成申请审查流程和了解申请豁免的流程。
- 了解你是否必须完成伦理审查委员会认证的在线培训。

练习二：如果你不符合豁免条件，请重点了解所在学校伦理审查委员会的审查程序和指导方针。

- 在伦理审查委员会网站上获取模板副本：申请审批表、申请模板、知情同意书、家长许可书、招募许可、招募材料、照片和视频发布稿以及其他模板副本。
- 填写申请模板（填写所有必填部分，详细描述研究内容）。
- 填写申请审批表（按要求获取签名）。

四、推荐阅读

- Cooper, H. (2016). *Ethical choices in research: Managing data, writing reports, and publishing results in the social sciences*. Washington, DC: American Psychology Association.
- Greene, J. A., & Podolsky, S. H. (2012). Reform, regulation, and pharmaceuticals—The Kefauver-Harris Amendments at 50. *New England Journal of Medicine*, 367(16), 1481-1483.

http://doi.org/10.1056/NEJMp1210007

- Horner, J., & Minifie, F. D. (2011a). Research ethics I: Responsible conduct of research (RCR)—Historical and contemporary issues pertaining to human and ani—mal experimentation. Journal of Speech, *Language, and Hearing Research*, 54(Suppl.), S303—S329.

- Horner, J., & Minifie, F. D. (2011b). Research ethics II: Mentoring, collaboration, peer review, and data management and ownership. *Journal of Speech, Language, and Hearing Research*, 54(Suppl.), S330—S345.

- Horner, J.& Minifie, F. D. (2011c). Research ethics III: Publication practices and authorship, conflicts of interest, and research misconduct. *Journal of Speech, Language, and Hearing Research*, 54 (Suppl.), S346—S362.

- Kim, W. O. (2012). Institutional review board (IRB) and ethical issues in clini— cal research. *Korean Journal of Anesthesiology*, 62(1), 3—12. http://doi.org/10.4097/ kjae.2012.62.1.3

- Nakray, K., Alston, M., & Whittenbury, K. (2015). *Social science research ethics for a globalizing world: Interdisciplinary and cross—cultural perspectives*. New York, NY: Routledge.

- Shore, N. (2009). Student research projects and the Institutional Review Board. *Journal of Teaching in Social Work*, 29, 329—345.

五、网站链接

- American Educational Research Association (AERA) Code of Ethics
http://www.aera.net/About—AERA/AERA—Rules—Policies/Professional—Ethics

- American Psychological Association (APA) Ethical Principles of Psychologists and Code of Conduct
http://www.apa.org/ethics/code/

- Federal Policy for the Protection of Human Subjects

https://www.federalregister.gov/documents/2018/01/22/2018- 00997/ federal-policy for the protection of human subjects delay of the revisions-to-the-federal-policy-for

- Plagiarism.org

http://www.plagiarism.org/

- Purdue Online Writing Lab

https://owl.english.purdue.edu/owl/resource/619/1/

- Teaching the Responsible Conduct of Research in Humans (RCRH)

https://ori.hhs.gov/education/products/ucla/default.htm

- The Belmont Report

https://www.hhs.gov/ohrp/regulations-and-policy/belmont-report/ index.html

- The Common Rule

https://www.hhs.gov/ohrp/regulations-and-policy/regulations/ common-rule/index .html

- The Nuremberg Code

https://www.hhs.gov/ohrp/international/ethical-codes-and-research-standards/index .html

- U.S. Food & Drug Administration

https://www.fda.gov/ForConsumers/ConsumerUpdates/ucm322856. htm

第5章

如何撰写学位论文的第一章"引言"

脑外科医生必须在从业之初就具备高超的医术，而如果你从事的是写作，没有人会强求你在起步阶段就拥有奖然的文采。这就是写作的妙处所在，你总有提升的空间，总会发现有一些词语比你之前的选择更合适，有一些比喻比你之前的选择更生动。

——罗伯特·科米尔（Robert Cormier）

　　本书其余部分主要介绍硕士学位论文的写作过程和格式规范。硕士学位论文由五个独立章节组成，这五个章节的标题分别为引言、文献综述、研究方法、结果和发现以及讨论（请核实你所在院校要求的章节标题是否与此一致）。针对每个章节的写作过程，我会从写作技巧、写作范例以及写作策略等多方面为你提供充分的指导，帮助你顺利完成硕士学位论文。

　　我特意使用"过程"一词，是因为硕士学位论文的初稿需要经过多次修改才能定稿，这是一个曲折的过程。此外，我也会对每一章下面的小节做详细阐述。阅读完正文，你还需要阅读附录中的硕士学位论文示例，了解硕士学位论文写作的广度、深度和风格。本章首先讨论硕士学位论文的写作风格，然后论述第一章的各个组成部分。

　　请记住，硕士学位论文的撰写会因人而异，每个人都有自己的做法，每个学科也有自己的规范。虽然本书是以线性顺序（第一章、第二章等）编排的，但在撰写硕士学位论文时，你不必一板一眼地遵循这个顺序。有些学生喜欢先写文献综述再写引言，有些学生可能喜欢同时撰写引言、文献综述和方法论这三章，然后在这三章之间来回穿梭，若有新信息或新观点，再对章节进行修改。具体的写作顺序，可以和导师商议后再确定。在写作初期，全局思维很重要，不要过度关注细节，不要为了追求句子或段落的完美而钻牛角尖。在定稿前，你可能需要对论文内容进行多次修改和调整。我遇到过一些学生，他们会因为导师把他们花好几个小时写的内容直接删掉而异常沮丧。记住，论文写作不是电影拍摄，不必每个"情景"都完美无缺。此外，建议修改完论文后标注修改日期，即使此次只修改了一句话。定稿后，比较初稿和终稿，你就会发现它们大不一样！

≋ 第1节　运用恰当的写作风格 ≋

　　硕士学位论文的写作风格与创作性写作以及叙事性写作的写作风格

迥然不同。学位论文的语言既专业又正式,例如,应避免非正式的语气或口语(如俚语),始终保持第三人称(如称自己为"研究者")。硕士学位论文中必须杜绝个人偏见,我经常对学生说:"硕士学位论文中不应出现'你'或'我'这两个字。"在硕士学位论文中,你所持的任何观点都必须有文献作支撑。如果你经常写诗歌、评论或故事,那可能得费些功夫才能将写作风格调整过来。

请看这句话:"我认为大学生把大量时间用于玩手机,却没有专心听老师讲课。"这句话的问题在于三点:①基于个人观点;②没有研究作支撑;③对学生行为的描述不清晰。更具学术价值的句子应该是:"在近期对大学生进行的一项调查中,89%的受访者表示,他们把约20%的上课时间花在了发短信、收发电子邮件等社交行为上(McCoy, 2016)。"

如果转换写作风格存在困难,或不确定该如何开展学术写作,请参考APA出版手册(APA, 2010)或你所在学科的其他出版手册。

≋≋ 第2节　论文第一章的组成部分 ≋≋

硕士学位论文的第一章是向读者介绍研究内容。在着手写作之前,需要充分了解文献综述和方法论章节的内容,在此基础上,才能确定第一章的内容具体怎么安排。我注意到,大多数学生会在撰写第一章时遇到困难,这并不是因为他们不会写作,而是因为他们阅读的相关文献太少。只有掌握了必要的背景信息,才能开始写作。写作过程中,如果你"卡住"了,很有可能是因为文献阅读量不够!过早开始写作有许多风险,最大的风险是可能把精力和时间投入到错误的地方。随后你会沮丧、失去动力,甚至无法在最后期限之前交稿。你可能迫切希望早点开始写作,但开始之前须确保已经阅读与研究问题相关的所有研究资料和文献,并对论文内容有了整体规划。开始写作前,先列一个详细的章节提纲,这可以最大限度地减少挫败感,并帮助你判断自己是否已经掌握了足够的文献资源。

　　第一章旨在介绍研究的主要内容，为后续章节做好铺垫。此章紧跟目录之后，需另起一页。第一章的主要部分或小标题包括引言、问题陈述、背景与必要性、研究目的、研究问题、研究意义、定义、局限性、科研伦理（论文第一章的各个部分见图5-1）。以上小标题对应的内容是硕士学位论文的重要组成部分，但硕士研究生可以根据院校或导师的要求对其进行调整（请务必与学院和导师核实硕士学位论文的写作要求）。请记住，我说的只是一般性指导原则，研究生需根据导师和学院的要求，调整每部分的篇幅。虽然本书单独讨论了每部分，但这些部分最终将构成一个整体，因而各部分之间要有流畅的衔接。

图5-1　论文第一章的各个部分

一、引言

　　在第一章"引言"部分，你需要先描述研究背景，即研究问题、研究的重要性以及你要研究的具体问题，以便读者理解本章后面的内容。"引言"应至少包括四个段落，每个段落的目的不同。在这一部分，漏斗式写作策略十分实用。一个漏斗的顶部开口很大，然后逐渐缩小为一个小开口。漏斗式写作策略就是参照漏斗的样式进行写作，"引言"的第一段涉及的主题很宽泛，主题的范围随着段落的递增而缩小，在最后一段将主题归结到具体的研究问题上（第一章"引言"部分的漏斗式写作策略见图5-2）。

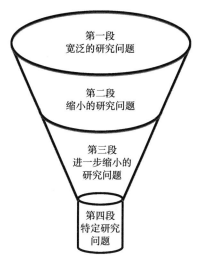

图5-2 第一章"引言"部分的漏斗式写作策略

"引言"部分的第一段应该宽泛地描述与研究相关的问题，提供研究背景（但不提及具体问题）。通常你需要在此讨论与研究问题相关的社会趋势或国内国际现象。换句话说，研究的大背景如何？写这一段时，可以参考二手资料、文献综述等类型的文章，或者实证研究文章的引言部分。

硕士研究生在撰写本段时常犯一个错误：过度沉浸于眼前的研究问题中，难以将视野放宽。因此，建议研究生从具体研究问题的位置后退二步并思考："有哪些大的社会问题导致或影响了本研究的具体问题？"例如，通过关注教育领域的宽泛问题，你可以讨论具体的研究问题，如联邦授权、共同核心标准、欺凌、大规模评估的学业成绩数据、人口结构变化、接受特殊教育的有色人种学生比例过高、教师评价等。

如果关注了与青少年犯罪相关的宽泛问题，那么你可以讨论帮派成员、犯罪率、药物滥用、课外活动预算削减、青少年死刑等具体问题。如果关注的是与心理咨询有关的宽泛问题，那么你可以讨论精神疾病、心理健康服务稀缺、吸毒和酗酒、家庭关系、虐待子女和配偶、创伤后应激障碍等具体问题。如果关注的是与商业和管理相关的宽泛问题，那么你可以讨论全球经济、企业社会责任、债务危机等具体问题。

如果关注的是民族的、国内的或国际上的问题，那么你不能只对此问题进行讨论，还要详细说明该问题是如何在实际生活中显现的，并分析其对社会的影响。为此，你可以引用研究成果，尤其是国内的和国际的研究统计数据（如百分比、平均值），以支持你的论点。我经常要求学生回答的一个问题是"那会怎样？"即"这个问题会有什么影响？"通过回答该问题，可以向读者明确指出问题所在，并为你的研究提供依据。撰写这一段的关键是开篇的讨论要宽泛——如果在写作之初，谈论的话题过于狭窄，那么后面几段就无法运用漏斗式写作了（第一章"引言"部分的漏斗式写作思路见图 5-3）。

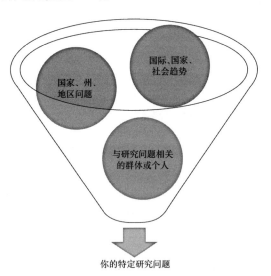

图5-3 第一章"引言"部分的漏斗式写作思路

以下是第一段主题句的撰写示例。

如今，青少年中普遍存在网络暴力（又称网络欺凌）。在对全国12～17岁学生的抽样调查中，34%的学生表示经历过网络暴力。校园霸凌与网络暴力密切相关，那些遭受过校园霸凌的学生也很可能遭受网络暴力，而在学校欺凌他人的学生同样可能在网络上欺凌别人（Brown, Demaray, & Secord, 2014）。

在本段的其余部分，我将对网络暴力进行描述和定义，并讨论网络暴力在国内和国际上的发展趋势。

第二段从第一段的宽泛问题开始论述，但论述的范围要比第一段窄。确保第一段和第二段平稳过渡（比如适当进行转折）的同时，要为第二段设置一个主题句。第一段重点关注了民族、国内和国际趋势，第二段要缩小讨论范围，重点关注州等地方行政区内存在的与具体研究问题相关的问题。因此，你可以在具体研究问题的位置后退两步，问："有哪些地方（如州）层面的问题导致或影响了我的具体研究问题？"例如，我会讨论一些与网络暴力相关的州法律政策和学校政策。请记住，讨论州、地区或地方问题以及这些问题对社区和邻里的影响至关重要。这将为你的研究提供更多理由和依据。

此外，请引用研究成果（特别是州或其他地区的统计数据），以支撑自己的观点。注意，这里讨论的问题不要过于狭窄，否则接下来你无法将主题进一步缩小。下面是第二段主题句的写作示例。

自2011年以来，加利福尼亚州的立法者通过了多项与网络欺凌相关的议会法案和州法案，强调网络欺凌对学生的有害影响（如自杀、学习成绩下降）。针对施暴学生，学校有权对其做出停学或开除的处理 (National Conference of State Legislatures, n.d.)。

在本段的其余部分，我将介绍加利福尼亚州为防止网络暴力和保护网络暴力受害者而制定的法律和学校政策。

第三段需要对第二段做平稳过渡，并确立段落主题句。第三段从第二段的地方问题出发，进一步缩小讨论范围。第二段的关注点集中在州等地方问题，第三段专注于与研究问题有关的特定群体或亚群体。因此，这一段距离具体问题只有一步之遥。第三段可以问："与我的研究问题相关的群体、亚群体如何受到国家或地方问题的影响？"如果是我，我会讨论青少年受到网络暴力的概率和网络暴力对青少年的影响是否存在性别差异。这就是研究的样本组。请记住，关键在于探讨国家问题和地区问题如何演变成具体问题，以及你关注的目标群体和个体会受到什么影响，这些有助于阐明选择特定样本组的依据。同时，请引用研究成果（特别是实证研究成果和相关文献）来支撑自己的观点。以下是第三段主题句的写作示例。

2015 年的一项调查结果显示，称自己经历过网络暴力的青少年女性要多于青少年男性（36% 比 31%），称自己曾参与网络暴力的青少年男性要多于青少年女性（13% 比 11%）。此外，女孩和男孩可能遭受不同形式的网上骚扰（如色情骚扰）（Hinduja & Patchin, 2015）。

在本段的其余部分，我将根据性别差异和网络欺凌的不同形式来分析网络欺凌的统计数据（如果我所在州或地区有相关数据的话）。

最后，"引言"的结尾段直接聚焦于研究问题。若你从宽泛的问题出发，慢慢缩小焦点，那这一段便水到渠成了。避免使用"我的研究问题是……"等措辞，这类措辞更适用于四年级的读书报告。通常这一段的开头采用"然而，不幸的是""唉，令人不愉快的是""令人遗憾的是"等表达，以提醒读者，此处会出现意义的"中断"。

在本段的其余部分，你需要深入探讨具体问题如何影响你研究中的某个群体或多个亚群体，并详细阐述该问题对特定群体会产生何种影响。同时，还需要对研究中使用的关键术语进行定义。请务必引用权威研究（尤其是实证研究）来支撑自己的观点。以下是最后一段主题句的撰写示例。

尽管许多关于网络暴力的研究都强调了网络暴力具有惊人的普遍性，但很少有研究探究网络暴力与自尊的关系，尤其是二者在青少年女

性群体中的关系。

在本段的其余部分，我将描述研究数据如何展现网络欺凌对女性受害者的自尊水平（以及相关表现）的影响。使用统计数据旨在强调这是一个值得关注的现实问题。最后一段为下一部分的内容打下基础，下一部分要探讨与具体研究问题相关的三个领域。第一章"引言"的写作示例请参见附录 C。

二、问题陈述

第一章接下来的一部分是"问题陈述"。"引言"部分讨论了与研究问题相关的宽泛问题，在"问题陈述"中，你将描述与研究问题相关的三个领域，从而更深入地探讨具体的研究问题。将你的研究问题想象成一架梯子，梯子上的每个梯级都对应一个相关领域（与研究问题相关的三个领域参见图5-4）。此时，梯子是一个绳梯，因为你仍在构建研究问题；随着研究问题的阐述越来越具体，它会变成一个更加坚实的梯子。第一章最难的部分在于确定与研究问题相关的三个领域。如果遇到困难，可以向导师寻求帮助，也可以回顾现有研究。一旦确定了这三个领域，并征得导师同意，也就确定了第一章和第二章的结构框架。

图5-4 与研究问题相关的三个领域

确定这三个领域的第一步是阅读你收集的研究文献，在这里，摘要和文献矩阵要派上用场了。首先，找出这些文献共有的主题或模式（3～4个）。接着，尝试按照找到的主题对研究文献进行排序分组（可以将文献存放到文件夹中）。为每组文献标注一个主题，之后如有必要可以修改主题。如果组别过多，将较小的组别归入较大的组别。还可以创建一个名为"也许"的文件夹，用于存放你感兴趣但与研究问题不密切相关的文献。如果组别数量太少，可以考虑将其中一个小组拆分为两个小组，或者寻找更多的研究文献。最后，选择与研究问题最相关的三个领域。这三个领域可以是研究问题的一部分，也可以是受研究问题影响的平行领域。请记住，这些领域的范围不应过于狭窄。在第二章的文献综述中，针对每个领域，你至少需要三篇相关的实证研究文章。

例如，我的研究问题是网络暴力，在阅读文献的过程中，我发现了以下三个相关领域：①心理问题；②身体健康和躯体问题；③自杀念头和行为。

确定三个领域后，就可以撰写"问题陈述"了。这一部分有五个小节：引言、领域一、领域二、领域三、总结。第一小节是本节其他部分的提纲，需简要介绍与研究问题相关的三个领域，然后分别介绍每个领域。为避免读者产生混淆，不要将三个领域混在一起。你可以给每个领域都标注一个小标题，以便介绍时保持条理性。标题是用于组织论文章节的简短语句，其格式取决于学位论文中标题的级别数（参见第 10 章 APA 格式）。

撰写每个领域时，首先，简要介绍该领域；其次，向读者说明研究问题与该领域之间的关系；再次，写出该领域内存在的问题以及这些问题如何影响目标群体；最后，具体说明问题的影响（即回答"那会怎样？"）。

例如，我的第一个领域会谈及遭受网络暴力时，青少年女性产生的心理问题，如抑郁、孤独、无法与他人建立亲密关系等。

请参见图 5-5 了解三个领域内问题的梯子示意图。

切记关注各领域内的问题，但避免提及干预措施或问题的"解决"方案——这些是下一部分的内容（背景和必要性）。你还应给所有与研究相关却意义不够清晰的术语下定义。最后，请转述（而非剽窃）研究文献中的信息来支撑你的学位论文，并选择合适的引用格式和参考文献格式。只有当原作者的陈述非常精彩，转述会破坏原文的精髓时，才考虑直接引用（详见第 10 章 APA 格式）。在"问题陈述"的最后，写一个简短的总结，强调与研究问题相关的三个领域（请参阅附录 D 中"问题陈述"撰写示例）。

问题陈述
研究问题

与未受影响的同龄人相比，受网络欺凌的青少年女性经历了更严重的
心理和生理问题，并产生更强烈的自杀念头。这些负面影响与低自尊
密切相关，自尊水平会影响学生的整体学业和行为表现。

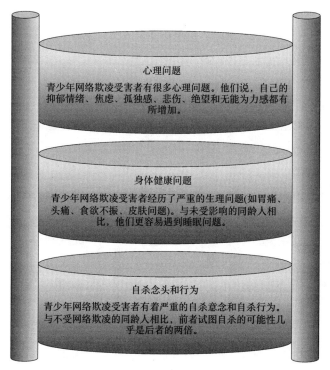

图5-5 三个领域内问题的梯子示意图

三、背景与必要性

在第一章的"背景与必要性"部分，需要向读者简明扼要地陈述研究
问题的背景以及对该问题展开更多研究的必要性。从本质上讲，你要让
读者相信这个问题很重要（即介绍研究背景），并给出研究这个问题的理
由（即必要性）。

三个平行梯子策略

在这一部分，我将继续使用已在"问题陈述"中阐述的"三个领域"。

换句话说，在"背景与必要性"中，每个领域都会与"问题陈述"中讨论的问题相对应。为此，研究生可以采用三个平行梯子策略来组织第一章和第二章的写作。该策略有助于明确研究目的和方法。在运用此策略时，可以设想有三个平行的梯子。第一个梯子代表"问题陈述"，第二个梯子代表"背景与必要性"，第三个梯子代表第二章中的"文献综述"。每个梯子上的三个梯级分别对应与研究问题相关的三个领域（第一章和第二章使用的三个平行梯子策略见图 5-6）。

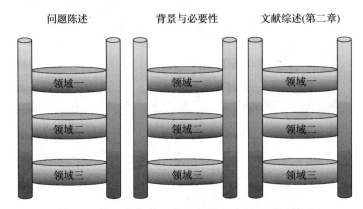

图5-6　第一章和第二章使用的三个平行梯子策略

你已经确定了与研究问题相关的三个领域，所以这一部分的撰写相对比较轻松。"背景与必要性"部分有五个小节：引言、领域一、领域二、领域三、总结。引言需要简要讨论研究问题的背景，可以包括历史视角、问题如何随时间推移而发展、与问题相关的重要信息，以及引言中讨论的"背景问题"的更多细节。

接下来的三个小节同样围绕与研究问题相关的三个领域展开，请记住给每个领域标上对应的小标题，以示区分。"问题陈述"部分重点要放在研究文献所反映的问题上。"背景与必要性"部分需要重点关注文献中出现的潜在解决方法（"问题陈述"和"背景与必要性"部分使用的平行梯子策略参见图 5-7）。

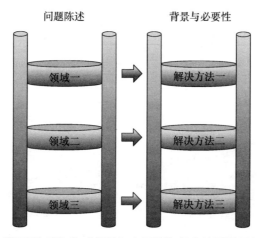

图5-7 "问题陈述"和"背景与必要性"部分使用的平行梯子策略

　　首先，简要介绍与研究问题相关的三个领域，这是本节其余部分的大纲。其次，在每个小节的开头对该领域进行描述。最后，写下有助于解决该领域问题的现有研究，这是对第二章文献综述的预热。例如，对于我所研究的网络暴力问题涉及的领域一，我将探讨各种能够有效调节青少年心理健康（如解决网络暴力存在的负面影响、提高青少年的同情心和自尊水平）的预防和干预计划。尽量不要告诉读者应该采取什么措施，而应该简要介绍已经采取的措施以及该措施对样本群体产生的影响。尽可能指出对目标群体或类似群体有正面影响的措施，这证明了将这些措施纳入你研究的合理性。

　　讨论研究文献中论及的解决方案时，请指出该领域仍然存在的研究空白，这是"必要性"部分的主要内容。一定要找出研究空白，这是开展研究的依据，也是你研究的贡献所在。如果之前的研究中没有空白，那就说明没有必要继续开展研究！前人研究的空白之处可以是没有对特定的样本组进行试验，也可以是调整特定样本群体、改进或合并现有的做法，还可以是从不同角度或使用了不同的研究方法（如质性研究法、混合法）来研究某个问题。切记，运用转述的方式来引用研究文献，并选择合适的格式来标注和引用参考文献。

请参见图 5-8，这是一个"问题陈述"部分和"背景与必要性"部分使用的平行梯子策略示例。请注意观察此例，找出三个解决方法是如何与每个领域的三个问题产生联系的。

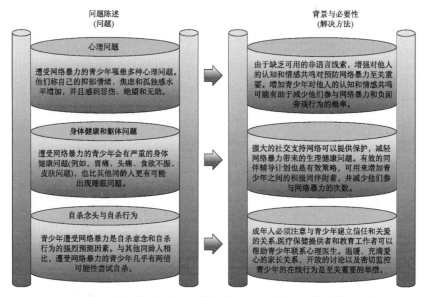

图5-8　"问题陈述"部分和"背景与必要性"部分使用的平行梯子策略示意图

在"背景与必要性"的最后，简要总结现有研究存在的空白。这一部分做一个概括性的介绍，详细阐述研究问题，并提供研究背景与必要性，接下来可以把这些部分与研究目的联系起来。此时，读者确信你已经找到一个有待解决的重要问题，而且掌握了与该问题密切相关的研究文献，这为撰写"研究目的"奠定了坚实的基础。

四、研究目的

第一章"研究目的"部分是让你提炼之前所写的内容，说明研究内容和理由。"研究目的"包括四个小节：目的陈述、研究意义、研究描述、预期结果。我将分别解释每个小节，并举例说明。请注意，"研究目的"用过去时撰写①，因为在读者看来你撰写这部分时已经完成了研究。

"研究目的"的第一小节是目的陈述。请用一句话陈述你的研究目的，这句话要包括研究内容、研究目的、研究对象和研究地点。以下是一个模板："本研究实施了（你做了什么），旨在（为什么这样做/陈述问题），（你的样本组是什么），（研究背景为何）。"

以下是一个干预性定量研究的"研究目的"写作示例。

本研究旨在通过实施"我们关心"这一研究计划（研究内容），以提高某郊区中学里（研究地点）成绩优异的六年级女生（研究对象）的认知和情感共鸣水平（研究目的）。

以下是一个混合法研究的"研究目的"示例。

本研究旨在探究城市中学（研究地点）中参与同伴互助计划（研究目的）的网络暴力受害女学生（研究对象）对同伴关系（研究内容）的看法。此外，研究还测量了参与同伴辅导计划前后学生自尊水平的变化。

"研究目的"的第二小节是研究意义，需简要说明研究问题的必要性。这一小节至关重要，它验证了研究的重要性和必要性。在质性研究中，基本原理还可用于预示你的研究设计（Creswell & Plano Clark, 2018）。在此，你可以总结"引言"和"问题陈述"中的一些要点，包括有关问题（宽泛问题和具体问题）并说明这些问题会产生何种后果。示例如下。

与未受网络暴力的同龄人相比，遭受网络暴力的青少年女性会面临更为严重的身心健康问题，会产生更强烈的自杀念头。这些负面影响与自尊水平下降有关，自尊水平下降还会影响学生的整体学业和行为表现。据报道，提高青少年学生对同龄人的认知和情感共鸣水平，可以减少青少年参与网络暴力的次数和青少年对网络暴力冷眼旁观的负面行为。

以下为另一个示例。

---

① 用英语撰写论文时，此处的动词可以使用过去式，但如果使用汉语撰写论文，动词就不存在过去式了。汉语中的时间一般通过时间状语来表达。——译者注

与未受网络暴力的同龄人相比，遭受网络暴力的青少年女性会面临更严重的身心健康问题，会产生更强烈的自杀念头。这些负面影响与自尊水平下降有关，自尊水平下降会影响学生的整体学业和行为表现。发展社交网络以及建立牢固的同伴关系是预防和干预网络暴力发生和发展的有效措施。

"研究目的"的第三部分是研究描述。在这部分，需简要说明研究方法，包括样本组、所做研究和干预（如果有的话）、收集数据的方式。示例如下。

研究者实施了"我们关心"这一研究计划，研究目的是提高六年级女学生的认知和情感共鸣水平。该研究教导学生通过表演和角色扮演来换位思考，以体验他人的感受。在为期6周的选修戏剧课程中，来自三个班的60名六年级学生（每班20人）每周参加三次名为"我们关心"的实践活动。在项目干预前后，运用已经验证的共情评估表对学生的认知和情感共鸣水平进行测量。干预结束后，研究者还对学生做了调查，以了解学生对"我们关心"计划的态度。

以下为另一个示例。

为了探究学生对同龄人关系的看法，研究者组织20名遭受过网络暴力的七年级女生进行小组讨论。她们正在参加一个同伴辅导计划。研究者还使用经过验证的评估工具DREAM，测量了学生在项目前后的自尊水平。

"研究目的"的最后一部分是预期结果，此处要简要说明研究产生的益处及影响，可以写多个预期成果。示例如下。

该研究的目的之一是测量"我们关心"计划对六年级女生的影响。预计参加"我们关心"计划后，这60名女生的认知和情感共鸣水平会有所提高。虽然没有直接测量，但我们预计学生会减少对网络暴力的参与或支持。研究的另一个目的是描述学生对"我们关心"计划的体验。

以下是另一个示例。

本研究旨在探究七年级在读的网络暴力女性受害者对同伴关系的看法，此外，本研究还关注了同伴辅导和社会支持对学生自尊水平的影响。

确定"研究目的"后，就可以开始撰写研究问题了，你的研究问题需要与研究目的和研究方法保持一致。

五、研究问题

"研究问题"是此研究需要回答的具体问题。这一部分的关键在于确定研究问题的框架，这也是整个研究的关键所在。这并不是说你要制定一份详尽的研究问题清单，相反，请选择对你来说最重要的问题，并在时间和资源允许的范围内对其进行研究。请记住，研究问题越多，需要收集和分析的数据也就越多。研究问题与研究方法是一致的，所以提出研究问题时要考虑你所使用的研究方法。

先确定研究问题，然后收集数据，之后对这些问题进行回答。你可能需要把测量过的变量也写进问题中，为此，你可以将目的陈述转化为问题。例如，如果想知道"我们关心"计划的影响，我会把目的陈述转换成问题，进行如下提问。

"我们关心"计划（自变量）对郊区中学（背景）中成绩优异的六年级女生（样本）的认知和情感共鸣水平（因变量）有什么影响？

如果我没有实施干预措施，但想调查学生的态度，我仍然会在研究问题中提及其他被测量的变量。示例如下。

六年级女生对"我们关心"计划持何种态度？

或者

学生的态度（被测变量）与她们的共情水平（被测变量）之间有何关系？

以下是一个质性研究的举例（请注意，此处质性研究中的问题比以上定量研究中的问题更为开放）。

女学生对同伴辅助计划中的同伴关系持什么样的看法？

或者

同伴互助计划对学生的自尊水平有何影响？

在拟定研究问题时，尽量避免只有"是"或"否"两种回答的研究问题，例如，"青少年女学生能否提高她们的共情能力？"或者问"为什么"，例如，"为什么网络暴力的女性受害者难以维持同伴关系？"

以上问题更多是在反问（或是无法回答的问题），并不提供与研究设计相关的信息。此外，肯定或否定的研究问题没有提供太多讨论和解释的空间。开放式问题不仅可以回答研究问题，还可以讨论研究发现的意义。

六、该研究对本领域的意义

下一部分是"该研究对本领域的意义"（也称"研究意义"）。在这一部分，请描述研究参与者的短期获益和长期获益，以及该研究对现有研究所做的贡献。比如，接受干预后，参与者的学业、社交、身体以及情感状态有了积极的变化。如果你在研究中进行了调查、访谈或观察，你会发现有关参与者态度、观念和行为的重要信息。虽然这些内容通常包含在第一章中，但你可以在完成研究后再撰写这部分内容。

七、定义

接下来的一部分是"定义"。在此之前，你已经对术语进行了定义，然而，有些术语可能需要更详细的解释。一定要注意术语的一致性。如果你用特定术语标注了一个概念或变量，那么全文要保持统一。一旦在本部分正式定义了该术语，那么在此后的章节中读者会清楚地知道你所指的内容。

本节最困难的部分在于确定哪些术语需要定义。选择需要进行定义的术语时，有三条规则可供参考。

第一条规则是定义所有非本领域人员不熟悉的术语（即技术术语）。例如，学习障碍（learning disability）是当今教育领域一个非常重要的术语，但其他领域的人可能并不了解。条件允许的情况下，我还会使用法律、标准以及文献中公认的定义，并提供适当的引文来解释术语。

第二条规则是定义由使用者"创造"的术语。这是指人们熟悉的术语，但由于文化背景的变化有了新的定义。这些术语需要重新定义，因为字典上对该术语的标准定义可能有别于其他使用者对该术语的理解。例如，对网络暴力（cyberbullying）或旁观者（bystander）的标准定义可能有别于本研究领域对这两个术语的定义。因此，我必须在本节对这两个术语进行定义。

第三条规则是定义所有可能产生歧义的术语。当术语的定义取决于上下文或参与者的解释时，就会产生歧义。例如，根据上下文的不同，"过渡（transition）"一词可以有多种含义。在心理咨询中，人生过渡指从一个人生阶段进入另一个人生阶段，如从工作到退休。在教育领域，过渡指的是在小学、初中、高中和大学之间的转换。在企业中，企业过渡可以指所有权或管理层的变更。在犯罪学研究中，生命历程的过渡（如结婚、就业、参军）使人们停止犯罪，开始新的人生（Warr, 1998）。通过定义术语，你向读者澄清了概念，确保每个人对此概念的理解基本一致。定义完所有术语后，以项目符号的形式列出这些术语，并按照首字母顺序排列，以便读者轻松找到特定术语。

八、局限性

下一部分是"局限性"。这一部分将讨论研究中存在的局限性，如在研究设计、数据分析、时间和资源、研究者设定的条件方面的局限。请记住，所有研究都有局限性，陈述局限性并不意味着否认研究人员的能力。处理局限性的最佳方法是直面局限性，并解释它们如何影响研究结果或结论，试图隐藏或掩盖研究的局限性只会进一步削弱研究的说服力。例如，缺乏对照组是硕士学位论文常见的局限性，因为研究人员无法邀请到足够多的研究参与者。另一个常见的局限是样本量小（在定量研究中）。

"局限性"是研究的缺陷或弱点，会影响研究结果的内部效度和外部效度。内部效度（internal validity）指在本研究的实验中，自变量与因变量之间因果关系的明确程度。如果实验研究中没有对照组，就会降低内部效度，因为无法确定因变量的变化是由实验干预引起的，还是由其他因素引起的。外部效度（external validity）指在本研究之外，研究结果在其他环境和群体中是否成立（Mills & Gay, 2019）。样本量小会降低研究的外部效度，样本量小意味着样本的代表性也小。不过，根据研究设计的不同，样本量对研究的局限性会有所不同。样本量小不一定会对质性研究造成局限。我将在第 9 章详细讨论这些问题。

九、科研伦理

第一章的最后一节是"科研伦理"。为确保研究符合科研伦理规范，需要在本节中介绍研究遵循的科研伦理程序，如伦理审查委员会的知情同意程序，在获得其他机构的许可后才接触参与者，将参与者面临的潜在风险降至最低。你需要将一份空白的申请或知情同意书副本附在硕士学位论文的附录处，因此请务必保留副本。

〰 本章小结 〰

第一章是硕士学位论文中最重要的一章，这一章需要指出论文的研究意义，并确立论文的章节结构。通常这是最难写的一章，因此，如果本章花费了很长时间，改了多次，不要沮丧。这一章描述的研究问题（及相关领域）、背景文献、研究目的和研究问题将为第二章"文献综述"和第三章"研究方法"的撰写确立结构。在下一章，我将讨论如何撰写硕士学位论文的第二章"文献综述"。以下是本章的要点。

- 第一章的引言部分描述了研究问题。
- 漏斗式写作策略就是把写作结构比作一个漏斗，写作的第一段关注宽泛的主题，之后的每一段将主题逐步缩小，直至变成最后一段的具体问题。

- 问题陈述部分描述与研究问题相关的三个领域。

- 背景与必要性部分描述问题的研究背景、解决方法以及已有研究的不足之处。

- 研究目的这一部分包括四个方面：目的陈述、研究的必要性／理由、研究描述、预期结果。

- 研究问题这一部分概述与研究问题相关的问题，并确定研究使用的方法和数据分析。

- 该研究对本领域的意义（又称"研究意义"）部分描述了研究参与者的短期获益和长期获益，以及该研究对本领域现有研究的贡献。

- 定义部分会对含义模糊的术语进行定义。

- 局限性部分讨论研究的局限性。局限性指影响研究结果内部效度和外部效度的研究缺陷。

- 科研伦理这一部分需要描述为确保研究符合科研伦理规范，你所遵循的各种程序。

≋ 学习材料 ≋

一、常见问题与实用解决方案

这一章的写作中，常见的问题是学生不敢下笔，学生脑海中会浮现诸如"我会在写作上遇到严重阻碍"的想法。他们这么想是可以理解的，因为到目前为止，他们一直致力于阅读研究文献和构思研究，尚未动笔。解决这一问题的最佳方法就是坐下来动手写作（大多数情况下，是在电脑前打字）。首先，新建一个 Word 文档，输入本章的主要标题。接着，把"引言"部分要讨论的主要话题列成大纲——记得使用漏斗式写作策略！一旦开始填充大纲并从研究中提取信息，思路就会顺畅起来。如果你没有时间将全部信息写下来，可以做笔记，标明本研究需要包含哪些信息以及在哪里可以找到这些信息。

另一个常见问题是应该写哪三个领域。如果你有类似问题，可以在组织好的文件系统中寻找灵感。看一下自己是如何将相关文献分门别类的，以及是否创建了文献矩阵。如果既没有做文献分类，也没有创建文献矩阵，那么你可以快速浏览已搜集文献的摘要，然后尝试将这些文献分成三组，用一个大标题对每一组文献进行标注。这也会告诉你是否收集了足够多的文章或最相关的文章。

二、思考 / 讨论问题

着手撰写第一章之前，一定要与导师商定研究的整体框架。这不仅能节省大量时间，还能避免研究过程中的沮丧情绪。通常情况下，学生往往过于关注研究细节，而忽略了研究的整体背景，即为何要进行这项研究。以下思考和讨论题将帮助你学会如何在本学科领域内找到与研究问题相关的宽泛问题，以及如何将研究问题缩小到三个具体的领域。

"引言"开头两段的重点是什么？集思广益，找出所在学科领域内与这两段相关的不同类型的问题。讨论如何使用漏斗式写作策略，做好"引言"各段落之间的过渡。

"问题陈述"和"背景与必要性"有何异同？两部分的重点分别是什么？举例说明如何用三个平行梯子策略来组织这两部分的写作。

三、练习

以下练习旨在帮助你撰写硕士学位论文的第一章。练习一需要使用漏斗式写作策略撰写引言。练习二需要确定问题陈述中的三个问题。练习三需要撰写研究目的和研究问题。

练习一：重点关注与"研究问题"相关的问题。

● 列出与"研究问题"相关的问题，包括国家问题和社会问题，描述这些问题的表现形式和影响。

- 缩小问题范围，列出与"研究问题"相关的地方层面（如州）所存在的主要问题，描述这些问题的表现形式和影响。

- 再一次缩小范围，列出与"研究问题"相关的特定群体和亚群体，并描述国家和州范围内存在的问题对该群体造成的影响。

- 最后一次缩小范围，列出"研究问题"以及与"研究问题"相关的特定群体，描述"研究问题"在该群体中的表现和影响。

练习二：重点关注与研究问题相关的具体领域。

- 想象一下，这个梯子代表了问题陈述部分。在每个梯级上写下一个与"研究问题"相关的领域（共写三个）。

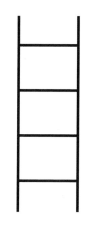

- 列出每个领域内的问题。

练习三：请把重点放在"研究目的"上。

- 列出"研究目的"的四个组成部分。

- 在撰写"研究目的"时，使用本章提供的模板："本研究实施了某实验（你想做什么），针对某群体（你的样本组是哪个）在何处（在何处做研究），旨在（你为什么想这样做）。"

- 列出本研究的三个研究意义。

- 简要说明研究方法。

- 列出研究的预期目标和成果。

- 将目的陈述转化为研究问题。

四、推荐阅读

- American Psychological Association. (2010). *Publication manual of the American Psychological Association* (6th ed.). Washington, DC: Author.
- Badley, G. (2009). Academic writing as shaping and reshaping. *Teaching in Higher Education*, 14(2), 209‐219.

五、网站链接

- APA Formatting and Style Guide: The OWL at Purdue

http://owl.english.purdue.edu/owl/resource/560/01/

- APA Style

http://www.apastyle.org/

Center for Writing Studies (University of Illinois, Urbana‐Champaign)

http://www.cws.illinois.edu/ Graduate Writing

- Center (Teachers College, Columbia University)

http://www.tc.columbia.edu/graduate‐writing‐center/

- Modern Language Association (MLA)

http://www.mla.org/

- The Chicago Manual of Style Online

http://www.chicagomanualofstyle.org/home.html

- The Elements of Style, William Strunk, Jr.

http://www.bartleby.com/141/

- The Writing Center (University of North Carolina, Chapel Hill)

https://writingcenter.unc.edu/tips‐and‐tools/introductions/

- The Writing Center (University of Wisconsin‐Madison)

https://writing.wisc.edu/Handbook/

第6章

如何撰写学位论文的第二章"文献综述"

譬如为山，未成一篑，止，吾止也。譬如平地，虽覆一篑，进，吾往也。

——孔子（Confucius）

恭喜你完成了学位论文的第一章！本章将重点介绍如何撰写学位论文的第二章——"文献综述"。文献综述是学位论文的重要组成部分，本章并不介绍你的研究或研究所采用的具体方法，而是向读者阐明做这个研究的原因和方法。此外，本章还包括你对相关研究的了解，以及研究已经具备的条件。

截至目前，你已经了解了相关研究文献，并且陈述了研究问题。此外，你还有一个优势——已经研读了同领域其他研究人员所发表的相关研究成果，并且意识到仍然存在一些研究空白。第二章旨在向读者简要介绍与研究问题相关的重要研究，这可以为研究提供背景信息，并阐明研究设计的合理性和依据。

对一些研究人员来说，第二章非常难写。原因主要有以下两点。一方面，很难确定具体要引用或排除哪些文献。一个常见的误区是对所有相关研究文章进行了全面总结，或按时间顺序进行了归纳。如果这样，你永远也读不完所有文章，也没有时间进行综述！这是一个很棘手的问题，因为很可能当你读完大量材料后，却发现好像所有的材料都很重要。这就需要判断哪些文献与你的研究密切相关。很可能读了五篇文章，只有一两篇文章真正和你的研究有关（如果运气好的话）。

选择与你的研究相关的文献时，需要考虑以下几个方面 (Creswell, 2015, p. 92)。

- 选题方面：文献的研究选题是否与你的一样？
- 对象和场所方面：文献的研究对象和场所是否和你的一样？
- 研究问题方面：文献所研究的问题是否与你即将研究的一样？
- 文献获取方面：是否可以从图书馆找到或者从网站上下载文献？获取的方式是否便捷？

如果仍然很难找到相关研究文献，一定要预约时间去咨询参考咨询馆员，还可以查看相关研究文献所列出的参考资料。研究人员需要经常关注同领域内的其他学者以及他们的研究。此外，一些大学图书馆所创建的文献综述指南也可以提供一些检索信息和技巧。

另一方面，文献综述的常见误解是只总结和描述特定问题的研究文献。你确实需要总结那些挑选出的文献，但是更重要的是，要对那些开展过的研究进行评估和批判性分析，并将其与你的研究联系起来。我将在研究综述部分深入讨论这点。

与本科时的学期论文不同，学位论文的第二章可不是在截止日期前一晚赶出来仍然获得 A 的作业。如你所料，这一章花费的时间比其他任何一章都要多。如同收集和分析文献那样，撰写同样需要大量时间。你必须研究文献，确定哪些文献的相关性最强，并对这些研究进行批判性分析，说明它们之间的关联以及它们与你的研究的关系。换句话说，写作应围绕特定的研究或一系列相关研究展开，而非对所有先前研究泛泛而谈。文献综述要始终运用学术语言进行写作。请记住，文献综述中提及的所有资料都需提供准确出处，此时参考文献管理软件就可以派上用场了！

这一章往往是学位论文中最长的一章，请注意控制好进度，可以分步骤写作，即一次完成一小部分。开始写作之前，要安排充分的时间阅读文献。这可能是唯一的深入探究特定研究课题的机会，你会很享受这个过程！与学位论文的第一章类似，你需要确定撰写本章的最佳流程。一些学生可能会先阅读所有资料，然后再开始写作；一些学生可能会每次阅读一篇文章，然后针对该文章进行写作，最后将所有部分联系起来；还有一些学生是先快速浏览、提炼要点、分类和安排组织文献，然后再阐明自己的观点。除以上几种外，还有很多不同做法。也就是说，写作流程因人而异，你需要确定适合自己的做法。记住，最关键的是保持前行。可以制作一个写作文献综述的时间表，列出日期、重要成果、激励措施和奖励！本章将讨论如何组织文献，如何撰写文献综述的各个部分，以及如何对一篇研究论文进行评析。

≋ 第1节　论文第二章的谋篇布局 ≋

第二章仍然围绕第一章中所确定的、与研究问题相关的三个领域展开，并且也使用三部分并行的策略。第一章中，第一部分是问题陈述，即对三个领域内的问题进行陈述。第二部分是背景和需求，讨论了这些问题现有的解决方案和干预措施。在此将对第三部分文献综述的主体进行详述。

每个领域至少包括3篇相关的实证研究文章，其中一些可能在第一章已经做了介绍。因此，撰写第二章总共需要9篇研究文章（见图6-1）。你需要跟导师确认每部分所需研究文章的篇数，因为不同部分的文章数可能有所增减。请记住，实证研究文章是指那些通过定量、质性或混合方法来收集数据的文章。你需要专注于一手资料，不要使用二手资料、只陈述观点的文章和文献综述（literature syntheses）等来撰写第二章（尽管这可能取决于你导师的偏好）。记住，几乎不可能找到与学位论文选题完全吻合的文章。实际上，你可能一篇也找不到，这也在一定程度上增加了研究的合理性。关键在于如何证明研究文献或其部分内容与你的研究相关。

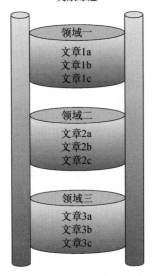

图6-1　文献综述中三个领域的梯子图

因此，你需要从研究期刊中检索文章（最好是经过同行评审的期刊）。在你的领域，研究文献日新月异，因此需要获取最近发表的文章。我不建议使用5年前或更久远的文章，除非这篇文章具有重大意义，比如，在某领域有重大影响，或带来了这个领域的变革。如果难以找到最近的研究文章，可以尝试以下快速搜索策略：①限定日期；②限定学术期刊；③搜索领域内高质量期刊的目录；④搜索相关文章的参考文献列表；⑤搜索就相关问题发表过大量文章的作者。最后，预约参考咨询馆员，并向导师寻求建议，以便开始研究。

准备文献综述的第一步是根据先前确定的三个领域，阅读和组织实证研究文章。这能够显示你是否已经找到每个领域最重要和最相关的研究文章，或者还需要再返回去搜索文献。一个很好的策略是通过快速阅读摘要、引言和结论，并浏览文章的其余部分来获取主要观点（Machi & McEvoy, 2016）。可以将这种方法视为与研究文献的"快速约会"！快速阅读时，你可以在卡片上写下每篇文章的简短总结，然后按照逻辑顺序对这些卡片进行排序，这样这些卡片就讲述了整个研究的发展进程。例如，你可以按照文章的一致性（或不一致性）、研究方法、样本组、干预等进行分类。整理和分类的过程中要牢记一点，就是不断问自己："这篇文章与我的研究问题有何关联？"如果你无法回答这个问题，或许这篇文章对文献综述来说并不合适。

确定文章后，需要仔细阅读，并找出它们与你的研究之间的关系。在这一阶段，一个好的策略是绘制地图。有许多不同类型的地图（如概念图、思维导图、主题树图、内容图），可以根据需求选择最合适的类型。还有许多不同的软件程序和应用也可以帮助你制作思路地图（参见"学习材料"部分的示例）。可以围绕核心问题、主题、作者等，将研究内容整理成地图，并附上辅助要素（Machi & McEvoy, 2016）。这种策略的好处在于，它可以帮助你直观地组织文献并发现其中的关联。问问自己："这些研究与核心问题之间有什么关系？各个研究之间又有什么关系？"可视化地图还可以帮助你分析，找出文献搜索中的空白。有时最相关的研究是那些偏离模式或研究结果与其他研究不一致的研究。理想情况下，可以为文献综述三个领域中的每一个领域都至少准备一份地图，这对撰写文献综述的主体部分会有帮助。

第2节　论文第二章的组成部分

分析和整理好研究文献后，就可以利用笔记卡片和地图来撰写文献综述了。第二章应从新的一页开始。该章包括三个部分：①引言；②文献综述主体；③总结。接下来将讨论各个部分包括的内容以及如何撰写。记住，文献综述的写法各不相同，建议向导师咨询相关写作要求和规范。一种方式是将一组研究的共同主题作为讨论对象，并引用特定研究来支持你的观点（Creswell & Creswell, 2018; Machi & McEvoy, 2016）。有些人会根据一个明确的问题来撰写文献综述（Fink, 2014, p.3）。如果采用这种方式，请确保你的研究围绕一个具体的问题展开，而不是泛泛而谈。例如，"网络欺凌的影响是什么？"这个问题就太宽泛了。具体一点的问题是"网络欺凌对青少年女性受害者的心理有什么影响？"如果想了解文献综述的其他组织方法，可以参阅本章末尾的推荐阅读材料。在下面的示例中，我将按照每个领域的核心问题来组织文献综述，并对每篇研究文章进行描述性的综合分析。在综合分析中，我将阐明该研究与我当前研究的关系。使用这种组织方式时，要说明文章之间的相互关系。

一、引言

第二章的"引言"有两个目的：一是回顾研究问题，二是介绍本章要涉及的三个研究领域。引言的第一段是开头。在这一段中，需要再次简述第一章中提到的宏观上的问题和你研究的具体问题。请记住，要用概括性的语言来描述这些问题。不要直接写"我的研究问题是……"，而要对宏观上的问题进行简要描述（如国家层面的问题），然后逐渐聚焦于正在解决的具体问题。对研究问题的陈述应简洁明了，突出研究的关键问题。这一段可能看起来有些重复，实际上也确实如此。随着写作的继续，你会发现整篇学位论文中都有一定程度的重复，尤其是在每章的开头。

然而，这种重复并不是随意的，而是有意安排的。这种有意的重复，是要在整篇学位论文中有目的地重申研究问题和研究要点。这样做有两个目的：第一，使学位论文的每一章都能够独立存在，这意味着读者可以从任意一章开始阅读，并且能够理解研究问题和研究要点。第二，使各章联系紧密，无缝衔接，这使得行文更加流畅和统一，不会让读者感到困惑。可以把这种有意的重复视作一条贯穿整篇论文的丝线，这有助于讲述和呈现你的研究。不过，除非出于特定考虑，否则不要简单地逐字逐句重复已经写过的内容。换句话说，不要让读者产生一种"我好像读过这个"的感觉。

二、先行结构句

"引言"的下一段是"先行结构句"（advance organizer）。先行结构句就是文献综述的大纲，它会告知读者本章要讨论的内容。先行结构句应以第一章中与研究问题相关的三个领域为基础，并明确说明文献综述中将要讨论的领域。例如，以下是第一章中三个领域的先行结构句。

文献综述探讨了三个研究领域，即网络欺凌对女性青少年的心理健康、身体健康、自杀意念和行为的负面影响。第一部分讨论了有关网络欺凌目标所经历的负面心理影响，以及有望消除这些影响的干预措施。第二部分讨论了这些青少年的身体健康问题，以及支持性社交网络如何减轻或减少青少年参与网络欺凌。第三部分着重探讨了网络欺凌可以导致青少年产生自杀念头和自杀行为这一现象，以及青少年的父母和其他成年人对青少年的关爱如何发挥积极的调节作用。

以下是一个示例，你可以参照它来撰写大纲。

文献综述探讨了与研究问题相关的三个领域。第一部分涉及与（第一个领域的问题／解决方案）相关的研究。第二部分侧重于（第二个领域的问题／解决方案）的研究。第三部分讨论了与（第三个领域的问题／解决方案）相关的研究。

完成先行结构句后，依照此大纲，围绕每部分组织文献综述主体的正文部分。

三、文献综述主体部分

文献综述的主体是其核心部分。在这里，你将综述与研究问题相关的三个领域的研究文章。记得给每部分加上合适的标题（参见第 10 章 APA 格式）。例如，第一部分的标题是"青少年网络欺凌造成的心理影响和干预措施"。每部分的开头都要对研究领域进行简要描述。然后，对每一篇或一组研究文章进行综述，告知读者该研究与你的研究问题有何关联（比如，该研究支持你的观点或你的研究填补了空白）。虽然在下面的示例中每篇文章都是单独综述，但重要的是要将每个领域内的研究文章联系起来，并在三个领域之间建立联系。

四、研究综述

实证研究文章的综述由总结、分析和评价三部分组成。也就是说，要总结文章内容，并运用你所掌握的研究方法及定量或质性数据分析方面的知识对研究进行评析。总结研究文章有助于完善研究问题的相关信息，同时，对文章的批判性分析也可以加强你研究的合理性和正当性。因此，你既要对文献进行综述，又要把综述和你的研究问题联系起来。研究综述包括 10 个部分：①引言；②目的；③环境 / 样本；④干预 / 问题；⑤程序；⑥变量 / 测量工具；⑦数据分析；⑧结果；⑨结论 / 启示；⑩局限性 / 不足之处（研究综述的主要组成部分参见图 6-2）。如果你不太熟悉这些术语，可以复习有关基础研究方法的教材。虽然包括十个部分，但有些可能只需要一两句话，有些则需要一两段话，这取决于研究的复杂程度。我将用一个例子来说明每部分如何撰写，这个例子改编于以前的一篇硕士论文（Ho, 2006）（附录 E 中还提供了其他研究综述的示例以供参考）。

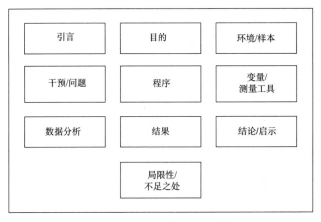

图6-2 研究综述的主要组成部分

（1）引言：简要介绍研究主题。如有必要，还要对新术语进行定义。通常这些信息可以在文章的第一部分找到，在此处作者会阐述文献综述中的发现。例如，教师往往难以促进学生对历史事件的了解和解释，尤其是在既有学习障碍的学生也有无学习障碍的学生的课堂中。另一种历史教学方法是项目驱动式教学，这种方法可以基于特定项目帮助学生理解和应用学科知识。

（2）目的：简要说明研究目的，并在文中引用作者姓名及出版年份（完整的引用信息写在参考文献部分；参见第10章APA格式）。通常这些信息可以在文章第一部分找到，就在方法部分之前。如果幸运的话，作者会明确表达研究目的；如果没有，那么只能根据文中所给的信息推断研究目的。例如，这项研究旨在调查项目驱动式教学模式在五年级学生的历史知识掌握、历史探究态度等方面的效果，这些学生的学习能力、背景和文化各不相同。

（3）环境／样本：说明研究进行的地点，包括州或地区。然后说明研究的参与者，包括参与者的人口统计数据（如年龄、年级、是否残疾、种族等）。在特定情况下，需要说明如何挑选参与者。这一点对于使用调查或质性方法的研究尤其重要，因为抽样程序是数据收集的关键组成部分。通常这些信息可以在文章的方法部分找到（有时会有"参与者"的副标题）。

例如，这项研究在特拉华州的两所城市小学进行。研究对象包括三个五年级班级中的 59 名无学习障碍学生和 28 名轻度学习障碍学生（其中 24 名被诊断为患有学习障碍）。样本组中，69% 是白种人，28% 是非裔美国人，3% 是西班牙裔美国人。四名教师（两名普通教育教师和两名特殊教育教师）也参与了这项研究。

（4）干预 / 问题：描述研究中实施的干预措施，即对参与者所接受的干预措施进行简要描述，包括使用的材料，对参与者专业技能的提升以及教授的课程或策略等。通常这些信息可以在文章的方法部分找到（有时会有"材料"的副标题）。如果研究不涉及干预措施（如调查或质性研究），那么就谈谈所探讨的问题或现象。下面是一项干预实例。给学生布置了一项任务，调查美国历史上西进扩张时期矿工、农民或摩门教徒的经历。作为干预措施的一部分，向学生传授了一种策略，以帮助他们分析、解释和交流所收集的信息。此外，还向学生提供了可以相互提问的问题以及组织信息的叙事框架。

（5）程序：描述研究开展的程序，即简要说明如何实施干预措施，包括干预持续的时间、参与者如何分组，以及干预在什么条件下实施。如果研究不涉及干预措施，则描述可能使用的研究程序。通常这些信息可以在文章的方法部分找到（有时会有"程序"的副标题）。例如，干预活动持续了 8 周，为 25 ~ 29 课时，其中历史课程有 14 节课。学生们按照学习能力的差异进行分组。他们先是观看了西部扩张时期一个移民群体的视频，然后阅读了一些原始资料（如日记、日志、照片等）。同时，学生们要在 8 个课时内用多媒体技术展示调查结果。

（6）变量 / 测量工具：描述被测量的变量和数据收集的方法，即简要说明研究人员收集的数据类型和使用的测量工具。定量研究中，需说明自变量、因变量以及测量工具，如调查问卷、测试等。质性研究中，需说明研究人员如何收集数据，如采用观察、田野笔记、访谈等方式。通常这些信息可以在文章的数据收集或测量工具部分找到。

例如，这项研究测量了四个因变量：学科知识、历史知识、历史调查和学生态度。一个单元的知识内容通过16个有关西部扩张的选择题进行了测试（分为前测和后测）。依据评分标准，单元学习开始和结束时，分别结合20个问题对学生进行访谈，旨在测量学生对历史知识内容和历史调查方法的掌握程度。第四个被测量的变量是学生态度，包括自我效能、内在动机以及对合作学习和同伴协作的态度。这个变量通过态度量表进行测量。但没有提供有关态度量表的结构、格式或评分方面的信息。

（7）数据分析：说明如何分析数据。定量研究包括所使用的统计类型或统计检验方法。质性研究包括访谈的转录过程、现场观察笔记的整理和数据编码的方法。数据编码是质性研究中用于归类和标记主题的数据分析过程。通常这些信息可以在文章的方法部分或结果部分找到（有时会有"数据分析"的副标题）。

例如，干预完成后，使用了若干统计检验方法来分析数据。采用了2×2重复测量方差分析和单因素方差分析，以确定学生从前测到后测的平均提升，以及有学习障碍的学生和无学习障碍的学生之间是否存在统计学上的显著差异。通过多元方差分析方法（MANOVA）分析态度量表前测和后测之间的差异。

（8）结果：讨论研究结果。定量研究包括百分比、均值或统计检验的结果等数据。请记住，要呈现测量中出现的与研究问题相关的每个变量。质性数据则要归纳出主要观点，并引用参与者的一些重要话语来佐证这些观点（需注明引用语的页码）。通常这些信息出现在文章的结果部分。

例如，结果表明，两组学生的学科分数都有所提高。但是，无学习障碍学生的后测得分明显高于有学习障碍学生。历史内容和历史调查的结果也一样。态度量表上，两组学生的自我效能都略有提高，但无学习障碍学生比有学习障碍学生的进步要大。

（9）结论／启示：根据结果讨论主要结论和启示。通常这部分信息可以在文章的讨论部分找到。重要的是，你要根据实际结果对结论做出自己的解释，因为作者往往会夸大自己的结论。在启示部分，你应明确指出该研究与你的研究之间的联系，回答"有了这些研究结果又怎样"的问题，讨论为何该研究结果对你的研究很重要。

例如，关于学生们对 SPBL 模型的学习，可以得出以下结论。首先，不论是否有学习障碍，学生们在内容测试和基于历史知识和历史调查的访谈问题上的得分都有显著提高。实施干预后，有学习障碍的学生能够理解偏见的概念，以及为何历史学家的解释可能有所不同。这有利于普通教育和特殊教育教师，尤其是无学习障碍的学生和有学习障碍的学生同在一个班级的教学环境下，采用项目驱动式教学模式可以提高学生对学科内容的理解。然而，在测试和面试问题上，一些平均分的提高幅度较小，有学习障碍的学生在所有测量项目上的得分都明显低于无学习障碍的学生。这些结果表明，有学习障碍的学生除了需要基于项目课程给予指导之外，还需要针对核心内容给予明确指导。此外，研究人员还注意到普通教师在使用多媒体方面面临一定的挑战，这就对这种教学方法在资源和技术支持有限的教室环境中的可行性提出了质疑。在这一领域的未来研究中，可以增加一项内容，即明确教学要求，减少技术需求，以加强对教师和学习障碍学生的干预。

（10）局限性／不足之处：分析研究的局限性或不足之处。通常这些信息可以在文章的讨论部分找到（有时会有"局限性"的副标题）。与结论部分类似，对该研究的设计、方法、结果等形成自己的意见非常重要，不能只依赖研究者所提出的局限性。正如研究者倾向于夸大自己的研究结论，他们也经常低估自己研究的局限性。在这部分同样需要指出这些局限性与你的研究之间的联系。总的来说，你需要指出该研究的局限性并讨论你如何在研究中克服这些局限性和不足之处。

例如，本研究改进了 Ferretti 等人 (2001) 的研究中存在的一些局限性和不足之处。首先，小组中学生的参与程度不同，有学习障碍的学生很难理解单词，而无学习障碍的学生能够很快读完有关西部扩张的图书。这一点很可能是有学习障碍的学生在测试和访谈问题上得分较低的决定因素。该研究的另一个缺陷是有学习障碍的学生需要离开课堂去接受额外的教育服务，这使得每个教学时段的一致性受到影响。最后，一些学生缺乏理解内容所必需的背景知识。本研究中，课文需要朗读，所以学生的参与程度均等。同时，对教学时间和练习时间进行了控制，以确保所有学生的时间相当。此外，研究人员还为学生们设计了一些活动，让学生能够个性化地体验历史事件，并就必要的背景知识提供了明确的指导。

上面所描述的研究综述是一个模板，用来总结、分析和评价与你的研究问题相关的三个领域中的每一项研究。如果你选择这种格式，一定要在研究综述和三个领域之间加入过渡语，使它们衔接起来。

五、小结

综述了每个领域的三篇文章之后，要为该部分写一个总结段落。这个段落不仅需要总结三个研究的要点和局限性，还要说明它们与你的研究之间的关系。

例如，研究文献表明，有学习障碍的学生在传统教学模式中面临重重困难。本节综述的三篇研究文章都支持使用不同类型的教学技巧，特别是涉及技术和合作小组的、基于项目驱动式教学的真实学习体验。在这些研究中，通过使用教学技巧来讲授历史课，有学习障碍的学生获益很大，他们考试成绩的提高和态度的转变就是证明。这为在当前研究中综合运用这些教学方法提供了依据。然而，先前研究存在的一些局限性限制了它们在其他环境和人群中的适用。这些局限性包括样本容量较小以及年龄组较为单一。由于所有研究都是针对初中生的，因此目前尚不清楚这些结果是否能够推广到高中生，也就是本研究的样本群体。此外，其局限性还包括学生个人行为或出勤不足而导致的教学进度不一致，这些也可能对结果造成一定影响。当前研究对以上局限性都进行了控制。

六、总结部分

第二章的最后一部分是总结。总结需要有分级标题。在这一部分，对三个研究领域的关键点和局限性进行总结和关联，并阐明它们与你的研究之间的关系。

例如，为了确保有学习障碍的学生取得成功，当务之急是不能让这些学生在能力水平上进一步落后，尤其是在历史等核心课程方面。目前高中使用的教材和传统的教学方法似乎使有学习障碍的学生处于不利地位。有学习障碍的学生尤其难于理解说明性文本，而历史教科书和历史课的主要形式是说明性文本。本章综述表明，对不同类型的说明性文本进行直接和明确的指导，能够帮助有学习障碍的学生更好地理解教科书的内容。此外，研究人员发现，激活并利用有学习障碍的学生先前所学的知识有助于他们阅读理解、记忆信息和文本。研究还发现，使用不同类型的教学技巧可以提高学生的理解能力，尤其是那些涉及合作小组的、运用项目驱动式的教学模式。尽管这些研究指出了于学生有益的教学方法，但研究所使用的样本容量小，学生年龄范围窄，局限于中学年龄段，这使得其难以推广到整个学生群体。此外，一些研究并未将有学习障碍的学生包括在样本中。因此，需要进行更多针对不同年级学生的多样化样本的研究，以确定这些教学模式能否在不同的学生群体中取得成功。本研究通过测量基于项目驱动的、体验式学习策略对残疾高中学生对历史内容理解的影响，一定程度上推进了现有研究。

〰 本章小结 〰

第二章是整篇学位论文中非常重要的一章，概述了与研究问题密切相关的研究文献。通过撰写第二章，你能够向读者展示自己对现有研究的了解，并且表明你的研究填补了某个研究空白。在综述实证研究文章时，你对这些研究进行了总结，还提出了批评意见（这为开展你的研究提供了理由）。在接下来的章节中，我们将讨论如何撰写学位论文的第三章——研究方法。以下是本章的要点总结。

- 第二章是为了让读者对该领域的重要研究有一个大致了解，并让读者明白这些研究与你的研究问题相关。

- 一个常见的误解是文献综述是对与研究主题相关的所有研究文章的全面总结或按时间顺序的总结。

- 撰写第二章时，一项必备的技能是能够对已开展的研究进行评价和批判性分析，并将它们与你的研究联系起来。

- 第二章要保留第一章中确定的与研究问题相关的三个领域。

- 撰写第二章至少需要九篇实证研究文章。

- 第二章主要包括三个部分：①引言；②文献综述主体；③总结。

- 快速浏览、做笔记和制作路线图是非常有效的策略，可以帮助你组织研究以及为写作做准备。

- 有意的重复能够让学位论文的每章都具有独立性，并且将各章紧密联系在一起，形成一个连贯的整体。

- 组织和撰写文献综述的方法多种多样。

- 要综述一篇实证研究文章，需要对研究进行总结，并运用研究方法和定量／质性数据分析知识对其进行评论。

- 由于许多作者倾向于夸大他们得出的结论，你需要基于实际结果对研究结论做出自己的解读。

- 对研究的设计、方法、结果等要有自己的看法，不要只依赖研究者的评论。

≋ 学习材料 ≋

一、常见问题和实用解决方案

在这一阶段，学生面临的一个常见的障碍是如何选择学位论文第二章所需的研究文章。很多学生心里想的是"我有 30 多篇文章！"虽然在当时尽可能多地收集文献似乎是一个好主意，但对于第二章来说，30 篇文章太多了，至少要减少 20 篇。记住，文献综述的目的是综合评析与你的研究主题最相关和最重要的文章，而不是把研究领域内所有文献按时间顺序一一列举出来。因此，只需选择与三个领域相关的研究文章，并且这些文章要能够支持、证明你的研究或者揭示与你的研究的差距。

学生面临的另一个常见障碍是对所有研究文章进行综述。这时学生们心里想的是"我没有时间阅读和评析所有文章！"如果你采纳了上面第一条的建议，那么只需综述 9 ～ 12 篇文章。这时候分块的写作方法尤其重要。制订一份计划，每天（或每次写论文的时候）处理一篇文章。在第一次写作时，仔细阅读文章，并标出文章的 10 个主要组成部分（见图 6-2）。在文章上做笔记，对研究的设计、方法、结果和结论（意义）进行评价，同时注意文章与你的研究之间的关系。在下一次写作时，利用你的笔记对文章进行总结和分析。然后好好休息一下，开始评价下一篇文章。

二、思考/讨论问题

撰写第二章之前，找出第二章与第一章相连的主线非常重要，这样可以使论文无缝衔接。同时还需要运用研究方法方面的知识对文章进行综述。以下问题将帮助你完成这两项工作。

在论文中进行有意的重复意义何在？举例说明你在第二章中如何以及在哪里可以使用有意的重复？换句话说，在第一章和第二章中如何叙述你的研究？

研究综述和总结有什么区别？以一篇实证研究文章为例，研究综述应该包含哪些部分。

三、练习

以下练习有助于第二章的写作。练习一需要找出与你的研究相关的三个研究领域的实证研究文章。练习二需要撰写第二章的引言和大纲。练习三需要综述第二章中的一篇研究文章。

练习一：关注与研究问题相关的研究文献。

- 列出第一章中与研究问题相关的三个领域。
- 针对每个领域，列出可运用到第二章的三篇实证研究文章的完整引文（你至少需要9篇文章）。

练习二：关注你的研究问题以及与之相关的三个领域。

- 撰写第二章文献综述的引言。在讨论宽泛的研究背景时，记得进行有意的重复（讲述你的研究故事），然后逐渐聚焦到具体研究问题上。
- 撰写第二章文献综述的大纲。记得对将要讨论的三个研究领域进行概述。你可以使用以下模板。

文献综述涉及与研究问题相关的三个领域。第一部分讨论与第一个领域的问题（解决方案）相关的研究。第二部分关注与第二个研究领域的问题（解决方案）相关的研究。第三部分讨论与第三个领域的问题（解决方案）相关的研究。

练习三：关注来自三个相关研究领域的一篇实证研究文章。

- 基于该文章写一篇研究综述。记得包括以下几个部分：①引言；②目的；③环境/样本；④干预/问题；⑤程序；⑥变量/测量工具；⑦数据分析；⑧结果；⑨结论/启示；⑩局限性/不足之处。然后把研究综述交给导师审阅，以确保你走在正确的道路上！

四、推荐阅读

- Booth, A., Sutton, A., & Papaioannou, D. (2016). *Systematic approaches to a successful literature review* (2nd ed.). Thousand Oaks, CA: Sage.
- Creswell, J. (2015). *Educational research: Planning, conducting, and evaluating quantitative and qualitative research* (5th ed.). Upper Saddle River, NJ: Pearson.
- Fink, A. (2014). *Conducting research literature reviews: From the Internet to paper* (4th ed.). Thousand Oaks, CA: Sage.
- Harris, M. J. (2006). Three steps to teaching abstract and critique writing. *International Journal of Teaching and Learning in Higher Education*, 17(2), 136−146.
- Hart, C. (2018). *Doing literature review* (2nd ed.). Thousand Oaks, CA: Sage.
- Machi, L. A., & McEvoy, B. T. (2016). *The literature review: Six steps to success* (3rd ed.). Thousand Oaks, CA: Sage.
- Rhoades, E. A. (2011). Literature reviews. *Volta Review*, 111(1), 61−71.

五、网站链接

1. 文献综述指南

- Literature Review (California State University, Chico)
  https://libguides.csuchico.edu/c.php?g=414315&p=2822745
- Literature Review: Conducting & Writing (University of West Florida)
  https://libguides.uwf.edu/litreview

- Literature Review Basics: University of LaVerne

https://laverne.libguides.com/c.php?g=34942&p=222060

- The Writing Center (University of North Carolina at Chapel Hill)

https://writingcenter.unc.edu/tips-and-tools/literature-reviews/

- Writing the Literature Review (SUNY Empire State College)

https://www.esc.edu/online-writing-center/resources/academic-

writing/types/ review-of-the-literature/

2. 绘图软件

- Coggle https://coggle.it
- Mind42 https://mind42.com
- MindMeister https://www.mindmeister.com
- MindMup https://www.mindmup.com
- Mindomo https://www.mindomo.com
- SimpleMind https://simplemind.eu
- Visual Understanding Environment http://vue.tufts.edu
- XMind https://www.xmind.net

第7章

如何撰写学位论文的
第三章"研究方法"

作家的修养在于学会静下心来，倾听主题要告诉他的
内容。

——雷切尔·路易斯·卡森（Rachel Louise Carson）

如果你已顺利完成硕士学位论文的第二章"文献综述"，那么你很棒！请稍事休息，犒劳一下之前辛勤工作的自己。然后卷起袖子，拿起咖啡杯，擦去电脑上的灰尘！本章将重点介绍如何撰写研究报告和论文的第三章"研究方法"。一定要与导师和委员会成员一起准备第三章，他们会仔细确认你选择的研究设计和研究方法能否达成研究目的，能否回答研究问题。第一章和第二章费了不少工夫，第三章比较简单。这一章将描述研究设计以及在研究中采用的方法，在此过程中，你会使用到在研究准备和文献综述中学到的知识。

≋≋ 第1节　研究设计和研究方法 ≋≋

研究设计和研究方法虽然相互关联，但二者也有所区别。我们可以把研究设计看作回答研究问题的整体逻辑计划或框架（包括哲学、世界观和理论基础）。如果你曾经参与过令人头疼的建模或建筑项目，可以将研究设计视为建筑师和结构工程师的蓝图。切记，研究问题决定了你要采用哪种研究设计，而不是相反。研究人员不能一开始就说："在研究中，我想使用混合研究方法。"相反，他们应该从研究问题出发，阐明应该采用哪种研究设计。

研究设计种类繁多，主要分为三大类：定量研究、质性研究和混合研究。每种类别可以分为更具体的类型或方式。例如，定量研究包括描述、调查、相关性和实验等研究（包括准实验研究和单一被试实验研究）。质性研究包括叙事、案例、人种学、扎根理论和现象学等研究。在所有混合研究中，最核心的是三种基础设计方案：聚敛式设计、解释性序列设计和探索性序列设计（Creswell & Plano Clark, 2018）。过去十年间，混合研究受到广泛关注。对于混合研究的定义，众说纷纭，但也有一些公认的核心特征（Creswell & Creswell, 2018），具体如下。

- 为回答研究问题和验证研究假设，需要严格收集并分析质性数据和定量数据。

- 整合以上两种类型的数据及结果。

- 将上述步骤整合为研究设计，这可以为研究提供具体的逻辑和实施路径。

- 以上研究步骤要依据特定的理论和哲学原理来进行（Creswell & Plano Clark, 2018, P. 5）。

混合研究的优点在于，可以提供材料支撑，以便研究者回答研究问题。这些问题无法只通过定量研究或质性研究来回答。混合研究的麻烦之处在于，为收集和分析数据，研究人员需要掌握更高的技能并投入更多的资源（如时间、人员）。如果你需要回顾不同类型的研究设计，请查看本章结尾处的参考资源列表。

选定了用于回答研究问题的最佳研究设计后，你需要确定研究方法或研究工具。如果说研究设计是逻辑，那么研究方法就是逻辑的具体展开。换句话说，研究方法是研究人员根据研究设计进行数据收集、实验程序和数据分析。研究设计可以分为"五何"，即何处（地点／环境）、何人（抽样计划／样本／参与者）、何事（变量、测量工具）、如何（程序）以及为何（数据分析、可靠性、效度）。在前面提到的建模和建筑的类比中，研究方法就是承包商根据蓝图决定在实际建筑过程中使用的工具和材料。

论文中，研究方法这一章需要写得足够详细，这是论文第四章结果部分的背景，也是论文可重复性的依据。可重复性是指其他研究人员可以复制你的研究，以验证、阐释研究结果或调整、扩展研究。别担心，可重复性并不意味着你必须重新进行研究，而指其他人可能希望重复此研究。如果你选择了一个热门的研究问题，那么别人很有可能也想证实或拓展你的研究结果。因此，你需要充分描述所采用的设计和方法中的细节，以便他人复制你的研究。第三章聚焦于所做的研究，因此，这一章将基于已经完成的工作，将你所做的研究系统而全面地呈现出来。

〰 第2节 论文第三章的谋篇布局 〰

开始写作前，你需要做好准备和组织工作。进行实际研究之前，必须准备好第三章的写作提案，提案至少应包含研究设计和研究方法的大纲（在本书上一章，我们讨论了这部分内容）。此提案与你向伦理审查委员会提交的研究计划书十分类似。导师和委员也需要参与提案的撰写，他们会对你进行指导，你可以听一下他们的建议。如果选用的研究设计和方法不适合本项研究，那么论文可能无法进行下去。有时导师可能会请同事协助你完成研究方法这一部分，如进行数据分析。开始收集数据之前，请确保第三章的提案已获得了导师和伦理审查委员会的批准（或否决）！

〰 第3节 论文第三章的组成部分 〰

得到批准后，就可以开始撰写第三章了。此时，论文写作进入全新的环节，该环节主要包括八个部分：①引言；②环境；③参与者；④干预；⑤材料；⑥测量工具；⑦步骤；⑧数据分析（见图7-1）。如果你还记得文献综述的话，那么你一定看得出来，第三章的结构与研究论文的结构非常相似。请记住，虽然第三章的各个部分是分开撰写和讨论的，但它们相互联系，共同构成了研究方法。

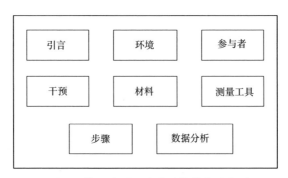

图7-1 第三章"研究方法"的各个部分

根据研究设计，你可以对以上列出的标题进行筛选，因为有些不适合你的研究。例如，"干预"只适用于定量研究（即实验研究）。因此，开始写作之前可以咨询导师，应如何安排第三章的各个部分。第三章类似于讲故事，具有一定的趣味性。在该章你向读者讲述开展调查研究的"故事"，因此，第三章应包括背景、人物和主要事件（故事的结尾将在论文的第四章和第五章中讲述）。写作过程中要切记运用正式文体，仔细描述研究方法中的关键要素。论文的受众群体（读者）可能是经验丰富的研究人员和（或）实操人员，他们希望看到你以准确易懂的方式描述各研究要素。

我将简要概括第三章各小节的写法，然后提供一些写作示例（改编自以前学生的硕士学位论文或其他研究）。研究者必须学会区分定量研究（包括单一被试研究设计）、质性研究和混合研究，在此将逐一举例说明。这些例子均采用过去时，因为对应的研究均已完成。你可能会用将来时撰写第三章的提案（阐明你的计划），研究完成后再用过去时重写本章（用英语撰写论文时，可以通过改变动词的形式来表示动作发生的时间。但是，如果使用汉语撰写论文，动词就不存在形式的变化，汉语行文中的时间一般通过时间状语来表达——译者注）。当然，建议咨询导师以确保稳妥。

一、引言

第三章以包含若干要素的引言开篇。引言的第一部分通常会简要地回顾研究的总体问题。这时，你可以运用有目的的重复（见本书第6章）这一写作技巧，做好第三章与第二章的承接，同时这也确保了第三章的独立性。引言的第二部分是帮助读者回忆第一章的各个小问题。提出研究问题后，你可以自然过渡到具体研究设计。最后，在引言的第三部分概述研究设计，并简要说明要使用的研究方法。

概述研究设计十分重要，因为这为本章其余部分奠定了基础，并且决定了各个小节的安排。例如，如果使用的是准实验研究设计，读者一般希望看到参与者（大量的）、自变量和因变量以及假设检验。如果使用的是质性研究设计，读者一般希望看到参与者（少量的）、观察表或对访谈问题的描述以及对叙述性数据的编码。如果使用的是混合研究设计，读者一般希望论文包含定量和质性两种研究方法。

以下是一个研究问题的示例和定量研究设计的概述，改编自一名毕业生的硕士学位论文。

本研究旨在回答以下研究问题：

（1）自主学习计划对有学习障碍的高中生的行为有何影响？

（2）自主学习计划对有学习障碍的高中生的自我管理能力有何影响？

本研究运用定量研究，采用了前实验设计中的单组前后测设计，将自主学习策略嵌入高中特殊教育英语课程中，通过问卷调查测量自主学习计划对学生行为和自我管理能力的影响。自主学习计划包括旨在鼓励学生反思自己学习方法的写作任务，让学生监测自己学业和行为表现的每周自我评分表，以及融合适当反馈的目标发展策略。本研究采用描述统计和推断统计来收集和分析干预前后的数据（Williams, 2006）。

下面是另一个研究问题的示例和质性研究设计的概述，改编自一名毕业生的硕士学位论文。

本研究的研究问题包括以下内容：

（1）在为有情绪障碍和学习障碍学生专设的课堂上，哪些交流因素（语言或非语言）会引发行为失控，哪些交流因素会促进积极的行为和有效的沟通？

（2）（语言或非语言）交流具有哪些文化差异？

（3）哪些因素有助于培养积极的师生关系？

（4）哪些因素能促进教学效能？

这项质性研究设计采用了个案研究法，描述了高中教师和员工以及有情绪障碍和学习障碍学生的文化观念。通过访谈和观察，研究者收集了师生间交流的数据，以揭示积极的和消极的语言或非语言交流与学生行为之间的关系。研究者对叙述性数据进行了转录、编码，并将其归类为四个与研究问题相关的主题（Kendall, 2006）。

下面是一个研究问题的示例和混合研究设计的概述（这些内容来自本书第6章的文献综述样本）。

本研究的研究问题如下：

（1）遭受网络欺凌的青少年男女的心理健康和身体健康之间存在什么关系？

（2）青少年男女遭受网络欺凌的经历怎样影响他们对心理和身体健康的自我认知？

（3）遭受网络欺凌的青少年男女在心理和身体健康的自我认知上有什么共同之处？

在这项混合研究中，研究人员采用定量和质性两种方法，探讨了60名（30名男生，30名女生）自我认定为网络欺凌目标的中学生的心理健康与身体健康之间的关系。研究使用贝克青少年量表（The Beck Youth Inventories）测量学生的心理健康水平，并使用儿童健康问卷（Child Health Questionnaire）测量学生的生理健康水平。研究者对10名学生（5名男生，5名女生）做了后续访谈，以探讨两组学生对心理和身体健康的自我认知之间是否存在共性（改编自 Way, Stauber, Nakkula, & London, 1994）。

以下是一个研究问题的示例。

本研究的研究问题如下：

在全班范围内开展同伴介入社交技能干预，这对患有孤独症的学生与同龄人的社交互动（以发起和回应次数来衡量）有何影响？

这项研究以4名小学二年级在读的患有孤独症的学生为研究对象，

考察了同伴介入法对这 4 名学生的影响。研究人员运用视觉支持、角色扮演、讨论和同伴强化等方法，对学生进行了共享式阅读干预。从开始阶段到干预阶段，3 名患有孤独症的参与者响应同伴发起的次数有所增加（改编自 Simpson & Bui, 2016）。

二、环境

第三章第二部分是"环境"（这也是本章第一个需要单独列小标题的部分）。在这一节，你要描述研究地点。与故事中的环境相似，论文中的环境是指研究进行的地方（即数据采集地）。环境可以是学校、医院、监狱、办公室、家庭，甚至是公共汽车。在写环境这一部分时，你先要描写大环境（如学校、医院、青少年拘留中心、社区中心），且要写下有关该环境的所有背景信息或历史信息，以便读者能够将研究地点置于更广阔的场景中。除了环境描述，你还应描述收集数据的特定区域（如教室、个人住宅和办公室），并酌情考虑是否添加与研究环境相关的人口统计数据。

以下是一个研究环境的示例（改编自一位毕业生的硕士学位论文）。

这项研究在北加利福尼亚州的一所城市小学进行。该校 59% 的学生有资格享受免费午餐，近 16% 的学生是英语学习者。30% 的学生是西班牙裔或拉丁裔，28% 的学生是非西班牙裔的非裔美国人，17% 的学生是非西班牙裔的白人，9% 的学生是亚裔，3% 的学生是菲律宾裔，2% 的学生是美国印第安人，不到 1% 的学生是太平洋岛民，还有 11% 的学生要么拒绝说明自己所属的族裔，要么表示自己属于多个种族。

干预单独进行。在正常上课时间，研究人员在参与者所在小学的资料室对参与者进行指导。资料室是一间小教室，里面有一张双人桌，桌子正对着的墙上有一块黑板。教室后面还有一张长方形的桌子，学生们在这里接受干预（Irey, 2008）。

三、参与者

第三部分是"参与者"，这一部分由两块内容组成。第一块内容介绍研究使用的抽样方法。抽样是指为一项研究挑选参与者的过程（Mills & Gay, 2019）。在这一块内容中，研究者会解释如何从人群中选择参与者。

研究问题和研究设计不同，抽样方法也会有所不同。例如，定量研究需要从特定人群中选择一个有代表性的样本组。同样，在别的研究中，你可能也需要随机抽样。在随机抽样中，整体中的每位个体被抽中的概率均等（就像从帽子中随机抽取幸运观众一样）。

注意不要把随机选择和随机分配相混淆。随机选择指如何从人群中挑选参与者，随机分配指如何将参与者分组。随机分配中，样本中的每个参与者被选入实验组的机会均等。如果进行的是真正的实验研究，参与者会被随机分配到不同的实验组。这有助于消除一个组（如实验组）"强"于另一个组的可能性，也有助于在干预前平衡各个小组的实力。

由于实验人员并不一定要从总体中随机抽取样本，因此硕士学位论文中常用的抽样方式是非随机抽样。方便抽样就是非随机抽样的一种。在方便抽样中，研究人员选择的是当时可以接触的个体。例如，可以选择一名教师和他／她的班级。购物中心里让消费者填问卷调查的人（你经常避开他们的视线，躲得远远的），在挑选样本时使用的也是方便抽样。

另一种非随机抽样是定向抽样。在定向抽样中，研究人员会选择一些符合特定标准的、具有代表性的个体。例如，有些研究以参与者是否愿意，并且能够为正在进行的研究难题、问题或现象做贡献等为重要的选择标准。在某些情况下，研究者可能会为样本选择特定的地点（Creswell & Creswell, 2018），这在质性研究中较为常见。以下是质性研究中一个非随机抽样实例。

研究人员采用的抽样方式是定向抽样。参与者仅限于在研究者所在学校就读或工作并且愿意参与研究的人。参与者包括北加利福尼亚州一所公立高中的 12 名高中学生、1 名教师、2 名教辅人员和 1 名治疗师。研究者选择这些参与者的另一个原因是他们拥有不同的文化背景，又属于同一课堂的成员，在课堂上有许多机会展示和观察交际行为［本研究的重点］（Kendall, 2006）。

　　"参与者"部分的另一块内容是对参与者的描述。这一块内容包括参与者的人口统计数据，如年龄、性别、年级、种族／民族、语言、残疾、社会经济地位、职业和工作年限等。这些数据十分重要，因为如果别的研究人员想用相同类型的参与者来重复此研究，需要选择相似的参与者。同样，研究人员如果想用不同类型的参与者（如年龄组）来重复研究，也需要知道哪些人参与了研究，以便进行修改。描述参与者的另一个原因在于推广。推广是指研究中关于样本组的结果在多大程度上适用于更大范围的群体。推广对定量研究尤为重要，通过深入地了解样本组，读者可以知道结果是否适用于更大范围的群体。质性研究中，对参与者进行详细描述可以提高研究人员（和研究结果）的可信度，并有助于读者理解所探讨的现象或问题。由于质性研究的样本量通常较小，因此每个样本对研究问题都有很大贡献。通常情况下，论文会有参与者人口统计数据表（参见第 10 章 APA 格式）。以下是描述参与者的一个示例。

　　本研究的参与者为 12 名来自不同种族的中学生。其中，非裔美国人 8 名，包括 5 男 3 女。在这 5 名非裔美国男生中，有 1 名初三学生、2 名高一学生、1 名高二学生和 1 名高三学生。在 3 名非裔美国女生中，有 1 名高二学生和 2 名高三学生。除了以上 8 名非裔美国学生，参与者还包括 3 名高二的拉丁裔男生以及 1 名高二的高加索男生。这 12 名学生皆被诊断为情绪障碍（ED）或学习障碍（LD），且都在特殊教育班就读。参与研究的教师和治疗师都是高加索人，教师来自美国，治疗师来自英国，这两位都 50 多岁，都有着 10 多年的特殊教育从业经历。两位辅助男性教育工作者分别是非裔美国人和拉丁裔美国人（Kendall, 2006）。

四、干预及材料

第四、第五部分分别是"干预"和"材料"（如果这两部分适用于你的研究）。在这两部分中，你要描述研究中使用的干预和教学材料以及如何使用它们。只有在定量研究包含某种干预措施（即实验）时，这些部分才有使用的必要。撰写有关干预的文章时，应同时描述自变量和因变量。请记住，自变量是指研究者主动操纵而引起因变量发生变化的因素。例如，假设研究人员对中学生的代数课程实施了一项干预，以帮助他们为全州评估做准备。这时代数干预是自变量，学生在全州评估中的分数是因变量。

在网络欺凌案研究示例（有两个组）中，我们可以比较同伴指导和成人指导对青少年网络欺凌目标抑郁水平的影响。这项研究中，自变量是学生所接受的指导，自变量水平（如组别）有同伴指导和成人指导两项，而因变量是遭受网络欺凌的青少年的抑郁程度。描述实验干预时，我们将详细描述同伴指导和成人指导的内容（组成部分）以及这两个自变量产生的不同效果。

下面是干预示例（改编自一名毕业生的硕士学位论文）。

本研究测量的自变量由干预方案构成，包括自我意识训练、社交技能训练和社会过渡规划。自我意识训练旨在增加学生对具体障碍的了解，如对个人长处和短处的了解、弥补自身障碍的方法。社交技能训练包括调查学生经常遇到的冲突，并指导他们学习解决冲突的方法。过渡计划要求学生参加各种活动，让学生在高中毕业后能够顺利过渡到成人社会。

因变量包括学生对自身复原力（此概念由研究人员定义）的认知。学生认知这一因变量分为自我意识、社交技能和社会过渡规划三种（Kornhauser, 2006）。

以下是一个单一受试设计研究示例。

自变量是同伴介入法的共享式阅读干预，旨在增强患有孤独症的学生与同龄人之间的社交互动。同伴阅读干预由同伴阅读和同伴强化两部分组成。以共享式阅读为中心的干预措施非常重要，因为它不仅纳入了所有孤独症学生都喜欢的活动——鼓励学生开展与阅读故事有关的社交互动，而且是大多数儿童经常参与的、有研究意义的活动。

研究中的因变量是患有孤独症的学生和同龄人之间交流的发起和回应，研究人员根据发起和回应来测量参与者之间的社会互动。发起是指学生为获得其他学生的注意或回应而表现出的适当动作或声音行为，包括和其他学生说话、看着其他学生的脸、触摸其他学生（如轻拍肩膀、摸手）、向其他学生赠送书本以及在看着该生的同时指着书本上的图片。回应是指在他人做出特定行为后的 10 秒时间内，学生表现出的适当的动作或声音行为，包括看着其他学生的脸、对其他学生说话、微笑、触摸以及做出诸如点头、触摸书中的图片之类的肢体行为（改编自 Simpson & Bui，2016）。

在"学习材料"部分，你要描述干预时用到的材料。这些材料有时需要购买，有时是研究人员开发出来的。切记，你要十分详细地描述材料，以便读者复制实验，或在调整干预手段后进行新的实验。一个好办法是在论文附录中记录材料样本，所以务必保留实验记录并备份整理所用材料（参见第 10 章 APA 格式）。

下面是一个描述材料的示例。

干预过程中，研究人员主要使用了自我意识、社交技能和社会过渡三类相关材料。研究者开发了新的教学材料，以期提高学生的自我意识水平。研究人员会给学生们上课，旨在了解和研究学生的障碍情况（包括这些有缺陷的孩子身上的优势和劣势）以及他们弥补自己劣势的方法。此外，研究人员还让学生观看视频、使用互联网资源，以帮助学生理解并深入认识自己的障碍。

社会技能发展课程取自《青少年技能》（Goldstein & McGinnis, 1997）。在教授这些课程时，教师会开展一些活动，让学生学会在社交冲突中审视自己的行为，并找出应对冲突的有效举措。研究人员还会采取示范、讨论、角色扮演和反馈等多种形式来帮助学生学习社交技能。

研究者参考了学区为特殊教育学生制定的课程，然后开发了一系列关于社会过渡规划的课程。提供直接指导的课程侧重于为个人提供服务和让学生学习利用互联网收集信息，还关注学生高中毕业后的职业规划和独立生活能力的培养（课程和材料样本见附录 B）（Kornhauser, 2006）。

五、测量工具

第六部分描述测量工具，即研究人员用来收集数据的工具，如问卷／量表、行为检查表、访谈、焦点小组、观察方案、公共文件（或记录）、测试、调查和兴趣测评等。本部分需要把每种测量工具单独列为一个小标题，小标题下面是对该测量工具的简要说明，以及对工具的阐释和评分。我通常按照测量工具在研究问题中的先后顺序来进行讨论，但你可以自己决定测量工具的介绍顺序。第三章中对测量工具的介绍部分就像一架梯子，每个梯级代表一个测量工具（第三章中的梯子图见图 7-2）。请记住，第四章和第五章也要保持梯子式的顺序。为了直观地呈现梯子式的内容分布，我使用了三个平行梯子策略来表示三个章节中测量工具的顺序（第三、四、五章中的平行梯子策略见图 7-3）。在论文附录部分要附上实际使用的测量工具，因此请务必

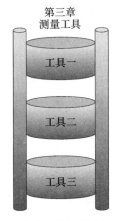

图7-2　第三章中的梯子图

对使用过的所有工具做好备份（有关 APA 格式的内容，请参阅第 10 章）。

如前所述，有多种测量工具可以使用，具体选择哪一种取决于研究设计和研究问题。例如，在定量研究中，研究人员通常使用绩效衡量（如测验）、态度量表（如调查）和结构化行为检查表（尤其适用于衡量行为变化的研究）。质性研究中，常用的方法有观察、访谈和重点小组。

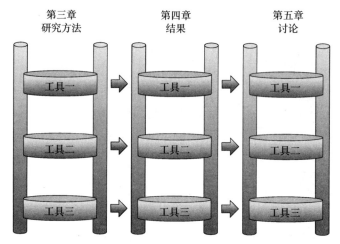

图7-3 第三、四、五章中的平行梯子策略

至少有三种收集数据的工具。第一种测量工具是已经存在并可供公众使用的工具，这种工具通常需要付费。这种工具的优势在于已被广泛使用且效度已被实践验证。例如，在教育领域，第三版伍德考克－约翰逊成绩测试（Wendling, Schrank, & Schmitt, 2007）即是一套测量学业成就的标准化测验。使用现有测量工具的一个缺点是该工具可能无法准确测量出你计划研究的内容。第二种测量工具是收集日常已经统计过的数据。有时出于某些目的，学生需要的数据已经被收集，这对硕士学位论文很有用处，可以节省大量时间和资源。例如，在商业和管理领域，公司通常会记录员工的缺勤情况。如果研究人员想探究员工缺勤频率与个人生产力水平之间的关系，就可以使用公司已经收集的数据。第三种测量工具是研究人员自制的工具。通常情况下，研究人员会修改已有的测量工具，或整合不同工具的某些部分。这种方法在硕士学位论文中很常见，有时会比标准化测量方法更可取，因为更有针对性。例如，为了衡量客户对新研究出的家庭成员沟通技巧的满意度，一位婚姻家庭治疗师可能想自己设计一份调查表。请记住，如果想要修改现有的工具，你需要获得原作者的许可。此外，你还需要对修改后的工具进行试用，以确

保其有效性和可靠性（详见下文）。

描述测量工具时应提供足够的信息，以便读者能够理解结果和复制研究。对于测试或调查等定量测量工具，应先列出标题，然后描述测量内容、施测方式、项目数量和格式、样本、评分方式以及所有标准化规范。对于质性测量，如观察或访谈，应描述测量内容、实施方式、所提问题的类型和数量以及样本。

下面是一个标准化测试方法的描述示例。

研究者使用早期识字基本技能和口语阅读流利性动态指标（The Dynamic Indicators of Basic Early Literacy Skills Oral Reading Fluency; Good & Kaminski, 2002）评估测量干预前后学生的阅读流利性得分。此评估是一项标准化测试，用于测试学生使用分级阅读材料时表现出的流畅性和准确性。学生单独接受测试，每人朗读三个段落，每个段落的朗读时间为一分钟。其间发生的遗漏、替换或犹豫（超过三秒钟）都被视为错误，管理员会对其进行标记；三秒钟内的自我更正不计入错误。在三个段落每分钟正确阅读的单词量中，研究者取中位数作为学生的口语阅读流畅率。

该动态指标规定了每个年级学生应达到的标准。一年级春季学生的标准是每分钟40个单词，二年级春季学生的标准是每分钟90个单词，三年级春季学生的标准是每分钟110个单词。若一年级春季学生得分低于10分，二年级春季学生得分低于50分，三年级春季学生得分低于70分，则他们属于高危学生，需要强化指导（Irey, 2008）。

以下是一个描述观察表的示例。

研究人员借助观察表来收集数据，描述学生、治疗师、教师和助教老师的交际行为。研究人员共进行了五次观察表测量，每次1.5个小时，共7.5个小时。研究人员观察到学校教师有以下行为：吼叫、皱眉、微笑、大笑、近距离接触学生、中等距离接触学生、远距离接触学生、多余的话、说明行动的语言、发表消极评论、发表积极评论、拒绝请求、积极的最后通告、带来消极的影响、带来积极的影响、发布不可选择的指令和可以选择的指令。研究人员在学生中观察到的行为有吼叫、皱眉、微笑、大笑、近距离接触教师、中等距离接触教师、远距离接触教师、多余的话、说明行动的语言、发表消极评论、发表积极评论、装腔作势、胡闹或身体暴力。研究人员需要详细描述发生在身体接触、拒绝请求、装腔作势、胡闹和身体暴力这些行为前后的行为，以描述这些行为的效果和性质（包括语言／非语言、语调、笑声、皱眉等）。研究人员统计了各种交际行为，得出每种行为发生的次数。此外，研究人员还在观察表上记录了对不同交际行为的描述性评论和反思性评论（Kendall, 2006）。

六、效度和信度

学位论文第三章的最后一部分是描述测量工具的效度和信度。效度指的是测量工具能够准确测出所需测量事物的程度。如果使用测量工具无法达到预期目的，那么论文很难对结果做出有意义的解释。第三版伍德考克－约翰逊成绩测试这一测量工具的效度较高。你需要遵循标准化的施测和评分程序，一旦偏离这些程序，结果的效度就会降低。如果你自制了测量工具，有两种方法可以提高其效度，一是在小范围内试用，二是请该领域的专家对其进行审查，之后再做出必要的调整。

信度是指一个工具能稳定地测量出需要测量数据的程度。如果测量（或测量评分人员）具有很强的信度，那么每次施测都会得到相似的结果。当使用两种不同形式的测验，或测量的评分或解释具有主观性时（例如，对观察结果或开放式问题进行编码），信度至关重要。如果有两个或两个以上的人对测量进行评分或编码，一定要事先制定一个标准并对其进行培训。施测者间信度指两个或以上的人要观察同一现象并进行独立评分，然后研究者将他们的分数进行比较，以了解分数的相似度或差异度。请记住，有效度的测量就有信度，但有信度的测量并不一定有效度，因为你可能一直在重复测量错误的数据！在撰写有关测量工具效度和信度的内容时，请务必说明你如何理解这两个概念，并在必要时对测量工具进行调整。

下面将举例说明如何描述测量工具的效度和信度。

先前已经确定了早期识字基本技能和口语阅读流利性动态指标的效度和信度，以及麦克劳德阅读理解评估的效度和信度 (Good & Kaminski, 2002; McLeod & McLeod，1999)。每一项测量标准都经过了测试，以确保文章段落符合每个年级的水平。为了确定韵律表的效度，在实施干预前，研究者已经对不同阅读水平的学生进行了测试，确保其能够测量预期的内容，同时所选内容适合所有阅读水平的学生。为了检查该表的信度，研究人员在短时间内对同一批学生进行了多次测试（短时间内学生的技能水平基本保持不变），并根据需要修改了此表，直至多次测试中同一学生获得的分数相似为止。态度调查表按照此程序进行了调整 (Irey, 2008)。

下面是一个对评分员间信度（interrater reliability）进行检测的程序描述示例（改编自一名毕业生的硕士学位论文）。

为确保评分员的信度一致，研究者邀请所在学校的一名教师对 25% 的阅读理解测试进行评分。之所以选择这位教师，是因为他阅读过研究中使用的所有小说，教授过参与研究的所有学生，并且与研究者关系良好。在每个阶段，这名教师均不知悉选取的研究对象，研究者从每组中随机抽取一项测试给这位教师评分，共 8 项测试。研究人员指导该教师使用评价标准对每次测试进行评分。研究人员向该教师提供了一份样卷，指导他使用评价标准回答问题。研究人员告诉该教师，如果学员的答案与评价标准意义相同，他就标记正确。此外，研究人员还告诉该教师在哪里以及如何标注每次测试的分数。研究人员采用逐点分析法确定了评分员的信度一致。该教师使用研究人员给他的评分标准进行了八次阅读理解评估，研究人员将自己的八次评估得分与该教师的得分进行比较。研究者和该教师在每个问题上的评分一致，评价一致性的统计量就会加上一个百分点。每个评估最终都会得出评分员的一致性比率（Gomes, 2008）。

七、步骤

第七部分是"步骤"。本部分将描述数据收集及其步骤。也就是说，这一部分说明如何收集数据以及这个过程要遵循的步骤，包括测量工具的管理程序、干预实施过程的所有细节（如实验总共持续的时间、每天的时长）以及实验组之间的差异（如果有多个实验组）。如前所述，根据研究设计和研究问题的不同，研究者可以采用不同方法来收集数据。但是，本节的描述对于研究的信度和可复制性都极为重要。

对于质性研究，数据收集可能涉及观察、访谈、重点小组和档案、手工艺品及视听材料研究（Creswell，2013）。写作本节时，你需要准确解释这些数据收集活动是如何进行的。例如，如果做了多项观察，请描述你在何种条件下（如时间、地点、频率）进行观察，你作为观察者的角色（如参与式观察者或非参与式观察者）以及你如何记录现场笔记。

以下是对质性研究数据收集的描述。

数据通过观察和访谈收集。研究人员在自然的、非操纵性的环境下使用观察表进行观察。研究人员对参与者的观察在自然的教室环境下进行，研究人员是非参与式观察者，坐在教室后面，以避免对环境造成干扰。数据收集历时5周，每周进行一次观察，每次一个半小时，共5次（观察时间总计7.5小时）。访谈在学校完成且不干扰参与者的日常课堂活动。在参与者的午餐时间或日常活动准备期间，研究人员在不同教室根据访谈方案对参与者逐个进行访谈。单个访谈时间为30～45分钟，每次访谈都有录音，以确保数据的准确性（Kendall，2006）。

要描述定量研究的数据收集步骤，最简单的方法是描述研究的每个阶段。例如，一项实验研究中，你可以使用以下小标题将研究步骤分为几个阶段：前测、干预和后测。前测阶段，研究者描述干预前实施的所有步骤，包括在前测行动或干预前行动中（如与参与者或培训服务提供者会面）使用的所有测量工具。

下面是一个前测阶段示例（改编自一名毕业生的硕士学位论文）。

干预开始前的两周，研究人员用每种测量工具对学生进行了测试，使用了两篇独立的阅读理解。学生被要求默读指定故事。在学生复述故事之前，研究人员提示："请仔细阅读这个故事。在阅读过程中，请尽量多记一些内容。读完后，我会要求你用自己的话把故事复述给我听。我还会问你一些关于这个故事的问题。"学生默读故事后，研究人员提示学生："现在请用你自己的话把故事复述给我听。"研究人员会将学生的复述录音和转录，并在故事复述核对表上进行打分。复述结束后，研究人员说："现在我要问你一些关于这个故事的问题。"在学生回答问题的过程中，研究人员填写故事语法检查表。所有回答都被录音，以备研究人员日后审查。

研究人员以小组为单位对学生进行动机调查。每次调查之前，研究人员都会提示学生："这是一份关于阅读的调查，每个问题都关乎人们对阅读的感受。每个问题下面会有五种说法：很像我、有点像我、不确定、与我有点不同、与我非常不同。请填写你对这个问题的看法。回答每个问题前，都请停下来想一想。你会有足够的时间完成所有问题。这不是考试，不计入成绩。请认真对待所有问题，尽可能诚实作答。"调查结束后，研究人员收集调查问卷并进行评分（Nixon, 2004）。

在后测阶段，你要描述干预后实施的所有步骤，包括后测行动或干预后行动（如与参与者举行后续会议）使用的所有测量工具。这些步骤可能类似于前测阶段，但有时研究人员可能采取前测阶段没有采取的措施。

下面是一个后测阶段的示例。

干预完成两周后，每种测量工具都得到了使用。在阅读理解测试中，学生被要求独立阅读与前测水平一样但内容不同的故事。后测涉及的所有程序都与前测相同（Nixon, 2004）。

在单一受试研究中，你需要描述干预阶段的步骤，包括干预的频率和持续时间，以及所使用的测量工具。以下是单一受试设计研究的示例。

在开始阶段，为了让两个班级的学生相互了解，教师和研究人员简单讨论了两个班级的相似和不同之处。然后告诉学生谁是他们阅读小组的成员，并指引他们找到自己的伙伴，选择一本书，然后到指定的区域（如小桌子、地板、书桌区）阅读。学生们不会在互相交流上得到指导。只有在学生出现不恰当行为，需要重新引导时，任课教师和研究人员才对其进行干预。在开始阶段（共分为六个环节），每组每次共同阅读的时长为 15 分钟。

干预环节分六个阶段进行。在第一个阶段，研究人员和教师借助图表、建模、角色扮演和讨论的方式，向所有学生传授同伴阅读干预的三个步骤。个别学生被要求向其他学生解释干预的步骤，并以角色扮演的方式示范什么是好的阅读伙伴。研究人员和教师向学生展示如何使用笑脸贴纸来表示同伴做得很棒，并提醒学生，他们只要按要求参与，就能获得一张贴纸。然后，每个学生选择一本想要阅读的书。小组用了 15 分钟的时间一起阅读了 3 本书。在随后的干预阶段，教师和研究人员通过建模、角色扮演和讨论对这三个步骤进行回顾，并提醒学生要表扬和鼓励同伴（如"当朋友做得很好时，记得告诉他们"）（改编自 Simpson & Bui, 2016）。

八、数据分析

第八部分是"数据分析"。这一部分要描述数据分析的程序。研究设计、研究问题、测量工具和收集的数据类型决定了数据分析的方法。收集数据的方法有很多种，分析数据的方法也有很多种。我给学生的建议是分析数据是为了回答研究问题。例如，如果研究问题是参与者在研究前后是否改变了他们的行为，那么数据分析需要包括前后数据的比较。如果研究问题是参与者对某一情境的理解，那么数据分析就应该包括对访谈或观察的描述。

　　质性研究中的数据大部分是叙述性的，数据分析通常使用编码分类策略（Maxwell, 2013）。通过编码，研究人员对数据进行标记和分组，使其成为有意义的数据块。"编码分类是对收集到的描述性数据进行分类的一种手段……这样就可以将与特定主题相关的材料区别出来。"（Bogdan & Biklen, 2003, P.161）为了解释数据并得出主题，这一步不可或缺。我们可以将数据分析类比为把一堆待洗的衣服按颜色（浅色或深色）或洗涤温度（热水或冷水）分类。在整个数据分析过程中，质性研究人员还会写备忘录、反思日记，不断将自己的想法录音。我将在第8章对此进行详细的讨论。

　　下面是一项数据分析的示例（改编自一名毕业生的硕士学位论文）。

　　研究人员转录了收集到的数据，并按照研究问题和出现的主题对其进行了分类。具体的访谈问题与五个研究问题一一匹配。围绕这些问题，研究人员通过编码将访谈数据整理成一定数量的主题和问题。然后，研究人员从访谈中选取能够阐明主题和概念的原话。研究人员还将调查数据与访谈数据进行了比较，以确定两者是否相互印证（Stephens, 2006）。

　　在使用数字数据的定量研究中，数据分析通常涉及描述统计或推论统计。研究者需要确定用于描述数据的指标（如平均值、标准差）、统计检验（如t检验）等。在单一被试研究中，研究人员可以用视觉检查图表来分析数据。我们将在第8章详细讨论定量数据分析。

　　下面是一个定量数据分析的示例。

　　本研究采用了两种定量数据分析方法，即用描述统计和推论统计来分析阅读理解测试的结果。为了便于分析数据，我们将参与者的阅读理解测试结果分为两组：第一组是阅读带插图的小说后学生的测试平均得分，第二组是阅读文字版故事后学生的测试平均得分。研究人员使用社会科学统计软件包（SPSS）对这两组结果进行统计分析，确定了各组的范围、平均值和标准差，然后进行了独立样本 t 检验，以比较平均得分，并确定两组的平均得分之间是否存在显著性差异。

研究人员对阅读动机调查结果做了描述性分析。在 zoomerang.com 上，研究人员可以直接查看阅读动机调查的汇总结果。调查结果以实际受访人数、百分比和条形图三种方式呈现。研究人员对结果逐项进行审查。zoomerang.com 将所有受访者的回答汇总为一个组，因而，研究人员无法查看单个参与者的调查结果。研究人员只能先查看预调查中每个问题的答复总数，将其与后调查中每个问题的答复总数进行比较，然后才能分析结果（Gomes, 2008）。

以下是单一被试数据分析的示例。

单一被试数据分析用于比较不同干预阶段学生的发起和回应，包括对非重叠数据点的数据进行视觉检查，以及对不同条件下的平均值进行比较（改编自 Simpson & Bui, 2016）。

以下是混合方法数据分析的示例。

在这项研究中，研究者分别分析了定量数据和质性数据，然后将二者合并到一个数据库中进行讨论。研究者对整个样本组和每个性别组都进行了相关性检测（Pearson 相关系数 r），以确定学生心理和生理健康（以贝克少年量表和儿童健康问卷的得分来衡量）之间的关系。研究者对转录的访谈数据进行了质性分析，以研究学生对网络欺凌经历的看法以及对其身心健康的影响。最后，研究者整合了定量数据和质性数据，以确定两者之间是否存在共同主题，也为两个性别群体之间的差异提供可能的解释（改编自 Way 等, 1994）。

研究结果会在第四章汇报，但为了让结果汇报更有意义，你应该在第三章详细描述数据分析过程。这意味着对于收集到的每份数据都要描述收集方法和过程。由于不熟悉统计学或质性数据分析，许多学生对第三章的写作有点力不从心。在这种情况下，你可以寻求导师和委员会成员的帮助或者参考研究方法教科书。我在"学习材料"中列出了一些教科书。

〰 本章小结 〰

第三章是学位论文中至关重要的一章，这一章解释了研究设计和研究方法。第三章也是比较好写的一章，因为它描述了开展研究的步骤。撰写这一章的关键是你的描述要尽可能地详细和全面，这样读者才能验证、阐释或复制研究，从而建立研究的信度。此外，本章为后面两章奠定了基础，在接下来两章，你应汇报和解释研究结果。在下一章，我们将讨论如何撰写论文的第四章"结果"。以下是第 7 章的要点。

- 研究设计分三大类：定量方法、质性方法和混合方法。
- 定量研究设计包括描述性设计、调查性设计、相关性设计和实验性设计（包括准实验设计和单一被试实验设计）。
- 质性研究设计包括叙事学、案例研究、人种学、扎根理论和现象学。
- 混合研究设计包括三个核心设计：聚敛式设计、解释性序列设计和探索性序列设计。
- 方法一章描述并解释了研究设计和研究方法，如环境、参与者、测量工具、程序和用于完成研究的数据分析。
- 撰写方法这一章时，需要提供足够的细节，为研究结果提供研究背景并便于复制研究结果。
- 在进行研究时，记录收集数据的日期和时间、用到的材料（或课程）、会见的人，以及整个研究过程中出现的所有问题、意外或变化。
- 主要部分包括：引言、环境、参与者、干预、材料、测量工具、步骤和数据分析。

- 根据研究设计、问题和参与者数量的不同，你可以采用随机抽样或非随机抽样。

- 在撰写干预部分时，应描述自变量和因变量。

- 至少有三种测量工具可用于数据收集：①可供公众使用的现有工具；②平时已收集的数据；③研究人员自制的工具。

- 具体的测量工具包括问卷／量表、行为表、访谈、焦点小组、观察表、公共文件（或记录）、测试、调查、兴趣量表等。

- 测量工具应具有效度和信度。

- 数据收集／步骤包括如何使用测量工具、干预措施的实施细节（如干预时间长短），以及实验组的条件差异（如有）。

- 分析数据的方法之一是围绕研究问题进行组织分析。

〰 学习材料 〰

一、常见问题与实用解决方案

撰写第三章时，一个常见问题是学生没有充分记录自己的研究情况。学生可能会感慨："我不可能把所做的一切都记下来！"研究结束后，你很可能需要回过头来更新和修改第三章，因此要记录好所有的研究活动。在进行研究时，用观察记录或观察日志记录整个过程。观察记录没有固定的格式，但你应该写下实际使用程序的信息（特别是以后可能忘记的细节）。例如，写下你收集数据的日期和时间、使用的材料（或课程）、会面的人，以及出现的问题、意外或变化。这能证明你确实在按照第三章所描述的内容实施研究。在所有实地记录、观察结果和记录本上注明日期和时间，这会让你较为轻松地完成数据分析和第三章的撰写。除了观察记录，还要收集有关研究地点和参与者的详细信息（如人口统计数据），之后你就不必再回到研究地点去统计这些信息。切记将所有收集到的数据保存在贴有标签的文件夹中，并放在远离研究地点的安全地方（如家中上锁的文件柜）。你掌握着与参与者相关的机密信息，因此要尽可能保密。最后，所有的教学材料、课程、测量工具、视听材料、现场笔记和记录本等都要留存副本，因为后面需要参考这些资料。换句话说，不要丢弃任何数据并记得备份。这是一个电脑容易感染病毒、硬盘驱动器随时会崩溃的时代，你一定不希望你的硕士学位论文因"致命系统错误"（也称"蓝屏死机"）而夭折。

学生面临的另一个常见问题是数据超负荷。数据收集过程（尤其是在与参与者互动时）并不乏味，但当研究结束时研究者会得到成堆的数据。他们会想："我该怎么处理这些数据呢？"在开展研究时，数据并非越多越好，重要的是收集足够准确的数据并回答研究问题。事实上，过多数据可能会分散研究重点，尤其是当数据与研究问题无关时。为减少这一问题，研究者从一开始就要将测量工具与研究问题结合起来，使测量工具与研究问题保持一致。例如，如果你使用的是访谈这一测量工具，请尝试确定哪些访谈问题有助于解决你的研究问题（当然，开始时会有一些与研究问题无关的问题，这是为了建立融洽的关系）。如果使用的是测试或调查，请确保抓住了研究问题的本质。

二、思考／讨论问题

开展研究之前，一定要确定收集数据的测量工具。第三章要求阐明数据的收集过程，以便其他研究者可以重复你的研究。以下思考／讨论问题将有助于你完成以上两个任务。

可用于收集数据的测量工具有哪些？举例说明适合你的研究设计的测量工具。然后选择一种特定的测量工具，并讨论如何用这一测量工具来收集数据，以及如何使收集的数据有效可靠。

为什么可复制性在研究中很重要？举例说明第三章应包含哪些关键信息，以便其他研究人员可以复制你的研究。

三、练习

以下练习旨在帮助你撰写第三章。练习一将概述第三章的主要部分，并填充各部分的内容。练习二将开发或找到一种可用于数据收集的测量工具。

练习一：撰写研究提案。

● 根据研究设计，创建一个提纲。提纲应包含第三章的主要部分（如环境、样本）。

● 针对每一部分，至少写出三个要点（不必是完整的句子），说明这一部分包括哪些内容（或你需要检索的信息）。例如，取样计划是什么？谁将是研究的参与者？将使用哪些测量工具？如何收集数据？

练习二：确定收集数据的测量工具。

● 找到一个现成的测量工具或改造一个测量工具，用于收集研究数据。

● 如果想使用调查表，请开发或寻找一种自填式调查表并将其交给/发送给一群人，以测量他们的态度、观念、行为和生活方式。如果想进行访谈，请列出准备向研究对象提出的一系列问题。

● 如果想做结构化观察，请制作一份观察表，用于观察、评估、统计或以其他方式记录自然环境中的事件（如行为）。

● 如果想使用认知测试，请制作（或查找）一份书面测试，用于评估与研究问题相关的知识或技能。

● 与导师讨论测量工具的信度和效度问题。

四、推荐阅读

● Babbie, E. (2016). *The practice of social research* (14th ed.). Belmont, CA: Thomson Wadsworth.

● Creswell, J. W. (2013). *Qualitative inquiry and research design* (3rd ed.). Thousand Oaks, CA: Sage.

- Creswell, J. W. (2015). *Educational research: Planning, conducting, and evaluating quantitative and qualitative research* (5th ed.). Boston, MA: Pearson Education.

- Creswell, J. W., & Creswell, J. D. (2018). *Research design: Qualitative, quantitative, and mixed methods approaches* (5th ed.). Thousand Oaks, CA: Sage.

- Creswell, J. W., & Plano Clark, V. L. (2018). *Designing and conducting mixed methods research* (3rd ed.). Thousand Oaks, CA: Sage.

- Decuir-Gunby, J. T., & Schutz, P. A. (2017). *Developing a mixed methods proposal: A practical guide for beginning researchers*. Thousand Oaks, CA: Sage.

- Maxwell, J. A. (2013). *Qualitative research design: An interactive approach* (3rd ed.). Thousand Oaks, CA: Sage.

- Plano Clark, V. L., & Creswell, J. W. (2008). *The mixed methods reader*. Thousand Oaks, CA: Sage.

- Simpson, L. A., & Bui, Y. N. (2016). Effects of a peer-mediated intervention on social interactions of students with low-functioning autism and perceptions of typical peers. *Education and Training in Autism and Developmental Disabilities*, 51(2), 162-178.

五、网站链接

- Basic Business Research Methods

https://managementhelp.org/businessresearch/index.htm

- Organization Your Social Sciences Research Paper (University of Southern California Research Guide)

http://libguides.usc.edu/writingguide

- SAGE Research Methods

http://methods.sagepub.com/

- Web Center for Social Research Methods

http://www.socialresearchmethods.net

第8章

如何撰写学位论文的第四章"结果和发现"

无论策略多么美妙，都应当偶尔看看结果。

——温斯顿·丘吉尔爵士（Sir Winston Churchill）

如果已经写完了第三章并准备开始第四章，那么你已经完成了所有研究数据的收集，真是太棒了！论文撰写已经完成一大半，请继续加油。本章的重点是如何撰写论文第四章，即"结果和发现"。在第四章，你将汇报研究结果（在定量研究中）或发现（在质性研究中）或两者的结合（在混合研究中），你会用到有关数据收集和分析的知识。此章是论文的核心部分。在经历了流血、流汗、流泪、眼睛疲劳和拔头发等痛苦之后，你有什么发现呢？

第四章是硕士学位论文的核心部分，汇报的研究结果包括数据分析中所有的变量、数据收集方法或测量仪器的数据分析结果。因此，此时你应该已经跟导师商定了数据分析方法。有时在汇报结果前，由于参与者退出实验等原因，你可能需要对分析进行调整。根据研究设计和问题的不同，结果呈现的方式也会不同，可以是叙事、数字、表格或图形中的任意一种，也可以选择好几种形式。例如，如果你收集的是量化（即数字）数据，结果会以统计的形式或表格／图形的形式呈现。第四章运用科技文体风格，以直截了当的方式呈现结果。如果你收集的是质性（即非数字）数据，调查结果将以文字叙述的形式呈现，有时还会以表格和／或图形的形式汇报，需要对数据进行详细描述，旨在为读者描绘一幅叙事性的"图画"。第四章要写得足够详细，以便其他研究者能够复制和验证该实验。另外，本部分的结果汇报决定了第五章解释和讨论这些结果的方式。

〰 第1节　论文第四章的谋篇布局 〰

开始写作前，需要完成以下几项任务：第一，第四章的结构要与第三章平行。因此，强烈建议写第四章之前对第三章做最后的修改。第二，确保所有的数据都按照研究问题进行组织和分析，这会使写作更加顺畅。通常我建议学生从每种测量工具（如调查、测试、采访、观察）所收集的数据着手进行数据分析，以确保没有遗漏。为了分析收集的数据，你可能需要使用简单的评分程序并应用统计测试。第三，如果你仍然在数据分析方面存在问题，那么请寻求导师的帮助。导师会向你展示最佳的数据分析方式，或将你引荐给其他人。你所参加的项目或所处的学校或许也能在数据分析方面上提供帮助，他们或许拥有定量数据的统计软件（如 SPSS、SAS、R）或软件计算机程序（如 NVivo、Altas.ti、QDA Miner Lite）。这些资源都可用于编码和分析质性数据，且通常提供免费的试用和教程。当然，购买以上资源之前，一定要先检查学校图书馆是否已经购买这些资源。

≋ 第2节　论文第四章的组成部分 ≋

　　完成所有数据分析后，就可以开始第四章的写作了。请记住，写硕士学位论文就是在讲述研究"故事"。在第四章你要讲述研究的主要事件（此处指主要发现）。然而，与前三章不同的是，本章除了一个简短的介绍外，没有预先就能确定的固定格式。因为第四章是基于研究设计、研究问题和收集的具体数据而展开的，这个章节的组织因研究而异。虽然缺少固定格式，但是有一些通用的组织策略。请记住，虽然第四章的各个部分是分开编写和讨论的，但它们也相互联系，共同构成了研究的结果或发现。这时，可以向导师请教，询问导师希望你如何组织第四章各部分。

　　针对第四章的写作，我们将分别讨论如何汇报定量和质性数据的结果，因为这两种研究存在很大差异。不过，在运用混合方法的研究中，数据分析和汇报实际上可能放在一起。本书还提供了不同类型研究的示例，皆改编自以前学生的硕士学位论文。你会注意到，这些示例是用过去时编写的，因为数据收集和分析已经完成。

〰 第3节　如何处理定量数据 〰

如果收集了定量数据，建议你在写第四章时将每个研究问题或测量工具的结果都单列。例如，如果你有三个研究问题，这些问题使用了三种测量工具，如测试、调查和观察表，那么你需要分别列出三个结果，每个部分都对应一个小标题。此外，还需要按照第三章中研究问题或测量工具出现的顺序来汇报结果。请记住并使用第 7 章中的三个平行梯子策略。（有关第三章和第四章的平行梯子策略，参见图 8-1。这会让你写起来更容易，也能减少读者的困惑。）

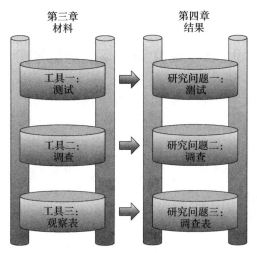

图8-1　第三章和第四章的平行梯子策略

处理定量数据时，研究人员需要找到组织数据和展示结果的方法，否则汇报原始数据的过程将十分痛苦。分析和汇报样本组定量数据主要有两种方法：描述统计和推论统计。收集的数据类型和研究问题决定了你如何分析和汇报每种测量工具所收集的数据。例如，如果数据源自报告，可能使用描述统计来汇报。如果数据来自实验，可能使用描述统计和推论统计来汇报。研究方法是硕士课程的一部分，统计学也包括在内。相信你已经学习了该课程，现在是回顾课堂笔记的好时机！本讨论是一次回顾，让你重点关注硕士学位论文中常见的统计程序。我们将分别讨论每种类型的统计程序，并分享示例（这些示例来自学生已完成的论文）。

一、描述统计

描述统计是指"用于组织、总结、制表、描绘和描述数据的一组方法"（Shavelson,1996,p.8）。正如定义所指，研究人员使用这种类型的统计分析来描述从样本中收集的数据。你可以把描述统计看作一幅图画，它以读者可以理解的方式描述定量结果。

二、集中趋势的度量（Measures of Central Tendency）

描述统计的一个主要类型是集中趋势的度量。集中趋势的度量是指分布中的"典型值"或"平均值"。该数据很重要，因为当一大堆数值呈现在你面前时，数据信息过多，而知道典型值或平均值后，你可以大致了解样本组的表现。通常一提到"平均"，人们便会想到算术平均值。算术平均值是集中趋势的度量指标之一。此外，众数和中位数也属于度量指标。

为方便你理解和应用这些概念，下面以篮球为例（当然换成足球也无妨）进行具体阐述。我选择了我最喜欢的球队金州勇士队，以及我最喜欢的控球后卫斯蒂芬·库里（你可以选择你自己的球队和球员）。从2009—2010赛季到2017—2018赛季（希望还有下一个十年），库里都是勇士队的首发控卫。其职业生涯总得分可以让大家对其后卫身份有一个整体了解，但这并没有显示出他在勇士队九个赛季的表现或发展趋势，也没有显示出他作为一个三分球射手的实力。我以表 8-1 中库里的基本统计数据（四舍五入到最接近的整数）为样本组，应用了一些基本的描述统计指标，解释如何计算这些指标，并讨论这些指标对数据的意义。

表8-1　从2009—2010赛季到2017—2018赛季库里的比赛得分情况

赛季	参赛场数	场均总分	场均三分球
2009—2010	80	18	5
2010—2011	74	19	5
2011—2012	26（受伤）	15	5
2012—2013	78	23	8
2013—2014	78	24	8
2014—2015	80	24	8
2015—2016	79	30	11
2016—2017	79	25	10
2017—2018	51（受伤）	26	10

　　集中趋势的第一种测量方式是众数。众数是指分布中最常见或最频繁出现的数据。要获得众数，只需浏览该列并查看出现频率最高的数字。例如，在2009年至2018年的每场比赛总得分中，24是众数，因为它出现了两次，而其他数字只出现了一次。请记住，你可以有多个众数（双峰），并且众数并不总是最大值。

　　集中趋势的第二种测量方式是中位数。中位数是分布在中间的数或将所有数据分成两半的数（一半高于50%，一半低于50%）。为了获得中位数，我将数字按照从小到大的顺序排列。如果数据个数是奇数，则中位数是该组中间的数。如果数据个数是偶数，则中位数是排序后中间两个数的平均值。例如，要找出库里每场比赛三分球个数的中位数，需要先将这些数字按从小到大的顺序排列：

5　　5　　5　　8　　8　　10　　10　　11

　　因为数据个数是奇数，所以可以简单地找到中间的数字，也就是8，这意味着50%的三分球命中率在8分上下。如果数字集合是偶数，我会使用"魔术手指技法"，即将两个手指指向外端，然后进入中心，把中间的两个数相加，再除以2，求出中间的值。

常用的集中趋势测量方式是平均值。此处平均值是指算术平均值，由数字之和除以分布中数字个数得出。例如，要找出库里的平均比赛场次，可以把所有的比赛场次加起来，然后除以赛季数。

$$(80 + 74 + 26 + 78 + 78 + 80 + 79 + 79 + 51) \div 9 = 69.4$$

这一计算结果意味着在金州勇士队的整个职业生涯中，斯蒂芬·库里平均每个赛季打 69.4 场比赛。在确认后卫库里的篮球职业生涯精彩程度时，你已经了解如何进行集中趋势的度量计算，接下来你将如何把它们应用到学位论文的数据处理中？基本上，得到一组数字后，你应该在结果部分汇报其集中趋势，告知读者平均数是多少。这组数字可以是任何变量（如身高、体重、成就水平、自尊、心率），也可以来自各种渠道（如测试、调查、观察检查表）。在硕士学位论文中，我通常建议学生汇报算术平均值，这个值最常用，并且考虑了每个数据。如果数据的分布呈正偏或负偏，也可以使用众数和中位数（取决于所收集的数据类型）。

三、变异性测量

虽然集中趋势的测量对论文很重要，但它不能提供足够的关于数据的信息。例如，计算下面两组学生数学考试成绩的平均值。

A 组：5　　8　　7　　10　　5

B 组：8　　1　　5　　14　　7

每组学生的平均分数是 7 分。根据这一信息，我可以想当然地认为两组学生的数学考试成绩相似，因为两组的平均分相同。现在将分数按大小顺序排列：

A 组：5　　5　　7　　8　　10

B 组：1　　5　　7　　8　　14

如果最高分是 15 分，则 A 组的各分数彼此更接近，而 B 组更分散。A 组学生之间的表现没有太大差异，其成绩更接近平均值。然而，B 组有一个学生的成绩是 1 分，一个学生的成绩几乎是满分，这两个分数与平均值都相差很远。因此，只知道一种集中趋势（如平均值）就只了解一部分情况，可能会产生误判。

如果描述的是一组数字，你还需汇报它们的可变性。变异性的测量告诉你各个数字是聚集在中心周围还是广泛地分散。换句话说，分数与自身和／或分布的平均值之间存在多大差异？如果差异很大（数字是分散的），那么就存在很大的变异性；如果非常相似（数字是聚集的），那么变异性就较小。有许多不同种类的变异性测量标准，但本书关注的是硕士学位论文的写作，因此我们只讨论最相关的内容——极差和标准差。

极差是一种你可能熟悉的变异性度量标准。极差是分布中最大数和最小数之间的差值，可以用最大数减去最小数的方式来计算极差。在上述两组学生的数学考试成绩中，A 组的极差是 10-5=5。B 组的极差是多少？没错，B 组的极差是 14-1=13。对两组进行比较，B 组的极差更大。但是极差的用途有限，因为它只查看两个数字——最大数和最小数，而不考虑分布中的其他数。

一个更常用的变异性测量标准是标准差。标准差表示每个数字与平均值相差多远。标准差的公式是方差的平方根，即每个数字与其平均值的平方差。不要担心——你不需要用纸和笔来计算标准差，大多数的计算机程序或计算器都会为你处理（你会乐于接受这份便利），重要的是，要理解标准差在解释结果时意味着什么。基本上，如果标准差很小，那么数字在整体上就更接近平均值；如果标准差很大，那么总体的数字与平均数的差距就会更大。例如，查看图8-2中图形上的两个正态分布。它们的平均值都是50，但分布 A 又高又瘦，标准差为5，而分布 B 又短又宽，标准差为10。这意味着分布 A 的数字更接近平均值，而分布 B 的数字离平均值更远。如果将先前的 A 组和 B 组两组数据绘制成图，则 A 组的情况依然类似于分布 A，B 组的情况依然类似于分布 B。

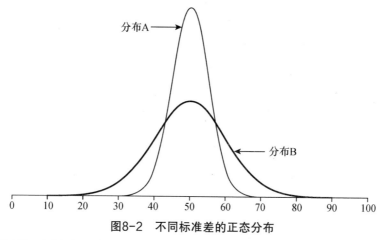

图8-2 不同标准差的正态分布

资料来源：改编自大卫·莱恩（David Lane）的《可变性的度量》，2003年7月7日，http://cnx. org/Content/m10947/2.3/.CC-BY 4.0 License, https://creativecommons.org/licenses/BY/4.0/。

由于标准差与平均值有关，因此两者要一起汇报（该汇报还应该包括样本的大小）。在APA格式中，标准差与平均值可以通过以下几种方式进行汇报（Kahn, n.d.）。如果想使用缩写，缩写字母应斜体放在括号里，或者放在句子的结尾。以下是正确的缩写：平均数（mean）=M；标准差（standard deviation）=SD。例如，"干预结束时，A组10名学生的平均分较高，M=18，SD=2.3。"

如果有两组，那你可以写："A组10名学生的平均数（M=18，SD=2.3）高于B组10名学生的平均数（M=14，SD=1.7）。"你也可以说："A组10名学生的数学考试平均分为18分，标准差为2.3分。"不论选择哪种格式，请记住尽可能要汇报出样本的大小、平均值和标准差。

以下是一个使用描述统计得出结果的示例（此处的统计数据改编自一名毕业生的硕士学位论文）。

用两种测量工具评估了学生执行23项社交任务的能力。这些任务包括与某人交谈时进行眼神交流，需要时向成年人寻求帮助等。第一种测量工具是教师他评调查，两位老师分别对学生在23项社交任务中的表现进行评估。这项调查得到的唯一分数是总分。教师打分的极差为 36（最低分 33 分，最高分 69 分）。学生得到的平均总分为 52.29 分，标准差为 10.13 分。

第二种测量工具是学生自评问卷。与教师他评调查类似，学生自评问卷也用于评估学生执行社交任务的能力。此时，14 名学生对自己执行任务的能力进行评判。学生自评问卷的分数极差为 50 分（最低分 64 分，最高分 114 分）。学生自评问卷平均总分为 88.50 分，标准差为 13.24 分（Henderson, 2007）。

四、描述性汇报数据的其他方法

除了衡量集中趋势和变异性之外，你还可以根据研究问题、研究设计以及想要传达给读者的信息，采取其他描述性汇报数据的方法。例如，你可以汇报单个分数、百分比、频率等。建议用表格和图形来呈现结果，这可以对叙述性说明进行补充（有关 APA 风格，请参阅第 10 章）。

如果样本组只有一位参与者，你可以汇报这个人的数据。以下是对上述情况进行结果汇报的示例（改编自一名毕业生的硕士学位论文）。

在流利度干预的整个过程中，从基线阶段到第三阶段，Amber 每分钟正确阅读的单词数在稳步增加。在基线阶段，她每分钟正确阅读的单词数分别是 55、60、65、63 和 58（$M=60$）（参见图 1）。在第一阶段，即反复阅读阶段，她每分钟正确阅读的单词数量分别是 64、84、73、89、89 和 84（$M=81$）（参见图 2）。在第二阶段，即纠错阶段，她每分钟正确阅读的单词数分别是 85、82、74、85、78、84 和 83（$M=81$）（参见图 3）。在第三阶段，即纠正性反馈阶段，她每分钟正确阅读的单词数分别是 76、82、83、90、87、88 和 85（$M=84$）（参见图 4）。这些数据表明，当 Amber 开始重复阅读时，她的阅读速度有较大提高，在引入纠错和纠正反馈后，她的阅读速度略有提高（Irey, 2008）。

如果你使用调查作为测量工具，那么你可以汇报参与者或特定项目的反馈频率（采用百分比）。下面是一个调查结果示例，改编自一位已毕业学生的硕士学位论文。该研究中，在干预前后，研究者均对学生进行了问卷调查。因此，研究者也汇报了参与者反馈的变化。

第一个调查询问了学生对母语授课的看法："学校的西班牙语授课让我自我感觉良好。"干预前，调查的平均值为 4.09（SD=1.37），调查的回答情况为：9.1% 的学生选择"（4）有点像我"，63.6% 的学生选择"（5）完全像我"。干预后，调查结果的平均值为 4.81（SD=0.40），调查的回答频率为：18.2% 的学生选择"（4）有点像我"，81.8% 的学生选择"（5）完全像我"。干预前与干预后的平均差为 0.72，对"（5）完全喜欢我"的回答提高了 18.2%（Iniguez, 2007）。

如果观察了参与者在多个阶段的行为，那么你可以分别汇报每个阶段的个人或集体数据。以下是一个频率统计示例，来自一项行为干预研究。该示例改编自一名毕业生的硕士学位论文。在这项研究中，学生设定了基线、干预和干预停止阶段。因此，他能够比较不同阶段的行为，并汇报行为的变化。

在干预阶段，每一种类型的非任务行为都被观察并记录下来。这些信息用于确定引入这项干预后学生的非任务行为是否比基线阶段少。

在干预阶段，研究者观察并记录了交叉对话行为。数据显示，从基线阶段到干预阶段，交叉对话行为的极差、总数和平均值都有所减少。极差从 15 下降到 8；干预阶段交叉对话行为的总数为 90 起，减少了 54 起；干预阶段平均数为 15 起，减少了 9 起。

研究者观察并记录了在干预期独立工作时间内学生的非任务行为总数。数据显示，在基线阶段和干预阶段之间的独立工作时间内，观察到的非任务行为的极差、总数和平均数有所减少。在独立工作时间内观察到的非任务行为的极差从基线阶段的 21 减少到治疗阶段的 7。行为总数从 204 起减少到 117 起。行为事件的平均数由 34 起减至 19.5 起

（Rau, 2006）。

描述统计对于总结、简化和描述研究中的数据非常有用。然而，描述统计也存在一定的局限性，研究者无法在现有数据之外得出任何结论。为此，我需要引入推论统计。进入下一部分前可以稍事休息。

五、推论统计

推论统计指的是"从一个有代表性的子集数据中推论出关于总体数据信息的方法"（Shavelson, 1996, p. 8），也即研究人员使用样本组数据做出关于总体的假设或结论。这非常有用，因为多数情况下研究人员无法收集所有数据。例如，请思考一下，关于总统选举的统计数据是如何得到的——他们怎么知道46%的人会投票给候选人A，44%的人会投票给候选人B，10%的人还没有做好决定？显然，民意调查人员不可能去问每一个人他在下一次选举中会将票投给谁。取而代之的是，他们会去询问代表性样本，进行统计检验，然后对这个国家的其他地区做出推断（当然，推断总会存在一定误差）。请记住，样本必须具有代表性（最好是通过随机抽样决定），否则结论可能会偏向于人群中的某个部分。与将整个人口纳入研究相比，选择有代表性的人口样本进行数据收集，然后做出推断，更具可行性，也更加有效。

六、显著性检测

推论统计也可以用于实验研究。在这类研究中，研究人员用显著性检验来确定观察到的组别之间的差异是真正的差异，还是出于偶然。显著性检验方法很多，硕士学位论文大概率会使用t检验。t检验是统计检验的一种，用于确定观察到的两个平均数之间的差异是真正的差异还是偶然的结果。t检验包括两种类型：独立样本t检验和非独立样本t检验（也称依赖样本检验或配对样本检验）。下面我们将分别讨论这两种类型。

七、独立样本 t 检验

在基础实验研究中，研究人员使用一个自变量（原因）来观察它对一个因变量（效果）的影响，独立样本 t 检验用来确定两个独立组在因变量平均得分上的差异是真实存在还是偶然出现。换句话说，因变量的平均得分差异是自变量影响的结果还是其他因素（如抽样误差）带来的结果？要使用独立样本 t 检验，两个组的参与者和分数必须完全独立。

例如，研究人员想要确定新的数学干预（自变量）是否能提升学生在全州数学评估（因变量）中的成绩。如果新的数学干预使学生成绩获得显著提高，那么研究人员会建议州教育委员会采用新的数学课程，所以这项研究非常重要。研究者将 60 名学生随机分为两组：A 组学习新式数学课程，B 组学习传统数学课程。在持续 8 周的时间里，两组学生会学习不同的数学课程。8 周结束时，两组学生都参加了全州的评估。A 组的平均分为 90 分，B 组的平均分为 85 分。既然 A 组领先 5 分，那么研究者是否可以向州教育委员会提出采用新的数学课程的建议？别这么快下结论。研究人员不能简单地盯着考试成绩说："是的，5 分似乎是一个足够大的差距，所以我们采用新的课程。"你看，在统计（和生活）中，随时都可能犯错。研究人员不知道 5 分的差异是代表真正的差异（由于新的数学课程的影响）还是出于偶然。此时，独立样本 t 测试就派上用场了。

通过这个检验，研究人员可以确定，观察到的两组之间 5 分的平均差异是否在统计上具有显著意义（即代表真正的差异）。首先，需要建立一个零假设（对不起，我本希望避免这种情况）。零假设代表"偶然"H_0理论，这意味着观察到的所有差异都是偶然的，干预对因变量没有显著影响。例如，本研究的零假设如下。

H_0：在全州范围内，接受新式数学课程的学生和接受传统数学课程的学生之间的数学成绩之间不存在显著差异。

研究人员可以拒绝或保留 H_0。通常研究人员想要拒绝 H_0 以维护自己提出的新干预措施。然而，对研究文献来说，保留 H_0 可能和拒绝它一样有价值。（可能你已经发现了什么干预是无效的！）请记住，作为研究人员，不论数据是否支持你的假设，你都有责任客观准确地汇报自己的发现。

接下来，为了确定是否保留 H_0，研究人员需要设置概率水平或显著性水平（称为 alpha 或 α）。概率水平的设置有点像赌博，研究人员可以自行决定愿意接受多大的错误风险。社会科学研究中，多数研究人员将显著性水平设置为 0.05（$\alpha = 0.05$），这意味着他们愿意承担 5% 的犯第一种错误的风险。第一种错误是，当 H_0 为真时，你拒绝它。换句话说，有 5% 的概率是研究人员得出了干预导致平均差异的结论，而实际上这一差异具有偶然性。好消息是研究人员有 95% 的正确率（拒绝错误的 H_0）！设置显著性水平后，进行独立样本 t 检验，并将概率值（p 值）与预设的显著性水平进行比较。如果概率值小于或等于显著性水平（$p \leq 0.05$），则研究人员可以拒绝 H_0。然后研究人员可以得出结论，干预确实有显著效果。换句话说，平均分的差异在统计学上是显著的，不是偶然造成的。

在这个数学示例中，拒绝 H_0 意味着两组之间的 5 分差距是由新式数学课程造成的。然后研究人员可以建议州教育委员会采用新式数学课程。若概率值大于显著性水平（$p \geq 0.05$），则保留 H_0。保留 H_0 后可得出结论，新式数学课程对全州的评估分数没有显著影响，5 分的平均差异是偶然出现的，研究者不应该向州教育委员会推荐新式数学课程。

虽然不必学会手动计算独立样本 t 检验（本书也并非统计学方面的书籍），但你必须理解独立样本 t 检验的含义，这关乎如何确立研究中的因果关系以及如何汇报结果。如果想了解更多关于独立样本 t 检验或其他显著性检验的信息，强烈建议你学习统计学入门课程或阅读统计学教材。

有几种以 APA 格式汇报独立样本 t 检验结果的方法，其中你必须了解有关标准差的两个平均值，即有自由度的t值和概率值。你还必须汇报效应量（通常用Cohen'd表示）（注：Cohen'd是计算组间差异的常用效应量），它表示平均差的大小。如果效应量小，那么两组的平均分没有太大差异；如果效应量大，那么平均分之间存在很大不同。以下为示例。

为了检验新式数学课程的效果，研究人员进行了独立样本t检验。此检验有统计学意义，$t(58)=4.15$, $p<0.001$, $d=0.4$。结果表明，新式课程组的学生在全州数学评估中的整体表现（$M=90$, $SD=4.92$）优于传统课程组（$M=85$, $SD=4.41$）。

在比较两个独立组的平均差异时，独立样本t检验是最常见且最简单的检验手段。然而，硕士生的研究很难获得带有两个独立组的大样本。常见的情况是只能获得一个组。在这种类型的研究设计中，你需要利用非独立样本t检验。我将其称为配对样本t检验，因为这是在SPSS计算机软件程序中使用的。

八、配对样本 t 检验

在基础实验研究中，研究人员观察一个自变量（原因）对一个因变量（结果）的影响，用配对样本t检验来确定两组相关数据之间因变量平均数的差异是确实存在还是出于偶然。该分析与独立样本t检验相似，不同之处在于配对样本t检验没有对照组，分数之间存在系统性关联。关联方式会有所不同，但通常这两组数据来自同一组参与者。例如，研究人员想要确定对接受双语教学的高中生进行母语阅读干预是否会提高他们的英语词汇水平。研究人员随机抽取了一个双语班的30名高中生。在实施干预前，研究人员对学生进行了前测，测量他们的词汇水平。然后，在持续10周的时间里，学生每天接受新的阅读干预。10周结束时，研究人员进行了同样的测试，测量实施干预后学生的词汇水平。前测均分为86（$SD=3.86$），后测均分为88（$SD=3.04$）。由于两组分数（前测和后测）来自同一组学生，因此这两组数据实际上是相关的。

在这种情况下，研究者需要确定前测和后测之间 2 分的平均分差异在统计学上是显著的差异（与词汇干预有关）还是偶然的差异。本研究的零假设如下。

H_0：在前测和后测中，双语高中学生的英语词汇平均分差异不显著。

为了确定是否保留 H_0，研究人员必须设置显著性水平（$\alpha = 0.05$）并进行配对样本 t 检验。如果概率小于或等于 0.05（$p \leqslant 0.05$），可以拒绝 H_0，并得出结论：前测和后测的平均分之间存在显著差异，差异并非偶然出现；如果概率大于 0.05（$p > 0.05$），那么保留 H_0，并得出结论：前测和后测的平均分之间不存在显著差异。

若要以 APA 格式汇报，请确保包括带标准差的两个平均得分、有自由度的 t 值、概率值和效应量。以下为示例。

为了检验双语高中生词汇干预的效果，本研究采用了配对抽样 t 检验方法。本检验有统计学意义，$t(29) = -3.846$, $p = 0.001$, $d = 0.5$。结果表明，在整体表现上，双语高中生的后测英语词汇测试得分（$M = 88.23$, $SD = 3.03$）显著高于前测英语词汇测试得分（$M = 86.07$, $SD = 3.86$）。

以下为配对样本 t 检验结果的示例，改编自毕业生的硕士学位论文。

为分析 Arc 自我决定量表（ASDS）的结果，研究者对 ASDS 各亚组的前测和后测数据进行了第一次描述统计。ASDS 各亚组的前测均分和标准差分别为自主性（$M = 0.51$, $SD = 0.20$）、心理赋权（$M = 0.73$, $SD = 0.15$）、自我实现（$M = 0.75$, $SD = 0.16$）和自我决定总量（$M = 0.57$, $SD = 0.15$）。各亚组 ASDS 域的后测均值和标准差分别为自主性（$M = 0.63$, $SD = 0.18$）、心理赋权（$M = 0.88$, $SD = 0.10$）、自我实现（$M = 0.81$, $SD = 0.18$）和自我决定总量（$M = 0.68$, $SD = 0.14$）。从前测结果到后测结果，自主性的平均增益为 0.12，心理授权的平均增益为 0.15，自我实现的平均增益为 0.06，自我决定总分的平均增益为 0.11。

接下来，进行配对样本 t 检验，以确定每个亚组前测和后测的平均分数之间是否存在显著差异。心理赋能前测均值为 0.73，差异有统计学意义（$SD = 0.15$），后测均值为 0.88（$SD = 0.10$），$t(10) = -3.16$, $p = 0.01$，$d = 0.3$，表明后测结果更好。其他亚组中前测和后测平均分及总分之间无显著差异（Williams, 2006）。

综上所述，需要确定两个平均数之间的差异是否具有统计学意义时，独立样本和配对样本 t 检验是必不可少的统计检验。这些统计检验操作起来十分简便，使用统计软件程序（甚至手算）就能完成，并且以 APA 格式解释和汇报的结果便于理解。除了叙述性解释，表格或数字也可以在结果中出现。我们已经讨论了如何汇报定量数据的结果，接下来将深入讨论如何汇报质性数据的发现。

≋ 第4节 如何处理质性数据 ≋

学生常有一种误解，认为质性研究的数据解释和汇报比定量研究更容易或更快完成，因为前者不涉及可怕的数据统计。然而，事实并非如此。质性研究结束时，研究人员可能会面临大量的数据，数据的形式包括观察得来的实地记录、采访得来的文字记录、文件、备忘录、音频和视频文件等。因此，研究者需要用一定方法来组织和分析原始数据，回答研究问题，并提供对研究对象的深层次理解，增加论文的意义。这一过程通常包括无数个小时的阅读、组织和准备现场记录、转录数据、编码数据、分类数据和识别支持数据。如前所述，有许多不同类型的质性研究设计和方法可以用于分析和汇报数据。如果想获得更多关于质性数据分析和汇报的详细信息，强烈建议学习质性研究课程或翻阅有关教科书。根据我指导研究生的经验，常用的数据收集方法是访谈、重点小组和观察。因此，我将重点讨论如何根据主要主题和模式以及研究问题来汇报以上类型的叙述数据，并讨论如何提高研究结果的有效性。

一、主要主题和模式

汇报叙述数据的常用方法是围绕主要主题和模式组织数据。主要主题和模式从何而来？在定量研究中，研究人员有一个待测试的预先假设，而在质性研究中，你不需要从预设的主题和模式开始。相反，主要主题和模式是在数据分析过程中出现的。你可以把自己想象成厨师，把这一过程想象成制作美味、浓缩的酱汁。在下述示例中，研究人员想要测试在线业务经理的沟通风格。研究人员花了 6 周的时间，在每周一小时的员工会议上，以非参与者的身份，观察管理者和员工之间的沟通互动，并做了录音和现场笔记。收集好数据后，研究人员准备分析数据。就像厨师一样，研究人员必须先准备食材！研究人员需要整理和转录所有的现场笔记和录音，这可能非常耗时，所以要留出适量时间。在该阶段，研究人员还要决定是使用质性计算机软件程序（如 Nvivo、Atlas.ti）分析数据还是手动完成数据分析。不论做出何种决定，都要确保留存多个文件备份！

在示例中，研究人员决定手动分析数据。她重新阅读了所有转录的数据，并标记了不同主题以对数据进行编码。每当经理和员工之间有交流互动时，她就会给"互动"做一个编码，并在编码本上记录下该互动对应的编码数字和定义。接下来，她分析了所有的互动编码，看看在参与者和会议时间层面的编码之间如何关联。她将类似的互动代码分组为带有新标签的、更大的、有意义的组块。例如，使用语言互动的经理和非语言互动的经理之间，使用合作互动和强迫互动的经理之间可能存在明显区别。这些较大的组块指向了研究发现的潜在主题和模式。因此，通过对数据进行编码和再编码，确定了数据中出现的主要主题和模式。主题在 5～6 个属于合理范畴，但请确保主要主题和模式与研究问题及研究目的相关。请记住，在分析和汇报过程中，一定不要对数据抱有期望和预先判断。虽然个人不可避免地存在一些偏见，但要尽可能减少偏见。

主要主题和模式确定后，每个主题和模式在"结果"一章中都有一个单独的标题和小节。然后需要对每个主题进行深度描述，即为读者描绘本研究的发现。深度描述（thick description）指的是一种既包括行为，又包括行为产生的语境的解释。深度描述的概念源自英国哲学家吉尔伯特·赖尔（Gilbert Ryle）和人类学家克利福德·格尔茨（Clifford Geertz）的著作（Ponterotto & Grieger, 2007）。后来社会学家诺曼·丹津（Norman Denzin）对深度描述的定义进行了扩展。

深度描述会唤起自我的情绪和感知。它将历史融入经验中，确立了某次经历或某个系列事件对一个或多个人的重要性。深度描述可以呈现互动个体的声音、感觉、行为和意义（Denzin, 1989, p.83, 转引自 Ponterotto & Grieger, 2007）。

深度描述包括了支撑主题的、来自各个渠道的重要证据。参与者的原话是一项重要证据，为研究提供了参与者的观点（Creswell, 2013）。请记住，并不需要把参与者说过的所有话都包含进去。相反，应该仔细筛选能够代表主题的部分。这要求你在尽可能保持不偏不倚的同时，解释或推断参与者的真实意思。你还可以对场景和参与者进行描述，并使用表格或数字对叙述性描述进行补充。

以下是关于主要主题研究结果的示例，改编自一名毕业生的硕士学位论文。

在非正式小组讨论中，研究者充分了解了学生对自身学习障碍的认知。在讨论过程中，研究人员阅读了预先选择的文本。每一个小标题的结尾部分都回答了以下问题。

你能和文章内容产生共鸣吗？或者你能和文章内容建立联系吗？接下来，研究人员没有刻意规定要进行讨论，而是让学生自由地公开发言，研究人员保证会对发言保密。讨论组内出现的反应模式主要包括四种：对学习的感受，让他人失望，学习障碍给你带来的感受，以及学习问题的类型。

"对学习的感受"。学生被问到是否能够与下面这句话产生共鸣：对一些孩子来说，上学十分无趣。因为他们无法在学习上取得成功，学习并没有给他们带来美好体验。组内学生（共六名）都说，他们很少从学习中获得愉悦的体验。一些学生给出了具体例子。比如，塞萨尔说："当我不能在课堂上做作业时，我就会不高兴。"

"让他人失望"。每位学生都要对以下表述做发言：一些孩子感觉，他们让自己爱的人失望了。六名学生都表示，他们都曾让父母、老师或自己失望。塞萨尔说："每当我不做作业或者在课堂上表现得很出格时，我的父母和老师就会失望。"起初，杰西卡和查理都不愿承认他们曾让人失望。之后，杰西卡说："我知道，我做错事时我的父母不会生气，但我知道我让自己失望了，因为有些事情我做不到。我试了又试，但我还是做不到。总是有人告诉我，我错了，所以有时我不想来学校。"查理表示，自己让老师很失望，因为"我就是学不会，尤其是数学。即使老师给我解释了一遍又一遍，我还是学不会。"

"学习障碍给你带来的感受"。该部分有较大的讨论空间。听到文本中出现"笨"一字时，一些学生说他们有时会觉得自己很笨。然而，杰西卡认为，有学习障碍并不意味着笨。她的父亲也有学习障碍，她父亲在校期间的学习同样存在困难。

"学习问题的类型"。在该部分，学生可以了解患有学习障碍的学生所面临的困难。文本中讨论了记忆力、注意力和交友能力等方面的困难。肯尼、塞萨尔和杰西卡都有注意力不集中的问题。对于记忆力问题，山姆说："我不会乘法知识，我很沮丧。不管怎样尝试我都学不会。我永远也搞不明白乘法，所以只能用加法。"交朋友或维持友谊的话题看上去十分敏感，没有学生说自己在这方面遇到了问题（Mireles, 2004）。

二、研究问题

叙述性发现还有一种组织形式，即围绕研究问题展开。就此，研究人员汇报了数据中出现的主要主题和模式。在这种组织形式中，数据收集方法（如访谈问题、观察策略）会有助于你回答研究问题（Maxwell，2013）。例如，一位研究人员想要探究那些学生表现优异的学校的管理风格。研究问题如下：

1. 此类学校的管理者在管理方面有何特征？

2. 这些管理人员如何克服障碍，获得成功？

研究人员对四名来自此类学校的管理人员做了一小时的采访。在采访中，研究人员主要问了以下四个问题：

1. 你具有怎样的管理风格？

2. 哪些因素促使你成为一名高效管理者？

3. 作为一名学校管理者，你面临的挑战是什么？

4. 你如何让教职员工支持你的管理？

这四个问题旨在帮助调查对象回答本研究想要探究的问题；采访问题1和2帮助调查对象回答第一个研究问题，采访问题3和4帮助调查对象回答第二个研究问题。这四个问题只是一个开始。随着采访的进行，研究者还可能提出其他问题。如果可能，应始终在类似的样本组和环境中对数据收集方法进行试点测试，以确定是否有必要进行修改。

在访谈后的数据分析部分，研究人员还必须遵循一定的流程。首先，通读并转录所有采访数据。其次，通过标记不同的主题，把转录的数据编码。最后，将代码分类或分组，归为有新标签的、更大的、有意义的组块。然而，这种组织形式的重点在于只从采访问题1和2中提取数据来回答第一个研究问题。例如，数据或许有一种明确的模式，即领导者认为有效领导的关键在于协作。然后，从采访问题3和4中挑出数据来回答第二个研究问题。确定了主要主题后，研究者可以汇报有效的支撑材料以及进行深度描述。

以下是围绕研究问题揭示研究结果的示例，改编自毕业生的硕士学位论文。

对学生和教职人员的问卷调查进行数据分析后，研究人员有了发现。根据研究问题，研究人员将学生和教职人员的问卷回答进行分组，然后再根据主要主题或模式对其进行了分类。

研究问题一询问：在课堂上有哪些沟通因素（包括口头的和非口头的）会让有情绪障碍及学习障碍的学生做出消极行为，哪些沟通因素会推动他们进行积极有效的沟通。数据显示，教师的大声指责属于引发学生消极行为的语言交际因素，尤其当学生已经心烦意乱时，他们对此会反应激烈。此外，学生感觉没有被理解或倾听，在课程学习中没有得到帮助，以及课堂上消极的同伴互动等也会引发学生的消极行为。把书摔在地上，做着愤怒的鬼脸等是引发学生消极行为的非语言交际因素。

研究数据揭示了课堂中促进有情绪障碍及学习障碍的学生做出积极行为和有效沟通的各种语言因素，诸如抽出时间让学生冷静地讨论课堂问题，给学生一些额外的机会，实施课堂奖励机制，必要时把课讲得十分细致，积极的同伴互动。此外，在学生表现不错时给予学生一定空间，这是促进积极行为和有效沟通的非语言因素。

在学生的问卷上，问题 1、4、7、8、10 与本研究问题相对应。

问题 1 是如果学生遇到困难，教师在帮助学生时应该做什么以及不应该做什么。大多数学生回答，教师的大声指责只会让学生的消极行为恶化，教师应该冷静地告诉学生问题所在，或者给学生一些额外的机会。例如，一名高二的白人男生说："他们应该告诉我冷静下来，或者让我在外面休息一下，而不是在我生气时唠叨个不停。"在遇到困难的时候，有些学生就需要一个人待着。一名高三的非裔美国女学生说："（如果我某天的经历很糟心）他们不应该做任何事情，因为我不会因此而消气。"

问题 4 询问了学生其最佳行为和最糟糕行为背后的原因是什么。大多数学生将自己的最佳行为归因于课堂以外的因素，如睡个好觉、吃顿不错的早餐、天气好或课前与朋友的积极经历。例如，一名高二的白人男生说："我在床的右边醒来后，就和我哥哥一起玩耍，这让我很开心。"其他参与者说，在自己课堂表现最好的那一天，课堂内的因素，如课堂奖励、老师课讲得很好、积极的学生互动，对他们影响很大。例如，一名初三的非裔美国男学生说："我表现最好的那天，我达到了五级。"

一些学生将自己的消极行为归因于课堂以外的因素，如心情不好。但大多数人将自己的消极行为归因于课堂因素，如老师对他们大喊大叫，没有人理解或倾听，没有得到作业上的帮助，或者消极的同伴互动。例如，一名高二的白人男生说："当我的老师对我大喊大叫时，我会生气地捶墙。"另一名高二的拉丁裔男生说："老师根本不听我说话，就好像我不存在一样。为什么我在 C 老师的课上表现得最差？因为他没有在学业上给予我帮助。"(Kendall, 2006)

三、研究发现的效度

不论选择何种形式来汇报调查发现，质性数据的汇报必须要有效度。此时，效度是指研究结果的质量，这与第 7 章中提到的定量测量的效度不同。对于质性研究而言，效度指的是研究结果的准确性和可信度（Creswell & Creswell，2018）。换句话说，调查发现可信吗？你要通过一定的策略来减少影响研究结论的信度的因素，从而提高质性研究的效度。例如，个人偏见（主观性）是一种很现实的影响因素，因为你的经历、假设、目标和信念将影响你分析、解释和呈现数据的方式。有许多策略可以提高效度，你应该在研究中应用一定的策略，把不利于效度的因素排除在外。坦率地对待自己的个人偏见，准备大量的时间和机会收集数据，通过向参与者核实以提高准确性（即成员核查），以及提供丰富的深度描述都是可靠的策略（Creswell, 2013）。一种常用的提高有效性的方法是三角测量。三角测量是指"在同一现象的研究中，组合使用多种研究方法"（Denzin, 1978, P.291，转引自 Onwuegbuzie, 2002）。数据三角测量是三角测量的一种，指使用多种数据收集方法来研究一种现象。不同方法之间可以起到"检验"作用，以支持单一结论或从不同角度提供新信息（Maxwell，2013）。例如，研究人员可以使用观察、访谈和书面文件等多种数据收集方法。重点不是组合数据，而是找到数据之间的交集、冲突或联系。通过此种方法，研究人员可确认、质疑或证实从数据中得来的发现，并对研究有一个整体了解。

四、混合方法数据

对于混合研究，研究者会收集定量和质性数据。因此，研究者将根据具体的混合方法、研究设计和研究问题来确认数据分析步骤。例如，在一些采用混合方法的设计中，由于数据收集要在不同阶段进行，因此定量和质性数据需要单独分析，两者对应着不同的研究问题。在融合式设计中，定量数据和质性数据可以合并到一起进行数据分析，数据结果将统一汇报。与分开的定量和质性结果相比，这种整合可以更好地帮助读者理解研究问题（Creswell & Plano Clark，2018）。

〰 本章小结 〰

第四章是论文的重要部分，要向读者报告研究的主要结果和发现。第四章也可能是最让人有成就感的一章，因为在历经几个月的数据收集和数据分析之后，你终于可以分享所有发现了。无论报告的是定量数据、质性数据还是两种数据的结合，你的描述都要尽可能地详细和全面。这将提高结果的效度、质量、普遍性及可转移性。这一章为最后的讨论和结论（论文的第五章）奠定了基础，本书下一章会讲到第五章的写法。以下是本章的要点。

- 根据研究问题和设计，选择叙述、数字、表格和／或图形格式呈现结果，或整合以上所有形式。
- 报告结果之前，请确保已经对所有数据进行了分组和分析。

● 描述统计中，平均值、中位数和众数等集中趋势的度量会告诉你分布中的"平均"数。

● 可变性测量，如极差或标准差能够说明数据在分布中的接近或分散程度。

● 推论统计根据样本组数据推测总体情况。

● 在实验研究中，显著性检验被用来确定观察到的群体或条件之间的平均差是代表真正的差异还是出于偶然。

● 零假设 H_0 代表"偶然性"理论，即观察到的所有差异都具有偶然性，研究处理对因变量没有显著影响。

● 报告叙述性数据发现的方法之一是围绕数据分析过程中出现的主要主题和模式来进行。

● 报告叙述性发现的另一种方法是围绕研究问题，研究者从每个数据收集工具出发回答研究问题。

● 有几种方法可以提高质性研究的效度，比如，正视自己的偏见，留有充足的收集数据的时间和机会，向参与者确认数据，提供深度描述，以及应用数据三角测量法。

≋ 学习材料 ≋

一、常见问题和实用解决方案

在论文的第四章，学生常遇到的一个问题是存在大量需要报告的结果。学生的困惑在于"我如何理解这些数据？"如果是定量数据，最好分块报告结果。首先，看一下总的数据，然后检查数据，看看用哪种方法组织数据最合适（通常按测量仪器或研究问题组织）。其次，选择描述统计或推论统计来报告数据，抑或用图表等形式直观展示数据。如果不理解数据分析结果，一定要寻求导师的帮助。最后，报告某一个测量仪器或研究问题的结果。完成以上工作后，先请导师审阅上述内容，再开始新的写作。

另一个常见问题是如何在质性数据中寻找主要主题和模式。尽管主要主题和模式确实来自数据，但有时它们并不明显。学生会想："我如何将所有数据联系在一起？"对特定主题的数据进行编码之后，你需要退后一步，从更宽泛的视野审视数据。有时，你必须将数据重新编码到更大的类别中。使用多种醒目的颜色来编码或对"相似的数据"进行剪切和分组，有助于找到主要主题和模式。同时，也可以借助计算机软件程序来进行数据分析。还有一个特别提醒：你要牢记研究目的和研究问题。把上述内容作为指导原则，就不会在大量的数据中迷失写作方向。

二、思考／讨论问题

在第四章进行数据汇报时，需要知道组织结果的不同方式之间存在一定的差异。要根据数据类型选择合适的组织方式，呈现有意义的研究结果。有些人可能想确认或者证实研究结果，合适的组织方式将有助于他人复刻结果。以下思考／讨论问题有助于你进行数据汇报。

选择一种数据收集中使用过的定量测量工具，并讨论你将使用哪种类型的数据统计来报告结果。你会用描述统计还是推论统计来分析数据？你将报告哪些测量集中趋势和可变性的方法？你的研究是否需要独立样本 t 检验、配对样本 t 检验或其他统计检验？

选择一种你在数据收集中使用过的质性测量工具，然后讨论你打算如何分析叙述性数据。你打算使用软件程序吗？如果是，选择哪种软件程序？"深度描述"的定义是什么？你可以在深度描述中提供哪些信息来提高效度，请举例说明。

三、练习

下面的练习将有助于你第四章的写作。练习一是计算给定数据集的描述统计信息。练习二是确定用于报告数据的推论统计。练习三是报告你用来收集数据的测量仪器所带来的发现。

练习一：练习使用你所掌握的描述统计知识。

一名研究人员研究了一门在线课程的效果，该课程教授护理专业学生如何计算重症监护病人需要的药物剂量。学生被随机分为两组：在线课程组（A组）和有指导老师的传统课程组（B组）。以下数据集代表两组学生在药物剂量计算后测中的分数。与搭档一起确定每组数字的描述统计数据。

A组: 3　　　4　　　4　　　9　　　1　　　15
B组: 3　　17　　12　　4　　　3　　　3

- A组和B组的众数分别是多少？
- A组和B组的中位数分别是多少？
- A组和B组的平均数分别是多少？
- A组和B组的极差分别是多少？
- 哪一组的标准差更大？
- 以APA格式报告每组的结果。

练习二：运用你所掌握的推论统计知识。

现在研究人员想知道，两组是否在统计学上存在显著的平均差。找一个搭档，根据练习一的数据一起确定推论统计。

- 研究人员应该使用哪种显著性检验来分析平均差异？
- 为本研究写一个零假设。
- 研究人员应将显著性（α）水平设定在什么水平？这意味着什么？
- 如果 t 的值为 4.52，概率值为 0.03，研究者是否应保留零假设？
- 对于在线课程，研究人员的最终结论是什么？
- 以APA格式报告结果。

练习三：关注研究过程中使用测量仪器产生的数据。

- 选择一种收集数据的测量工具，如测试、调查、访谈问题等。

- 选择最佳的数据报告方式。如果收集的是数值数据，请决定是报告描述统计还是推论统计。如果收集了非数值数据，请决定是报告整个数据集的主要主题（或模式），还是将特定内容与相应的研究问题联系起来。

- 准备一份报告结果的草稿，在处理其他数据之前，请搭档或导师审阅草稿。

四、推荐阅读

- Ali, Z., & Bhaskar, S. B. (2016). Basic statistical tools in research and data analysis. *Indian Journal of Anaesthesia*, 60(9), 662–669. Retrieved from http://doi .org/10.4103/0019–5049.190623

- Bazeley, P. (2011). Integrative analysis strategies for mixed data sources. *American Behavioral Scientist*, 56, 814–828. Retrieved from https://doi. org/10.1177/ 0002764211426330

- Bazeley, P. (2013). *Qualitative data analysis: Practical strategies*. London, UK: Sage.

- Creswell, J. W., & Plano Clark, V. L. (2018). *Designing and conducting mixed methods research* (3rd ed.). Thousand Oaks, CA: Sage.

- Denzin, N. K., & Lincoln, Y. S. (2018). *The SAGE handbook of qualitative research* (5th ed.). Thousand Oaks, CA: Sage.

- Guetterman, T. C., Fetters, M. D., & Creswell, J. W. (2015). Integrating quantitative and qualitative results in health science mixed methods research through joint displays. *Annals of Family Medicine*, 13(6), 554‑561. doi:10.1370/afm.1865.

- Moseholm, E., Rydahl–Hansen, S., Lindhardt, B. O., & Fetters, M. D. (2016). Health–related quality of life in patients with serious non–specific symptoms undergoing evaluation for possible cancer and their experience during the process: A mixed methods study. *Quality of Life Research*, 1−14. doi:10.1007/ s11136−016−1423−2.

- Teddlie, C., & Tashakkori, A. (2009). *Foundations of mixed methods research: Integrating quantitative and qualitative approaches in the social and behavioral sciences*. Thousand Oaks, CA: Sage.

五、网站链接

- Atlas.ti https://atlasti.com/qualitative−data−analysis−software/

- https://atlasti.com/quantitative−software/

- MAXQDA https://www.maxqda.com/

- MSU Library https://libguides.lib.msu.edu/c.php?g=96626&p= 626739

- NVivo https://www.qsrinternational.com/nvivo/home

- OxfordLipGuides https://ox.libguides.com/c.php?g=422947&p= 2888387

- QDA Miner https://provalisresearch.com/products/qualitative−data−analysis−software/freeware/

- References https://www.basketball−reference.com/players/c/curryst01.html

- Reporting Statistics in APA Style http://www.ilstu.edu/~jhkahn/apastats.html

- Reporting Statistics in APA Style: A Short Guide to Handling Numbers and Statistics in APA Format http://my.ilstu.edu/~mshesso/apa_stats.htm

- SPSS https://www.ibm.com/analytics/spss−statistics−software, https://www.spss−tutorials.com/spss−data−analysis/

- Top 16 Qualitative Data Analysis Software https://www.predictiveanalyticstoday.com/top−qualitative−data−analysis−software/

- Top 52 Free Statistical Software https://www.predictiveanalyticstoday.com/top−free−statistical−software/

- Using SPSS to Understand Research and Data Analysis http://wwwstage.valpo.edu/other/dabook/home

第9章

如何撰写学位论文的第五章"讨论"

不要说"我找到了真理",而应该说"我找到了一条真理"。

——哈利勒·纪伯伦（Kahlil Gibran）

如果你已经完成了第四章，准备撰写第五章，这意味着你已经报告了所有的研究结果和发现，这简直太棒了！开展研究并撰写硕士学位论文就像跑马拉松。现在你已经知道开展一项研究需要做哪些工作，有时会感觉非常乏味（但也有成就感）。此外，你还了解了整个研究过程所涉及的科研伦理。第五章是论文的最后一章。就像马拉松最后的 6.2 英里一样，这一章大概是最难写的一章。第五章需要用不同于前几章的方式再次思考你的研究。你需要综合运用各种研究方法，以及思维与阐释技巧。有时读者会在读完第一章后跳到第五章，直接看结论。因此，研究者需要阐明已经掌握的知识以及你在本研究中学到的知识。

本章将重点介绍如何撰写论文的"讨论"章节。第五章是硕士学位论文的重要组成部分。在这一章你将对前一章中报告的研究结果做出最终解释，这比撰写一般性的研究总结更为复杂。撰写本章时，需要对研究结果进行解释，并向读者阐明研究结果带来哪些启示。撰写第五章之前，要问问自己："这些研究发现到底意味着什么？它们如何帮助我理解研究问题？"请记住，开展研究的最终目的不是收集数据和报告研究结果。相反，我们的目标是确定研究问题（它们反映了个人和专业兴趣），寻求解决方案，并在此过程中加深对特定现象的理解。别忘了，你的读者与你一样关注研究问题。

撰写本章时，请牢记你的目标读者是谁。谁将阅读你的学位论文？是你的论文委员会和家庭成员吗？你会向更多的教师和学生展示论文吗？你是否要在当地或全国性会议上展示论文，并准备在同行评审的期刊上发表？根据你的目标读者，你可能需要调整或添加本章的某些部分，使其更有意义和更易理解。比如，如果在一个小组或会议上做报告，那么你需要了解报告的要求，以此来组织论文小节。如果计划发表论文，那么你需要现在就明确目标期刊的用稿标准，安排论文行文，使其符合要求。现在就按要求撰写，便省去了将来回头修改的诸多麻烦。

≋≋ 第1节　写作前的准备 ≋≋

开始写作之前，需要完成几项任务。首先，确保所有的结果和发现均在第四章清楚列出，这有助于加快写作进程，可以按照第四章的组织结构来写作。待所有研究结果都确定后，需要与你的导师约个时间讨论这些研究结果。虽然之前已经跟导师汇报了研究结果，但需要与导师再讨论一次，以确定如何解释研究结果，并得出结论。除了你自己（以及一些朋友或合作伙伴），导师是最熟悉你的研究项目的人，他能提出启发性的问题，引导你就研究结果做出解释，并得出结论。不妨把这一过程视为友好的"思维碰撞"。不过，在与导师会面之前，请先回顾第四章，并在脑海中列出你认为的重要的发现。

≋≋ 第2节　论文第五章的组成部分 ≋≋

一旦与导师会面并讨论确定了对研究结果的最终解释，就可以开始撰写第五章了。第五章需要在论文中另起一页，包括五个小节：①引言；②研究结果的讨论；③研究的局限性；④对未来研究的建议；⑤结论（第五章主要小节见图9-1）。开始写作之前，需要征求导师关于如何组织第五章的意见。还记得文献综述的结构吗？第五章的小节安排与单个研究论文的综述非常相似。虽然各个小节是单独撰写的，但它们之间相互关联，共同构成对研究的讨论。如果把撰写硕士学位论文比作讲述你的研究的"故事"，那么第五章就是故事的结尾。正如大多数故事一样，结尾通常包含"经验教训"。为了指导你撰写第五章，我将首先讨论如何撰写每一小节的总体内容。然后，我将提供写作示例，这些示例改编自之前学生的硕士学位论文。

图9-1 第五章"讨论"的各个部分

一、引言

与论文其他各章一样，本章以引言开始（本节通常不再另设分级标题）。在引言中，要使用过渡段，以实现本章与前一章的紧密连接。引言应包括对研究问题的概括性陈述（类似于对论文第一章提出问题的回顾），然后对研究目的和设计再次进行阐述。引言应简明扼要。

以下是引言一节的示例，改编自一位之前学生的硕士学位论文。

患有阿斯伯格综合征（AS）的学生通常会在阅读理解方面遇到困难。这些学生往往词汇量较大、解码能力较强，但阅读理解能力低下（Gillberg, 1991）。这一挑战以及人们对标准化测试的日益重视给教育工作者带来了压力，他们需要为患有AS的学生制定策略，以培养其阅读理解能力。

各种研究试图找出造成这种阅读理解缺陷的原因。一种理论认为，患有AS的学生在阅读时很难产生格式塔意象（Bell, 1991）。研究还表明，阅读理解能力可能与学习动机存在联系。由于患有AS的学生往往只对一两个主题感兴趣，因此他们不太可能有动力去阅读自己兴趣之外的内容。这也可能是他们阅读理解能力较低的原因。

本定量研究的目的是借助图文兼具的图画小说提高患AS的学生的阅读理解能力。研究人员还试图确定学生的阅读动机是否受到阅读图画小说的影响（Gomes, 2008）。

二、讨论

　　第五章的第二节是讨论（这一节通常没有分级标题）。组织该节的一种方法是使用三种平行策略。按照第四章中研究结果出现的顺序写出对应的讨论。例如，如果你在第四章报告了各种测量工具的定量数据，那么对每种测量工具的讨论将作为第五章的一个小节（第四章和第五章使用的平行梯子策略见图9-2）。同样，如果你按主题报告了质性数据，那么将每个主题的讨论作为第五章的一个小节。最后，如果按研究问题展示质性方法或混合方法的数据，则可以将每个研究问题的讨论作为第五章的一个小节。

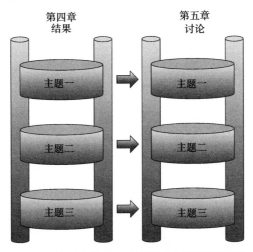

图9-2　第四章和第五章使用的平行梯子策略

　　每个小节的讨论包括对研究结果的概述和简要解释。这一节的写作有点难度，因为前四章要求尽量减少对研究结果的个人解释。我收到的这一节的初稿通常与第四章的内容非常相像，因为学生觉得他们没有新的内容可以补充，也没有权限讨论他们对结果的解释。请记住，你已经在第四章报告了研究结果，在此无须逐字逐句地重复这些信息。只需要对主要研究结果做简要总结，这有助于回答研究问题。

简要总结主要结果之后，需对结果进行解释。在这一过程中，要问自己："研究中的哪些因素可能促成或影响了这些结果？"这就是解释，但解释不是单纯猜测。相反，解释一定要基于先前的研究。作为主要研究者，你比其他人掌握了更多的研究信息，因为你在研究现场花费了大量时间和精力与参与者进行互动或观察他们。因此，你的解释有助于对研究结果的理解或为结果提供不同视角。由于这些解释仍被视为个人解释，因此请注意不要使用"A 是 B 的直接原因"等语气强烈或意旨明确的语句，而应使用"A 可能与 B 有关"或"A 可能是 B 的结果"等表意温和的形式。此外，请提供本研究或以往研究的数据，以支持你对结果的解释。

例如，在一项定量数学干预研究中，研究结果表明，实验前测和后测的平均分之间没有显著差异（这将是"讨论"一节的主要内容）。这可能是某些干预出了问题，也许干预的某些部分对测量工具不敏感，也许干预措施没有得到完全实施。此外，也会存在一些研究者无法控制的因素（如天气状况、学校停课、生病、缺勤等）。通常情况下，研究者会在解释部分对积极的结果进行解释。也许一些干预措施能够吸引和激励参与者，从而提高他们的数学成绩，但遗憾的是，这只是干预措施的一小部分。通过提供更多的研究信息，你为读者提供了研究背景，帮助他们更好地理解和解释研究结果。但需要确保本研究或先前研究的数据能够支持这些解释。对此，你在研究期间所做的田野笔记、日记或日志会有所助益。

以下是定量研究中讨论一节的示例，摘自之前学生的硕士学位论文。

同伴介入教学（The Teaching Each other About Meaning，TEAM）干预旨在评估同伴介入对不同阅读水平、患有情绪障碍的小学生阅读理解能力的影响。虽然这些学生按年龄属于三到七年级，但他们的阅读水平大致相当于一二年级的水平。实施同伴介入教学干预后，经修订版伍德科克阅读能力测验（WRMT-R）检测，学生们的阅读理解技能取得明显进步。

对比前测和后测的数据可以发现，年级当量（grade equivalency）和百分位数排名的平均增幅有了显著提高，而标准分数的平均增幅并不显著。在 TEAM 干预过程中，研究人员为学生朗读了有趣的、不同年级水平的段落、文章和故事。然后在协作式策略阅读（Collaborative Strategic Reading, CSR）中，要求学生从之前读过的文本中提取信息，以便他们掌握各种阅读技能。在学习日志上记录这些信息可能有助于他们学习和记忆新单词。然而，实施干预措施需要三个月时间，因此很难确定基本技能测验中取得进步的原因，这或许是因为干预措施，也或许是因为在干预期间增加了语言教学。

在阅读理解测验中，7 名学生中有 4 名在阅读理解上的年级当量、百分位数排名和标准分数方面均有明显提高。这可能与协作式阅读的任务有关。"预习"任务不仅使学生对课文产生了兴趣，还让他们将课文与以前所学的知识联系起来。"细节阅读"任务可帮助学生分析陌生单词的含义。"了解大意"任务可帮助学生确定阅读内容的主旨。然而，阅读理解所有题型对应的年级当量、百分位数排名和标准分数在统计数字上均无显著结果。这可能是因为修订版伍德科克阅读能力测验没有对协作式阅读所教授的阅读技能进行评估。此外，阅读理解测试要求学生自主阅读（而非由他人读给他们听），这对他们来说可能有一定难度，因为在同伴介入教学干预期间，此类信息都是朗读给学生听的（Hess, 2008）。

以下是质性研究主题中讨论一节的示例，摘自之前学生的硕士学位论文。

引发负面影响的主要交际因素是同伴之间的"贬低"和"打闹"。根据观察，"贬低"和"打闹"最初都是不含恶意的嬉闹举动。然而，它们可能引发学生之间的口角和肢体冲突。例如，两名九年级的非裔美国男生被观察到在相互贬低和嬉笑，后来一方说了侮辱另一方母亲的脏话，于是受辱的学生站了起来，开始挥舞拳头，威胁要打施辱方。另一个例子中，两名非裔美国男生（一名九年级，一名十一年级）被发现在打闹。另一名旁观的非裔美国女生（十二年级）开始大笑，并对十一年级的学生说："他刚刚摸你了！"随后十一年级的学生开始对九年级的学生动粗，之后事态升级，这两名学生被强行分开。

使用清晰的语言、帮助学生完成任务以及一对一的互动这类交际因素能够促进有效沟通，原因可能在于它们使交流更加明确。与模棱两可或消极的情感语言相比，清晰的沟通和直接的指导更能促进学生的积极行为。例如，心理学家在一对一的情况下对学生进行评估时，从未发现学生存在行为方面的问题。此外，在本研究数据收集过程的一对一访谈中，对学生发出明确的指示时，他们没有做出负面行为。相反，当该班学生吃完午饭回到教室时，给5位学生中的2位布置了作业。没有作业任务的3位学生便开始相互辱骂和嬉闹，而收到作业任务的2位学生在5分钟后停止写作业，开始观看其他3位学生相互辱骂和嬉闹（Kendall，2006）。

三、局限性

第三节是局限性（该节通常有一个分级标题）。在这一节，你将讨论研究的局限性和不足之处。在第一章有一节是关于局限性的，但此处的局限性是基于当前的研究。现在你已经完成了这项研究，知道了研究过程中出现的一些局限性。请记住，所有的研究都存在局限性或不足之处。随着研究经验的积累，你会找到减少局限性的方法，但永远无法完全摆脱它们。因此，存在局限性或不足并不意味着研究做得不好，而是意味着在研究中无法控制所有的变量。无法控制的变量即为局限性。处理研究中的局限性和不足的最佳方法是坦诚面对。隐瞒、谎报或不报告局限性是学术不端的表现。

讨论研究的局限性有几个好处。首先，你可以从中学习并获益。准备撰写该节时可以自问:"如果让我重新做一次研究,我会采取哪些不同的做法?"回答可能包括改变抽样计划、调整测量工具、使用不同材料、改进时间安排、做更详细的笔记、增加或减少研究地点、提出不同的问题等。通过反思如何改进研究方法,你会有所成长,并确保下一次研究中不会犯同样的错误!这还有助于你成为研究文献的"批判性消费者",因为你由此开始注意到其他研究中类似的局限性或不足。

讨论研究的局限性的另一个益处是其他研究人员可以从中获益。通过分享"该做什么"和"不该做什么",此后的研究人员可以在开展研究前对其研究进行调整和完善,以纠正此类局限性。例如,对于定量研究,也许下一位研究人员应该计划更长的干预期;对于质性研究,也许下一位研究人员应该留出更多时间,减少访谈问题,以便从参与者那里获得更为深入的回答。

此外,这些局限性也有助于为令人失望或出乎意料的结果提供可能的解释。例如,可能许多学生在干预期间意外缺席或退学,或者存在干扰教学的严重行为问题。也许存在过多与天气有关的问题,影响了数据收集(我就遇到过这种情况!)。这些都是可能影响研究结果的局限性。但是,不要将局限性一节作为开展不符合科研伦理或低质量研究的理由或借口。指责参与者或掩盖不想要的结果是不容许的。

最后,在描述研究的局限性时,只列出它们是不够的。写作局限性一节的目的在于让读者对局限性的影响做出判断。因此,你需要解释有哪些局限性以及它们为何成为局限性。换句话说,局限性如何影响结果的有效性?请记住,有效性有很多种,质性研究存在结果的有效性或可信度,定量研究存在内部有效性(研究内部的变量)和外部有效性(研究外部的适用性)。当读者根据结果进行推断时,可将局限性视为一种警示。

以下是局限性一节的示例,摘自之前学生的硕士学位论文。

虽然同伴介入教学干预帮助学生提高了推理性阅读理解能力和社

交能力，但这项研究也存在一些局限性。第一个局限性与样本和样本量有关。样本量非常小——在干预开始时，非公立学校的独立教室里只有 10 名学生。在研究期间，有 3 名学生因极端行为而被学校开除。第二个局限性是：这些学生之所以被安置到这所学校，通常是因为他们无法正常在公立学校学习。这些学生都被诊断为患有情绪障碍（Emotional Disturbance，简称 ED），但有些学生被诊断为双重学习障碍或轻度智力迟钝，而另一些学生在学习方面问题很小。因此，这两个局限性都会影响到外部有效性，使研究结果难以推广到特殊教育环境中的其他学习障碍学生。

其他局限性与干预措施的实施有关。首先是日程安排。通常每周只有两次课，因此课与课之间的间隔时间很长，学生可能无法在课间休息时记住所学内容。此外，一些患有情绪障碍的学生几次在课上表现出极端行为，如捣乱、发脾气和发病，这导致一些学生需要在工作人员的护送下离开教室。这也意味着在课堂上监督和协助同伴辅导小组的工作人员减少了。而且，由于参与者大发脾气、因治疗疗程而退出，或者课堂中断等行为问题，研究人员无法在整个项目中保持学生团队不变。因此，合作伙伴是定期重新分配的。上述局限性影响了结果的内部有效性——如果在更紧凑的时间内安排更多的课程，保持团队伙伴不变，并确保有适当数量的工作人员在场，那么结果可能会更准确地反映干预措施的影响（Hess, 2008）。

四、对未来研究的建议

第四节是对未来研究的建议（本节通常有一个分级标题）。撰写该节有以下几种方法。首先，你可以将对未来研究的建议与局限性一节中发现的问题联系起来。换言之，下一位研究人员应该改变哪些程序？所提建议应该基于前面提及的研究的不足之处。例如，你可能会建议增加一种测量工具，这将有助于下一位研究者修改和完善其研究。另一个方法是就如何继续或扩大研究提出建议。请记住，你的研究是对现有研究的补充，因此你的建议应基于先前的研究。也就是说，接下来该如何扩展研究结果？这将有助于下一位研究人员找出文献中仍然存在的空白。例如，你可能会建议在不同的样本组（如成人或更加多样化的样本）中实施干预。通过提出这两类建议，你将为本领域做出重大贡献。

以下是对未来研究的建议一节的示例，摘自之前学生的硕士学位论文。

依据研究结果，本文对今后的研究提出以下几条建议。首先，在实施修订的"学生选择疗法"（Student Choice treatment）时，应当尽量减少或消除本研究提及的局限性。为了提高或验证数据收集的准确性，可以使用评分者间信度来交叉核对任务外的行为次数，并验证发生这些行为的教学部分。其次，为了确定"学生选择疗法"的哪些部分对任务外行为的减少或增加影响最大，可以分别引入每个部分。再次，为了确定所表现出的非任务行为是否在超过 3 周的时间内保持稳定，应延长治疗阶段。又次，本研究没有检测学生对增加的选择决策机会的满意度和看法。未来的研究应采用学生调查或访谈法来检测学生对"学生选择疗法"的看法。最后，本研究仅测量了"学生选择疗法"对有学习障碍的学生任务外行为的影响。未来的研究可以实施该疗法，并检测其对其他学习障碍学生（如患有情感 / 行为障碍或注意力缺陷障碍的学生）的影响（Rau, 2006）。

五、结论

本章的最后一节是结论（该节通常有一个分级标题）。在本节你将根据研究结果确定至少三个重要结论。一种方法是发问。比如，"从研究中学到的三条主要经验是什么？"你的结论应当综合主要的发现。例如，一项关于网络欺凌的研究得出的主要结论之一可能是中学生的心理健康水平和中学生与监护人相处的时间呈正相关。结论中可能还包括一些意外但较为重要的发现。结论应以研究结果为基础，避免夸大或过度概括研究结果（例如，不要声称你发现了青春的奥秘）。如果需要，也可以参考以前的研究，这些研究要么证实了你的结论，要么与你的结论相矛盾。

确定主要结论后，需要讨论结论带来的启示。启示一节是关于如何将"研究应用于实践"的建议，可以采用行动、政策或程序等形式。例如，上述研究的启示之一是监护人应当在一周内抽出一段时间来陪伴中学生。这些启示至关重要，因为读者可以从中获益，从而了解如何实现这些结论。

以下是四篇硕士学位论文中结论一节的示例。每个示例都先概述了主要结论，然后就其中一个结论展开讨论，并说明启示。

示例一

由这项研究可以得出三个主要结论（Gomes, 2008）。第一个结论是使用图画小说可以提高一些患有阿斯伯格综合征（AS）的学生的阅读理解能力，因为图画小说为学生提供了视觉形象。第二个结论是对于阅读理解能力很差的学生来说，使用图画小说可能没有效果。第三个结论是阅读图画小说后，学生的阅读动机得到提高，花费在阅读上的时间有所增加，这可能会提高学生的阅读理解能力。

阅读图画小说提高了一些阅读理解能力差而解码能力强的学生的阅读理解能力。其他研究也注意到了阅读理解能力和解码能力之间的相关性，但尚未找出解码能力强的学生阅读理解能力差的根本原因。在患有阿斯伯格综合征和其他孤独症的学生所在的学校，使用图画小说可能有助于缩小高解码能力和低阅读理解能力之间的差距，使这些学生能够成功完成学校的相关学习。在更广泛的范围内，该方法对于在普通教育环境中表现出类似特征的学生也可以取得类似效果。

如果存在这种差距是因为这些学生在阅读时没有创造视觉形象，那么图画小说可以为学生提供理解文本所需的视觉化效果。虽然这不一定对所有患阿斯伯格综合征的学生都有效，但在语言艺术课上教师使用图画小说不失为一种帮助患阿斯伯格综合征的学生的策略。教师还可以考虑将视觉图像融入语言艺术以外的教学内容中。用视觉图像对应文字指示，可能有助于学生理解指示。此外，还可以用视觉图像来说明历史事件或解释科学过程，而不只依靠文字。

示例二

根据这项干预措施的结果得出了四个主要结论（Irey, 2008）。第一个结论是重复阅读是提高阅读速度的有效策略，但对于有学习障碍的学生或英语学习者来说，并不能减少错误。带有反馈的纠错虽然对提高阅读速度作用有限，但对减少错误很有效。而拟声教学（prosody instruction）似乎对提高阅读速度作用很小，对减少错误作用适中。第二个结论是干预措施成功地提高了学生的阅读理解能力。第三个结论是通过流利性教学，学生的拟声技巧（prosody skill）得到了提高。第四个结论是干预后学生的阅读态度有所改善。

本研究采用了几种提高阅读速度的策略。就提高学生的成绩而言，每种策略似乎各有优缺点。研究发现，反复阅读对阅读速度有显著影响，但对纠错没有影响。然而，可以在重复阅读中添加纠错反馈，以加强干预。增加拟声教学对阅读速度影响不大，但确实有助于减少错误的数量。

成功的教学在于教师能够根据每位学生的需求选择最合适的策略。对于错误极少但需要提高阅读速度的学生来说，实施纠错反馈所需时间和精力过多，因此并不适合。相反，阅读速度适当但出错较多的学生无法从只进行重复阅读的干预中受益。通过确定合适的策略来满足每位学生的需求，教育工作者将能够为所有学生提供充分发挥其学习潜能的机会。

示例三

根据这项研究的结果可以得出几个结论（Hess, 2008）。第一个结论是有情绪障碍的学生可以从直接的社交技能教学中获益。第二个结论是同伴介入教学是进行阅读理解教学的一种充满趣味且行之有效的方法。第三个结论是当工作人员协助团队开展活动时，有情绪障碍的学生似乎在项目中表现得更好。

本研究结果表明，明确的社交技能指导和示范有益于患有情绪障碍的学生。当通过同伴介入教学介绍一项新的社交技能时，学生会听取教师对该技能及其使用方法的解释，讨论该技能及其与他们的关系，观看并参与教师对该技能的演示，然后与同伴一起练习，并在项目中实施该技能。许多合作学习项目没有充分发挥团队合作的社交技能。患有情绪障碍的学生通常在同伴交往方面存在困难，因此他们需要明确的指导，让他们知道如何教导同伴、向同伴学习以及与同伴合作。研究结果表明，学生的行为确实因同伴介入教学而有所改善。因此，在进行同伴介入教学或合作分组之前（和期间），直接的社交技能教学有益于患有情绪障碍的学生。在课堂上进行明确的社交技能教学可以最大限度地减少破坏性行为，促使学生开展更为积极的交流。

示例四

本研究就患有情绪障碍和学习障碍的学生在课堂上有效沟通这一问题进行了探索（Kendall, 2006）。首先，本研究揭示了课堂环境中言语和非言语交流可以通过特定方式对行为产生积极或消极影响。这一发现更为重要的启示在于：对于患有情绪障碍和学习障碍的学生，通常把他们在上课期间负面行为的过错和责任归咎于学生，而不去考虑教师的语气、语言、体态以及其他交流方式是否存在问题。当然，也不能将所有冲突的根源都理所当然地归咎于教师的沟通方式。深入研究教师与特殊学生相处时所应采用的沟通方式，有助于防止教师和学生之间产生冲突和误解，而这些冲突和误解往往会导致负面行为的爆发。教师和其他教育工作者可以考虑参加相关培训，以避免与学生产生误解。

其次，参与研究的学生和教师发现，患有情绪障碍和学习障碍的学生希望在学习任务上得到更多个性化的帮助。此外，长时间的个性化帮助会对学生的行为产生积极影响。目前，在为患有情绪障碍学生开设的高中特殊教育的课堂上，教师对学生自身的关注往往多于对其学业的关注。这具有一定的合理性，因为负面行为反复出现会严重阻碍学生的学习。不过，也可以说，当学生没有得到符合其学习水平的学业指导和个性化帮助时，可能产生挫败感，出现行为失控和不能完成作业。这一发现更为重要的启示在于，需要深入地分析学生的行为。了解负面行为产生的原因可能比简单记录负面行为更有效。因此，当学生出现负面行为时，教师应考虑导致该行为的原因是什么。

完成结论一节后通常会在最后有一个结尾段。你可能在想："她不会真的希望我再写一句话吧！我还有什么可说的呢？"结尾段通常是你对整个研究的最后思考和反省。这是学位论文的最后一段话，因此应该给读者留下持久而深刻的印象。

≋ 本章小结 ≋

第五章可能是学位论文中最重要的一章，因为该章对研究的主要发现进行了解释并给出了结论。第五章也可能是最难写的章节之一，因为这一章要对研究结果进行综合，还要总结"经验教训"。在这一章，你还要为读者提供研究结果的启示或应用。在下一章，我们将讨论 APA 编排样式和其他格式问题，以帮助你完成硕士学位论文，并为打印和装订做好准备。以下是本章的要点。

- 第五章可分为五个小节：①引言；②讨论；③局限性；④对未来研究的建议；⑤结论。

- 撰写"讨论"一节的方法是使用三个平行梯子策略，并按照第四章的报告顺序撰写结果讨论。

- 对结果的解释应有助于加深对结果的理解，或者为理解研究结果提供一种不同的视角。

- 所有研究都存在局限性或不足之处。具有丰富的研究经验后，你会找到减少局限性的方法，但永远无法完全摆脱局限性。

- 讨论研究的局限性有几个好处：①从自己的错误中吸取教训；②帮助其他研究人员从自己的错误中吸取教训；③为令人失望或意想不到的结果提供可能的解释。

- 说明研究的局限性时，请解释存在哪些局限性以及原因何在。

- 撰写对未来研究的建议一节的方法是将建议与局限性一节指出的问题联系起来。

- 另一种撰写对未来研究的建议的方法：在先前研究的基础上，就如何继续或扩展研究提出建议。

- 根据研究结果得出结论，且避免夸大或过度概括研究结果。

- 结论的启示是关于如何将"研究应用于实践"的建议，可以采用行动、政策或程序等形式。

〜〜 学习材料 〜〜

一、常见问题和实用解决方案

学生在撰写第五章时常遇到的困难是解释研究结果。学生脑海中经常浮现的问题是"这到底意味着什么？"克服这一困难的最佳方法是回顾你的笔记。（我希望你一直保持着更新！）这些笔记将提醒你在研究过程中使用了哪些程序，并可能记录不正常或意外的情况。此外，一定要与你的导师会面。你一直致力于叙述研究细节，可能有时候未将它们与研究问题和研究目的联系起来。与你的导师或熟悉你研究的人交谈，将有助于你建立这些联系。

学生常碰到的另一个困难是找到研究的主要结论。虽然你已经概述了主要发现和解释，但有时主要结论并不明显。这时你脑海中可能浮现的问题是："本研究更大的教训是什么？"有一点要始终牢记，那就是研究的初衷和研究问题——归根结底,你是否找到了问题的答案?研究结论可能与研究问题或研究重点有关。不过有时候主要结论可能是你意外发现的。这些意料之外的结论有时甚至比证实先前的研究假设更重要,因为它们拓展了你对研究课题的认知,使之超出了先前的预期和研究文献所涉及的内容。

二、思考 / 讨论问题

在第五章讨论研究结果时,了解叙述结果与解释结果之间的区别非常重要。以下思考 / 讨论问题将有助于你完成讨论过程。

定量研究、质性研究或混合研究中可能存在哪些不同类型的局限性和不足?举例说明你的研究中可能存在的局限性。讨论这些局限性如何影响了结果的内部 / 外部有效性或质量。

根据研究结果做出的解释、结论和启示之间有什么区别?三者各举一例,并讨论它们之间的关系。

三、练习

以下练习旨在帮助你撰写第五章。练习一要求列出第五章前四个小节的提纲,并安排各小节的内容。练习二要求撰写"结论"一节的提纲。

练习一:练习重点在于第四章所报告的结果或发现。

● 根据你的研究设计,列出第五章三个小节(如讨论、局限性和建议)的提纲。

● 对于每一小节,至少写出三个要点(不必是完整的句子),说明你将如何回答以下问题。

(1)总结主要发现。围绕这些发现可以做出什么解释?

(2)有哪些局限性?这些局限性如何影响研究结果的内部 / 外部有效性或质量?

(3)你对未来的研究有何建议?

- 撰写每一节之前，与导师会面讨论要点。

练习二：练习重点在于对主要研究发现进行综合。

- 在综合主要研究发现的基础上，写出结论（一段）。

- 写出结论的一个启示（一段）。

- 与导师会面，讨论第一个研究结论和启示，接下来讨论其他两个研究结论启示。

四、推荐阅读

- American Educational Research Association. (n.d.). Standards for reporting empirical social science research in AERA publications. Retrieved from http://journals.sagepub .com/doi/abs/10.3102/0013189X035006033

- Denzin, N. K., & Lincoln, Y. S. (2018). *The SAGE handbook of qualitative research* (5th ed.). Thousand Oaks, CA: Sage.

- Plano Clark, V. L., & Creswell, J. W. (2008). *The mixed methods reader. Thousand Oaks*, CA: Sage.

- Şanlı, Ö., Erdem, S., & Tefik, T. (2013). How to write a discussion section? *Turkish Journal of Urology*, 39(Suppl. 1), 20−24. Retrieved from http://doi.org/10.5152/ tud.2013.049

五、网站链接

- American Psychological Association (Discussing Your Findings) http://www.apa.org/gradpsych/2006/01/findings.aspx

- Free Management Library: Analyzing, Interpreting and Reporting Basic Research Results http://managementhelp.org/businessresearch/analysis. htm

- USC Research Guides: The Discussion https://libguides.usc.edu/ writingguide/discussion

第10章

学位论文的收尾工作

小说写作有三大法则，可惜没人知道它们是什么！

——威廉·萨默塞特·毛姆（W.Somerset Maugham）

衷心祝贺你完成了硕士学位论文！你应该为自己感到自豪。现在你已经完成了大部分工作，将集中精力做最后的润色和收尾工作！是的，你背部的每块肌肉和关节都因为久坐而疼痛，指尖也因为打字而起了水泡。你的视线模糊，因长时间盯着电脑屏幕而头昏脑涨。但是，等等！你听到了什么声音？不，那不是你脑海中的声音，那是你所爱之人在一旁为你加油的呼喊声！事实上，如果你擦掉汗水，就能看到终点线了！现在不是放慢脚步的时候，而是需要重整旗鼓，完成最后一段赛程。这可能需要一些时间，所以请保持良好的势头，因为终点线处你所爱之人在等着你！

本章采用《美国心理学会出版手册》[*Publication Manual of the American Psychological Association*（APA，2010）] 第六版的论文格式。如前所述，APA 格式常用于社会科学的写作，如教育学、心理学、社会学、商学、经济学、护理学和社会工作等。美国心理学会出版的所有图书和期刊都采用了 APA 格式。另两种常见的样式是现代语言协会（MLA）格式和芝加哥大学格式。请咨询你所在机构或院系，了解你的论文需要使用哪种格式。通常情况下，研究生院或你所在院系提供的文件中会包含对论文格式的要求。请务必记得跟导师确认你使用的论文格式是否正确。

对于 APA 等特定样式，出版商除了关注写作样式外，还关注编辑样式，包括分级标题、引文、参考文献、表格、数字、统计资料等的规则和指南。通过遵循特定样式，出版商可以确保印刷材料的统一性（就像一种通用语言）。这种通用语言不仅对出版商很重要，对高等教育机构也十分重要。请记住，具体样式会发生改变，更改的内容会通过 APA 手册修订版或增补版发布（请检查以确保你使用的是最新版本）。更新的内容和电子资源也会发布到 APA 网站①。

APA 手册的信息量相当大，乍一看会让人眼花缭乱。但其实，其中很多内容可能并不适用于硕士学位论文。因此，在本章我只讨论与学位论文有关的内容。你所在学科可能有一些独特的格式要求，具体问题需

---

① 参见http://apastyle.apa.org。

要参考 APA 手册。在本章末尾，我还就 APA 手册中没有的、我认为对硕士学位论文有用的其他格式问题提出一些建议。

≋ 第1节　怎样编排论文的格式 ≋

调整论文格式的过程中有几项任务需要完成。首先，确保你知道文中所有引用资料的来源，或者知道在哪里可以找到它们（我们将在后面讨论如何设置引文和参考文献的格式）。如果整个写作过程中你没有记录资料来源，或者没有使用参考文献管理软件，那么这往往要花费很多精力。其次，确保所有数据都使用了易于阅读的格式，编制表格和图表时需要这些数据。再次，确保第一章至第五章所有的文字都经过了编辑。由于将在现有文件的基础上编制目录，因此你要在定稿后确定适当的分级标题和页码。最后，准备好所有使用过的材料和测量工具的空白复印件，包括同意书、干预材料、调查表、测试、访谈问题、观察方案等（样本参见本书附录 A 和附录 B）。这些内容将作为论文的附录。提前完成这些准备工作将减轻格式编排的压力，并加快其进程。

≋ 第2节　APA格式简介 ≋

完成所有必要的准备工作后，你就可以按照 APA 格式进行最后的编辑工作了。强烈建议你准备一本最新的 APA 手册（或电子版）。该手册有200 多页的规则、指南和示例，不建议你将手册从头到尾读一遍（除非你失眠）。这是一个很好的工具，你可以参考它来了解特定格式要求。第六版 APA 手册分为八章。第一章主要介绍不同类型的文章和出版的科研伦理要求。第二章和第八章主要介绍学术期刊的稿件编辑和出版流程。如果准备向所在领域的期刊投稿，强烈建议你阅读这两章。第三章和第四章侧重于写作风格，如文体、语法和技巧。我不太关注这两章（除了其中关于 APA 标题样式的内容），但我建议你阅读这两章，因为其中有一些非常有用的写作策略、语言用法以及语法示例。第三章还就如何减少写作中的失误提出了建议。APA 手册的第五章和第六章侧重于编辑样式方面，如表格、数字、引文和参考文献的格式。第七章中有大量参考文献示例。

本章我将重点介绍 APA 手册中关于具体编辑样式的章节，并简要讨论以下内容的格式，因为这些内容与硕士学位论文最为相关，也常常让学生感到困惑：①标题；②引言；③参考文献；④表格；⑤图表。由于本书第八章（参见 APA 手册第四章）已介绍了统计数据，因此在此不再赘述。在讲解过程中，我将首先讨论 APA 格式的一般规则，然后举例说明。本章末尾还列出了许多资源，以帮助你应用 APA 格式。

除了 APA 格式，本章还介绍了学位论文正文之前和之后部分所采用的格式。这些部分不一定采用 APA 格式，包括附录和我称之为前页（front pages）的一节。前页包括标题、签名页、致谢、摘要、目录表以及图表清单。请咨询你的导师或所在院系，了解关于附录和前页的格式要求。

一、标题分级

APA 格式要求论文中对标题进行分级。这就像解魔方一样，刚开始很难，但一旦熟练掌握，就会得心应手。标题分级是指章节的等级，意在告知读者每个小节的重要性，以及它们属于主要小节还是子小节，同等重要的小节使用相同的标题级别，而子小节则不然。第六版 APA 手册简化了标题的样式，使得标题级别的确定和格式的统一更为容易。

APA 格式中，标题分为五级（见图 10-1）。请记住，分级标题数与标题位于第几级不同，区别在于分级标题数是指你使用了几级标题（最多可以使用五级），标题位于第几级意指标题的特定位置。五级标题包括第一、二、三、四、五级标题。请注意，图 10-1 中的标题级别按照数字顺序排列，最高级标题是一级，然后是二级，以此类推。确定论文需要几级标题的一个好方法是查看论文提纲。每章有多少个小节和子小节？

较大的节是否需要划分成几个子小节？

(Level 1)	Centered，Boldface，Uppercase and Lowercase Heading.
(Level 2)	Flush left，Boldface，Uppercase and Lowercase Heading.
(Level 3)	Indented，boldface，lowercase paragraph ending with a period.
(Level 4)	Indented，boldface，italicized lowercase paragraph ending with a period.
(Level 5)	Indented，italicized，lowercase paragraph heading ending with a period.

图10-1　APA格式中的五级标题[①]

图10-2展示了示例论文第一章所包含的五级标题。按照级别递减顺序阅读时，每一级都是上一级的子标题（即二级标题是一级标题的子标题，三级是二级的子标题）。请注意，尽管第三、四和五级标题以句号结束，但标题不一定是完整的句子。使用多级标题时，同一级标题下可以根据需要安排多个子标题。

这表明各小节同等重要。例如，可以将三个四级标题作为一个三级标题的子标题。

(Level 1)	**Chapter One, Introduction**
(Level 2)	**Statement of the Problem**
(Level 3)	**Students with disabilities**
(Level 4)	***Students with learning disabilities***
(Level 5)	***Reading comprehension dificulties***

图10-2　第一章的五级标题示范[②]

图10-3是示例论文第一章包含的四级标题，在同一级标题下可以有多个子标题。请注意，三级标题"学习障碍学生"下有两个四级标题，三级标题"双语学习者"也是如此。图10-3还标出了你开始撰写文字的位置。当然，你的学位论文可能不会用到所有级别的标题——此处列出来，是为了帮助你了解不同级别标题以及它们之间的关系。

---

① 图10-1所示是英文标题格式，如果用汉语写论文需要进行适当调整。图10-1中的内容如下：
　　一级标题 居中、加粗的大小写标题。
　　二级标题 左对齐、加粗的大小写标题。
　　三级标题 以句号结尾的缩进、加粗、小写段落。
　　四级标题 以句号结尾的缩进、加粗、斜体、小写段落。
　　五级标题 以句号结尾的缩进、斜体、小写、段落标题。——译者注

② 图10-2所示是英文标题格式，如果用汉语写论文需要进行适当调整。图10-2中的内容如下：
　　一级标题　　第一章，导言
　　二级标题　　问题陈述
　　三级标题　　学习障碍学生
　　四级标题　　有学习障碍的学生
　　五级标题　　阅读理解困难——译者注

Chapter One, Introduction (Level 1)

You would indent and start writing the text on the next line. Notice how the heading is centered and boldface with upper and lowercase font (like a book title).

Statement of the Problem (Level 2)

You would indent and start writing the text on the next line. Notice how the heading is flushed left and boldface with upper and lowercase font (like a book title).

Students with disabilities (Level 3). You would start writing the text here after the period and keep wrapping around underneath the subheading like this. Notice how the heading is indented and boldface with upper and lowercase font (like at the beginning of a sentence).

Students with learning disabilities **(Level 4).** You would start writing the text here after the period and keep wrapping around underneath the subheading like this. Notice how the heading is indented, italicized, and boldface with upper and lowercase font (like at the beginning of a sentence).

Students with autism **(Level 4).** Notice how this is on the same (equal) level as the previous Level 4 heading.

Bilingual learners (Level 3). Notice how this is on the same (equal) level as the previous Level 3 heading.

Spanish-speaking bilingual learners **(Level 4).** Notice how this is on the same (equal) level as the previous Level 4 heading.

Other-language bilingual learners **(Level 4).** Notice how this is on the same (equal) level as the previous Level 4 heading.

Background and Need (Level 2)

Notice how this is on the same (equal) level as the previous Level 2 heading.

图10-3　第一章中四级标题的示例①

---

① 图10-3所示是英文标题格式，如果用汉语写论文需要进行适当调整。图10-3中的内容如下：

第一章　导言（第一级标题）

缩进并在下一行开始书写文本。注意标题为居中、加粗字体（就像书名一样）。

问题陈述（第二级标题）

缩进并在下一行开始书写文本。请注意标题为左对齐、加粗字体（就像书名一样）。

残疾学生（第三级标题）。从句号后的此处开始写起，然后像这样在副标题下面换行。注意标题为缩进、加粗字体（如句子开头）。

有学习障碍的学生（第四级标题）。从句号之后的此处开始写起，然后像这样在副标题下面换行。注意标题为缩进、斜体、加粗字体（如句子开头）。

患有孤独症的学生（第四级标题）。注意这与之前的四级标题处于同一级别。

双语学习者（第三级标题）。注意这与前面的三级标题处于同一级别。

西班牙语双语学习者（第四级标题）。注意这与前面的四级标题处于同一级别。

其他语言双语学习者（第四级标题）。注意这与前面的四级标题处于同一级别。

背景和需求（第二级标题）

注意这与之前的二级标题处于同一级别。——译者注硕士学位论文很少需要五个级别的标题，三个级别或四个级别的标题比较常见。至于使用几级标题，请咨询导师。为了使论文便于阅读，我通常建议学生使用三个级别。此外，使用三个级别的标题，你就可以使用三个平行梯子策略。例如，本章的标题为一级标题（如第一章、第二章），本章的主要小节为二级标题（如问题陈述、研究目的、程序），每个主要小节的子小节为三级标题（如问题一）。图10-4是示例论文第一章三个级别的标题。请注意，"问题陈述"和"背景和需求"小节下都有多个三级标题。这就是三个平行梯子策略的三个子小节。

Chapter One, Introduction (Level 1)

Statement of the Problem (Level 2)

Reading difficulties. (Level 3)

Math difficulties. (Level 3)

Behavioral difficulties. (Level 3)

Background and Need (Level 2)

Reading strategies. (Level 3)

Math strategies. (Level 3)

Behavioral interventions. (Level 3)

图10-4 第一章中三级标题示例①

二、学位论文中的引用

APA格式规定了如何在论文正文中引用其他资料。这一点极为重要，

---

① 图10-4所示是英文标题格式，如果用汉语写论文需要进行适当调整。图10-4中的内容如下：

第一章 引言（第一级标题）

问题陈述（第二级标题）

　　阅读学习困难。（第三级标题）

　　数学学习困难。（第三级标题）

　　行为困难。（第三级标题）

背景和需求（第二级标题）

　　阅读学习策略。（第三级标题）

　　数学学习策略。（第三级标题）

　　行为干预。（第三级标题）——译者注

原因有三：首先，读者可能想阅读源文件，他们需要准确的引文。其次，引用研究文献可以为你的论证提供支撑，增加观点的可信度。最后，应当注明引用作品的具体出处，如果你没有标明原作的出处，将被视为剽窃。这是一种非常严重的违法行为，类似于偷窃。直接引用或转述他人的文字、观点或研究成果时，必须注明出处。转述时要非常小心，因为只改变词语的顺序或替换几个词仍然被视为剽窃（请参阅有关剽窃的网站）。学术机构对任何形式的剽窃行为都是零容忍，这可能导致你无法获得学位或被取消学位（更不用说法律或金钱处罚了）。

三、直接引用

直接引用是必须引用的内容。不过，我建议尽量少用直接引用，只有在转述原作无法抓住关键信息的情况下才使用。直接引用需要标注页码，因此要有原作的纸质版或 PDF 电子版。如果从有版权保护的材料中引用了较长段落（如 500 字以上），需要获得版权持有者的许可。如果是直接引用，请将原话用引号标出，并在引文末尾的括号内写明作者姓氏、出版年份和引文所在页码。以下是一个示例。

"我之所以直接引用，是因为我无法转述"（Bui, 2020, p. 14）。

四、转述

还有一种引用是对观点、词语或研究结果进行转述。存在多种转述方法，具体取决于作者人数、作品数量、材料来源等。以下例子说明如何在文中引用不同作者或不同作品数量的材料。具体情况请参考 APA 手册或网站。

五、一部作品，一位作者

常见的引用来自一位作者的一部作品。这包括作者姓氏和出版年份。有两种格式：第一种格式适用于作者作句子主语的情况。在这种情况下，出版年份置于括号内。注意：英文中，此处的动词"认为"（argued）用过去时，表示研究已经完成。示例如下。

Bui（2020）认为，有狗为伴可以延长人的寿命。

[Bui (2020) argued that having a dog as a companion extended people's life spans.]

第二种格式适用于引用出现在句末或段末的情况。此时作者姓氏和出版年份用逗号隔开，并置于括号内。示例如下。

有狗为伴可以延长人的寿命（Bui, 2020）。

[Having a dog as a companion may extend a person's life span (Bui, 2020).]

六、一部作品，多位作者

如果一部作品有多位作者（2～5位），需要以相同方式列出他们的姓氏和出版年份。如果以作者作句子的主语，则用逗号隔开作者姓氏，并在倒数第二位作者和最后一位作者之间加上"和"（and）字，出版年份紧随其后。如果引用出现在句末，则将作者姓氏置于括号内，用逗号隔开，在倒数第二位作者和最后一位作者之间加上"&"符号，在最后一位作者后面加上逗号和出版年份。以下是两种格式的示例。

Bui 和 Meyen（2020）认为，有狗为伴可以延长人的寿命。

有狗为伴可以延长人的寿命（Bui, Rodriguez, & Meyen, 2020）。

这些作者即使不按字母顺序排列，也要按原作中的顺序排列。这一点很重要，因为作者通常按照所做贡献进行排序。如果有三、四或五位作者，为节约空间，可以（在第一个完整引文之后）在第一个作者的姓氏和出版日期之间加上"et al."（意为"等人"）缩短引文。如果一部作品有六位或六位以上作者，则使用"et al."格式。示例如下。

Bui 等人（2020）认为，有狗为伴可以延长人的寿命。

有狗为伴可以延长人的寿命（Bui et al., 2020）。

七、两部及以上作品

有时为了论证一个观点，需要引用两部及以上作品，其作者或是一位或是多位。此时可以按照作品中的署名次序排列单个作者，然后按照第一作者姓氏的字母顺序排列作品。作品之间用分号隔开。示例如下。

多项研究表明，有狗为伴可以延长人的寿命（Bui, 2020; Garcia, 2017; Meyen & Brewster, 2018; Nguyen, Edwards, Alia, & Jackson, 2019）。

注意：作品需按字母顺序排列。而一部作品的多位作者按照单独引文的方式列出。

八、参考文献列表

正文中引用的所有作品（少数特殊情况除外）都应包含在论文末尾的参考文献列表中。因此，它们必须一致！换句话说，如果正文中引用了作品，参考文献列表中就必须列出，反之亦然。此外，正文中的引文（如作者的拼写和顺序，出版年份）需要与参考文献列表中的信息完全一致。因此，要非常小心，不要遗漏任何一个参考文献。参考文献列表旨在列出引用文献的详细信息，方便读者检索。这意味着要尽可能多地提供作者、年份、标题、来源和检索位置（对于在线资源而言）等具体信息。如果参考文献具有数字对象标识符（DOI），请将其一并列出。数字对象标识符是由字母和数字组成的唯一代码，提供了文章在互联网上的位置链接。通常情况下，数字对象标识符位于文章的第一页，可以复制。如果你在网上检索期刊但没有找到数字对象标识符，那么可以列出该期刊的网址。如果网址很长，需要在下一行继续列出，不要使用连字符，且在标点符号（如斜线或句号）前分隔。在参考文献列表中列出网址后，请对其进行测试，以确保有效！列出参考文献的方法多种多样，所以APA手册的第七章（有30页！）

专门讨论了这一问题。在此无法列出每一种情况。详细信息请参阅 APA 手册。如果一直使用参考文献管理软件，那么大部分工作已经完成了！

九、顺序和格式

APA 对参考文献列表的排序和格式有严格的规定。参考文献按第一作者姓氏或作品名称（如未列出作者）的字母顺序排列。一般来说，参考文献列表遵循字母顺序（特殊情况见 APA 手册）。例如，以 A 开头的作者 / 题名应排在以 B 开头的作者 / 题名之前，依此类推。APA 手册建议期刊稿件的参考文献列表使用双倍行距，但学位论文的参考文献也可以使用单倍行距。请咨询你的导师你的学位论文到底使用哪种行距。

有一些通用的格式规则。首先，使用悬挂缩进列出每个参考文献。悬挂缩进是指参考文献的第一行与左边距对齐，同一引用的其余行缩进半英寸。这样便于阅读和查找文献，并有助于将各参考文献区分开来。其次，除了列出姓氏，还要列出作者全名中的名字和中间名的首字母（如果有的话），这有助于区分同姓作者。再次，在括号中列出出版年份，如果没有日期，则用 "n.d."（"没有日期"）表示。最后，遵照句子大写规则列出作品名。句子大写规则是指只有标题和专有名词的第一个单词大写（就像普通句子一样）。与正文中的引文不同，参考文献列表中的标题不用引号。

图 10-5 至图 10-9 为一些硕士学位论文的参考文献示例。图 10-5 是参考文献列表示例。其中有许多不同类型的参考文献，包括期刊文章、图书、图书章节和在线资料等。图 10-6 是参考文献列表中期刊文章示例，它们按照作者姓氏的字母顺序排列。图 10-7 是参考文献中图书参考书和图书章节示例，它们按照字母顺序排列。请注意多个作者合作编写的图书及存在不同版本的图书的格式。图 10-8 是参考文献中网上期刊文章和

文档示例，它们按字母顺序排列。请注意如何正确列出网址。图 10-9 是参考文献中网站和网页示例，它们按照字母顺序排列。请注意有些网页没有列出日期。以上这些只是参考文献的可能示例。如果你的参考文献不包括在这些情况里，请务必查看 APA 手册或网站。

Becker, L. B., Vlad, T., Huh, J., & Prine, J. (2001). Annual enrollment report: Number of students studying journalism and mass communication at all-time high. *Journalism & Mass Communication Educator, 56*(3), 28–60. Retrieved from http://www.grady.uga. edu/annualsurveys/Enrollment_Survey/Enrollment_2000/Enrollment2000.pdf

Creswell, J. W. (2013). *Qualitative inquiry and research design* (3rd ed.). Thousand Oaks, CA: Sage.

Ethical principles: The Belmont Report. (n.d.). Retrieved from Duke University, Office of Research Support website: http://www.ors.duke.edu/irb/regpolicy/ethical.html

Gillberg, C. (1991). Clinical and neurobiological aspects of Asperger syndrome in six family studies. In U. Frith (Ed.), *Autism and Asperger syndrome* (pp. 122–146). Cambridge, UK: Cambridge University Press.

Niolin, R. (2001). *Families and substance abuse.* Retrieved from http://www.psychpage. com/family/library/familysubstanceabuse.htm

Ponterotto, J. G., & Grieger, I. (2007). Effectively communicating qualitative research. *The Counseling Psychologist, 35*(3), 404–430. doi:10.1177/0011000006287443

图10-5　参考文献列表示例

Hallinger, P., & Snidvongs, K. (2008). Educating leaders: Is there anything to learn from business management? *Educational Management, Administration, & Leadership, 36*(1), 9–31. doi:10.1177/1741143207084058 **[two authors with DOI]**

O'Mahony, S., Blank, A., Simpson, J., Persaud, J., Huvane, B., McAllen, S., et al. (2008). Preliminary report of a palliative care and case management project in an emergency department for chronically ill elderly patients. *Journal of Urban Health, 85*(3), 443–451. Retrieved from http://www.ncbi.nlm.nih.gov/pmc/articles/ PMC2329741/?tool=pubmed/ **[more than six authors with URL]**

Proctor, E. K. (2008). Notation of depression in case records of older adults in community. *Social Work, 53*(3), 243–253. doi:10.1093/sw/53.3.243 **[one author with DOI]**

Smith, L., Foley, P. F., & Chaney, M. P. (2008). Addressing classism, ableism, and heterosexism in counselor education. *Journal of Counseling & Development, 86*(3), 303–309. doi:10.1002/j.1556-6678.2008.tb00513.x **[three authors with DOI]**

图10-6　参考文献列表中期刊文章示例

American Psychological Association. (2010). *Publication manual of the American Psychological Association* (6th ed.). Washington, DC: Author. **[association as author, sixth edition]**

Borgatta, E. F., & Montgomery, R. (Eds.). (2001). *Encyclopedia of sociology* (2nd ed., Vols. 1–5). New York, NY: Macmillan Reference. **[edited reference book, second edition]**

Fraenkel, J. R., & Wallen, N. E. (2009). *How to design and evaluate research in education* (7th ed.). New York, NY: McGraw-Hill. **[two authors, seventh edition]**

Heer, D. M. (2001). International migration. In E. F. Borgatta & R. Montgomery (Eds.), *Encyclopedia of sociology* (2nd ed., Vol. 2, pp. 1431–1438). New York, NY: Macmillan Reference. **[chapter in edited reference book, second edition]**

Kemmis, S., & Wilkinson, M. (1998). Participatory action research and the study of practice. In B. Atweh, S. Kemmis, & P. Weeks (Eds.), *Action research in practice: Partnerships for social justice in education* (pp. 21–36). New York, NY: Routledge. **[chapter in edited book]**

图10-7 参考文献中图书、参考书和图书章节示例

Davidson, G., Devaney, J., & Spratt, T. (2010). The impact of adversity in childhood outcomes in adulthood: Research lessons and limitations. *Journal of Social Work, 10*(4) 369–390. Retrieved from http://jsw.sagepub.com/content/10/4/369.refs **[URL directly to article]**

Institutional Review Board for the Protection of Human Subjects manual. (2008). Retrieved from University of San Francisco website: http://www.usfca.edu/uploadedFiles/Destinations/School_of_Education/documents/IRBPHS/irbManual.pdf **[no author, document on university website]**

Neighborhood. (n.d.). In *Merriam-Webster* online dictionary. Retrieved from http://www.merriam-webster.com/dictionary/neighborhood **[online reference material, no author, no date, URL to source's home page]**

Sleeter, C. (2008). An invitation to support diverse students through teacher education. *Journal of Teacher Education, 59*, 212–219. Retrieved from http://jte.sagepub.com/ **[URL to journal home page]**

U.S. Department of Health and Human Services. (1979). *The Belmont Report*. Retrieved from http://www.hhs.gov/ohrp/humansubjects/guidance/belmont.htm **[government report, organization as author, URL directly to report]**

图10-8 参考文献中网上期刊文章和文档示例

About graduate education in the U.S. (n.d.). Retrieved from http://www.educationusa.info/pages/students/researchgrad.php#.UCXnUZH4LB1 **[webpage, unknown author, no date]**

Criminological transition in Russia. (n.d.). Retrieved from Indiana University website: http://newsinfo.iu.edu/news/page/normal/3876.html **[webpage on university website, author unknown, no date]**

Niolin, R. (2001). *Families and substance abuse*. Retrieved from http://www.psychpage.com/family/library/familysubstanceabuse.htm **[webpage, author and date provided]**

U.S. Department of Health and Human Services. (n.d.). *U.S. public health service syphilis study at Tuskegee*. Retrieved from Centers for Disease Control and Prevention website: http://www.cdc.gov/tuskegee/timeline.htm **[webpage on government agency website, organization as author, no date]**

图10-9 参考文献中网站和网页示例

十、表格

表格的 APA 格式是学生撰写论文时面临的一个棘手问题。在 APA 手册（第五章）中，有 42 页专门介绍如何设置表格格式，我对此深有感触！表格是论文中表达观点、文字或结论的另一种方法。数字表格通常用于描述定量研究的数据（如第四章中的结果），而文字表格是质性研究结果所必需的。有时研究人员也会用表格来描述参与者的人口统计数据（如第三章中的方法）。建议根据学位论文的需要来确定是否加入表格。有时以文本格式呈现信息更为有效（而且可以节省大量时间和精力）。少数情况下建议使用表格。首先，表格必须有助于提高读者的阅读效率。文本中不适合呈现大量数据时，读者可能会对密集的数据感到毫无头绪。表格是一种有效传达信息的方法。其次，表格应该是对正文的补充，而不是重复。换句话说，表格中的信息应扩展正文中的信息。如果表格与正文完全吻合，则需要选择更为有效的一种。最后，表格应便于比较不同组别或参与者的数据。例如，在定量研究中，有时会有实验前测试和实验后测试的分数或不同小组的分数。在质性研究中，可能会使用引文来支撑观点。在文本中呈现这些信息可能会过于烦琐，读者无法迅速发现哪个组的表现更好或者谁说了什么，此时表格是呈现数据对比的好方法。

如果决定加入表格，请遵循设计的三"C"规则：可理解性（comprehensibility）、清晰性（clarity）和一致性（consistency）。第一条规则是可理解性。表格是一种交流工具，读者在看到表格时可以立即理解它的含义。换句话说，表格应具有独立性，读者不必根据表格的标题来猜测数据代表什么，也不必参考文本来理解表格。第二条规则是清晰性。表格的标题、表格中行和列的标题以及数据要能够清楚地传达信息。所有不常见的缩写都须在标题中写出全称或在注释中进行解释。表格应便于阅读，不能让多余的信息干扰读者。最后一条规则是一致性。表格内部和表格之间的表述必须保持一致。这意味着表格的标题和表格中的小标题要使用相似格式，术语表达要一致，数值的表达方式（如小数点、计量单位）也要一致。

用 APA 格式编制表格如同测量幸福感一样：有许多方法可供选择，具体选取哪种，取决于你想要传达的信息。不存在所谓的最佳方法，只要遵循三"C"规则，就能为读者创建一个清晰的、高效的表格。在接下来的几节，我将提供一些关于如何引用表格和设置表格格式的说明。如需查询特定类型的表格，请参阅 APA 手册（第五章中有不同表格的示例）。

十一、文本中的表格

学位论文中出现的表格需要按照出现的顺序进行编号。例如，文中提到的第一个表格是表 1，然后是表 2，以此类推。同时要简要说明表格的内容。以下是两个示例。

● 本研究的参与者具有高度多样性。表 1 列出了参与者的人口统计数据。

● 本研究的参与者具有高度多样性（参与者的人口统计数据见表 1）。

你也可以强调表格中的一些主要结论，切记：不要重复文字和表格的内容。

十二、位置和间距

APA 对表格的位置以及表格里的间距提出了建议。期刊文章里，表格应放在正文的末尾。对于学位论文，APA 允许将表格放在靠近首次被提及之处的正文中。较小的表格可以放在当页，而较大的表格可以单独放在下一页。为了便于阅读，我倾向于让学生把表格放在论文的末尾。请咨询导师表格需置于何处。

计划发表的文章中，表格中的所有内容都是双倍行距。同样，APA

针对学位论文做了一些调整，允许表格标题和小标题使用单倍行距。我本人更希望学生使用双倍行距，因为这样表格会便于阅读。我也希望学生使用常规的 APA 规则，以便他们为发表文章做好准备！请咨询导师应该在表格中使用单倍行距还是双倍行距。

十三、标题

关于标题的选择，应便于从标题中看出表格中列出了哪些数据，这符合可理解性原则。但标题不应过于笼统或过于详细。例如，标题"参与者的反馈"过于含糊，因为它没有告诉读者这是对于什么的反馈。标题"参与者对在线 Qualtrix 调查的反馈，该调查旨在衡量员工对其健康计划、经理的领导风格和发展机会变化的满意度"过于冗长和详细。标题"参与者对满意度调查的反馈"则十分合适。

十四、标题和正文

表格中的内容安排要遵循清晰性原则。请记住，编制表格时要尽可能减少干扰、提高可理解性。此外，表格若旨在比较数据，则应将两组数据紧密对齐。表格中有列和行，列是垂直的（上下方向），行是水平的（左右方向）。表格中没有可见的垂直线。每列和每行都必须有标题。

表 10-1 是 APA 表格的一个示例。请注意该表的几个重要细节。表格的首行标题是"种族"，这可以进一步分组，如年级、政党、性别等。首行标题下面是主要自变量（组）。你还可以有下级标题，如性别（自变量的子组）。还有一些标题用于标识每列中列出的项目。在本例中，列标题为自主、自律和心理授权，它们是 Arc 自我决定量表（Wehmeyer & Kelchner, 1995）中的子量表。首列只标识一列（实验前测试和实验后测试）中的项目。请注意，为了便于比较，实验前测试和实验后测试分数应并排放置。

表10-1 不同种族学生在Arc自决量表上的平均得分

种族	自主性		自律		心理赋能	
	前测	后测	前测	后测	前测	后测
非裔美国人	59	59	29	62	62	75
男孩	49	59	40	60	58	77
女孩	69	73	29	75[*]	65	79
美国印第安人	40	30	43	43	75	75
男孩	49	59	40	60	58	77
女孩						
亚裔美国人	50	66	33	33	75	81
男孩	49	59	40	60	—	—
女孩	69	73	24	75[*]	65	79
高加索人	46	67	95	71	94	94
男孩	49	59	40	60	58	77
女孩	69	73	29	75	65	79
拉丁裔/西班牙裔	92	83	52	81[*]	88	88
男孩	49	59	40	60	58	77
女孩	69	73	34	75[*]	40[a]	79[*]

注：最高分为100。"—"表示分数不详。改编自"Transition from School to Work"，by Y. N. Bui, 2006, Journal for Educators, 84, p. 81.美国教育工作者协会（2006年）版权所有。

[a]三名学生没有完成整个子量表。

$*p<0.05$。

接下来讨论单元格，即行和列之间的交互点。单元格中的数据构成了表格的主体。单元格需要遵循几条规则，最重要的规则是一致性。不论你决定如何显示数据，数据都应保持一致。例如，如果你将一个项目中的分数四舍五入到小数点后两位（通常建议这样做），那么该列中的所有分数都应如此。此外，不能更改列内的测量单位。如果某个单元格里的数据不适用，则将该单元格留空。例如，由于研究中只有美国印第安男孩，因此美国印第安女孩"自主性实验前测试和实验后测试得分"的单元格是空白的。如果有单元格没有获得数据，则在该单元格中插入"—"，并在注释中加以说明。例如，表 10-1 中亚裔美国男孩的"心理授权实验前测试和实验后测试得分"单元格中有"—"，是因为他们没有完成特定的量表。

十五、注释

APA 允许通过注释来解释表格中的某些项目。有三种注释，它们按以下顺序排列在表格的底部：一般注释、特定注释和概率注释。一般注释用于解释与整个表格有关的信息，如缩写或符号。如需使用一般注释，请在表格底部写上"注"一词，然后添加注释即可。注释需要是完整的句子，字号略小于表格的其他部分。如果表格是从其他地方转载来的，需要加以说明。如果需要从受版权保护的资料中转载表格或改编表格的部分内容，必须先获得版权所有者的许可，并在注释中列出表格的原始出处。在一般注释之后，可以列出特定注释。特定注释是指与单个列、行或单元格有关的注释。这些注释在单元格中用上标标出，并在特定注释（在一般注释之后）中加以解释。最后，概率注释列在具体注释之后。概率注释表示假设检验的统计结果。星号（＊）放在单元格中，"$*p < 0.05$"或"$**p < 0.01$"写在概率注释中，以确定 α 水平。在表 10-1 中，表格底部有三种类型的注释示例，但并不要求在一个表格中包含所有类型的注释。

十六、图示

除了表格，有时在论文中加入图示也很有帮助。图表可以是图形、地图、照片或绘图等。图示是呈现非线性关系、结果模式、概念或观点的好方法，读者很难从文字描述中"看到"这些。如前所述，图示有很多种，不同图示有不同作用。建议在必要时才使用图示。与表格的使用规则类似，图示也须遵循可理解性、清晰性和一致性的三"C"规则。图示应易于理解（在其独立存在的情况下）、易于阅读、外观一致。由于图示种类繁多，我仅提供了图示使用的一般规则。更多详细信息请参阅 APA 手册。

十七、文本中的图示

文本中插入的图示需要根据出现的顺序进行编号。例如，文本中提到的第一个图是图 1，然后是图 2，以此类推。接下来简要描述图示的内容。以下是两个示例。

- 图 1 显示了学生在为期两周的课程中任务以外的行为模式。
- 在为期两周的课程中，学生任务以外的行为逐步减少（见图 1）。

你也可以指出图示中的重要部分，但切记文字和图示不应重复。

十八、位置、字号和字体

在计划发表的稿件中，图示通常单独一页列出，位于稿件末尾的表格之后。但是，在学位论文中，APA 允许在正文首次提及图示后将其放在下一页。我倾向于让学生把图示放在论文末尾。请咨询你的导师，确定图示的位置。

图示中的字号和字体要清晰易读。英文的字号最小为 8 号，最大为 14 号。虽然 APA 有明确的尺寸规定，但也可以根据页面的大小调整图示（在横向或纵向上）。APA 还推荐使用英文的 Arial 等无衬线字体（不带衬线）。衬线是在笔画上添加的标志（会使图示变得杂乱）。另一个需要考虑的问题是图示中使用的形状。APA 建议使用圆形和三角形（开口状和封闭状），因为其他形状的组合（如正方形和菱形）看起来会过于相似。如果需要添加注释，则必须将注释放在图示的页边空白处。

十九、图示的标题和注释

学位论文中，图示的标题放在图示下方。标题为图示 1（或其他任何数字），用斜体加句号，并左对齐。图示说明放在此标题后。图示标题应足够详细（但不要过于详细），以便读者无须参阅正文即可理解。图示标题虽然用句号结束，但可以不是完整的句子。你可以添加任何必要的注释，如解释符号、缩写和转载自其他来源，但要注意使用 APA 推荐的表格注释格式。

二十、图形

硕士学位论文中常用的一种图示是图形。图形通常用于显示两个变量之间的关系、数据比较、百分比 / 比例或随时间变化的模式。图形有许多类型，包括散点图、折线图、条形图和圆图（饼图）等。图形的注释位于图形中，用于解释图形中使用的符号。许多图形都有 x 轴（水平线）和 y 轴（垂直线）。x 轴表示自变量，y 轴表示因变量。大多数计算机里的电子表格程序（如 Microsoft Excel）都能生成图形。图 10-10 是 APA 格式图形示例。

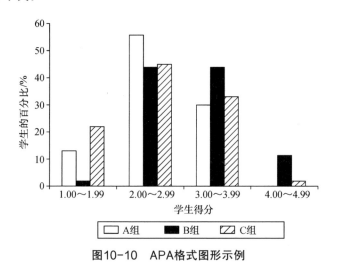

图10-10　APA格式图形示例

二十一、正文之后的格式

1.附录

附录是学位论文的关键部分。你可以在附录中加入有关研究和程序的详细信息，这些信息不适合放在正文中。我要求学生在附录中包含以下内容：伦理审查委员会（IRB）申请信和空白同意书、课程样本和 / 或干预材料以及测量工具。之所以要求包含这些内容，是因为它们对于理解论文的设计和结果至关重要。将这些内容放在附录中的一个好处是你不必通过计算机制作这些材料。例如，如果使用了商业评估工具或教学材料，你可以（经版权持有者许可的情况下）复印其中的部分内容作为示例。

APA 确实对旨在出版稿件的附录有规定，但我并没有完全遵守这些规定，因为我想让学位论文有更大的灵活性。请咨询导师如何在论文中加入附录。

2. 文本中的附录

APA 对于文本中提及附录的规则与表格和图示的规则类似。在文本中提及附录时，请按照附录出现的顺序标注，但使用的是大写字母而非数字。例如，你提到的第一个附录是附录 A，然后是附录 B，以此类推。然后简要说明附录的内容。以下是示例。

● 研究人员在联系学生参与研究之前先征得了家长的同意。

3. 位置和封面页

附录一般放在学位论文的最后，即表格和图示之后。对于用作出版的稿件，APA 要求正文和附录统一编排页码。我不要求学生这样做，因为这样可以灵活地复印其他来源的项目。但是，由于单个项目没有页码，请确保每个项目都有一个适当的标题，以便于识别。

为了识别和标注附录，每个附录都须单独成页，并有一个封面页。封面页上要列出附录的标题和附录中的项目（即一个附录中可以有多个项目）。在封面页上，用较大的字号标出附录的标题，然后用较小的字号列出项目。标题靠近页面顶部，处于居中位置，项目位于标题下方，使用圆点实现左对齐。图 10-11 是附录封面页示例。注意：本附录包括四种不同的测量工具。这些项目将按照列出的顺序插到封面之后。

附录B：测量工具

- 学生满意度调查
- 学生观察协议
- 教师访谈协议
- 生活教师访谈协议

图10-11 附录封面页示例

4. 正文前的页面

还记得我在第一章中承诺过，如有必要我会拉你冲过终点线吗？看看你今天所处的位置吧！如果你已经准备好撰写论文正文前的几页，现在就如同马拉松比赛的最后一段距离。你几乎可以触到终点线，而你所爱之人就在终点线的另一侧，一边拍照，一边高呼你的名字！好好享受这一刻吧！一旦完成了正文前的这几页，你就真正完成整个学位论文了。我保证。正文前的页面包括扉页和签名页、致谢、摘要和目录。这些都不属于 APA 格式范围，因此请咨询你的导师如何撰写这些内容，每个机构都有自己的格式要求。

5. 扉页

扉页是整篇论文的封面页。在这一页，你需要标明论文标题、机构、学位名称、你的姓名和日期。英文论文的标题字数应在 10 ～ 12 个，并包含研究的核心。图 10-12 是扉页的示例（可以调整页面间距使其美观）。

提交给教育学院[学院名称]的论文

旧金山州立大学[大学名称]

部分满足以下学位要求

文学硕士[学位名称]

专业为

特殊教育[学位领域]

作者为

Yvanne N. Bui [你的姓名]

2020年3月15日[日期]

图10-12 扉页的示例

6. 签名页

下一页是签名页，导师和委员会成员将在这里签名。请记住，学位论文在得到导师和委员会成员的批准和签字后才算正式完成。在这一页，请为他们留出空间和行数（如有必要，可增加行数）。图 10-13 是签名页的示例（可以调整页面间距使其美观）。

标题

部分满足以下要求

文学硕士

专业为

特殊教育

作者为

Yvonne N.Bui

旧金山州立大学

2020年5月15日

在委员会的指导和批准下，并经委员会全体成员同意，本论文被认可为部分满足学位要求。

批准：

_____

导师   日期

_____

委员会成员   日期

图10-13　签名页的示例

7. 致谢

下一页是"致谢"。这确实是整篇论文中最精彩的一页，因为在本页你可以感谢所有支持过你的人。不要忘记感谢导师和委员会成员、家人、朋友等。这一页的标题是"致谢"（英式拼写为"Acknowledgements"），位于页面顶部居中位置。从该页开始，要用罗马数字（如 i、ii、iii、iv）开始编写页码。我更喜欢将页码放在页面底部居中位置。不过，APA 格式中页码位于稿件右上角，所以请咨询导师页码的具体位置，看看导师是否有所偏好。

8. 摘要

下一页是摘要。摘要是对论文的简要总结（英文通常在 150 ～ 250 字之间）。摘要虽然简短，但须全面描述目的、参与者、方法和主要发现 / 结果 / 结论。标题 "摘要" 居中，而正文与左边距对齐。图 10-14 是摘要的示例。

摘要

本研究的目的是衡量在全纳普通教育课堂中，针对有学习障碍(LD)和无学习障碍(LD)学生实施综合写作课程的效果。该计划包括预写、叙述性文本结构、写作策略和过程写作。研究在五个五年级教室进行，共有113名学生(其中14名患有LD)参加。本研究采用了准实验对照组设计，三个实验班接受干预，两个对照班接受传统的写作教学。衡量标准包括写作指标以及州写作能力测试成绩。实验组的学生在大多数写作测试中，从实验前测试到实验后测试都取得了显著进步。对照组学生在某些测试上有所提高，但进步较小。

图10-14 摘要的示例

9. 目录

接下来的几页是目录。目录非常重要，因为它是整个学位论文的路线图。因此，要确保页码和标题与论文正文完全一致。通常我建议学生在完成所有论文编辑工作后再创建目录（以防内容发生变化）。论文标题居中靠上，每个字母都要大写。然后，首页以 "致谢" "摘要" 和 "目录" 开头，每个单独占据一行。

10. 表格和图示清单

目录之后是表格列表、图示列表和附录列表。如果有一个以上的表格、图示或附录，建议使用列表，这样可以让读者更容易找到正文中或论文末尾的信息。表格列表和图示列表是单个表格、图表的标题和页码列表。附录列表列出了附录的标题，但没有页码。

接下来的一页是第一章的第一页。自该页开始使用阿拉伯数字（1、2、3、…）编制页码，并一直应用于参考文献、表格和图示所在页。在每章标题后，列出所有二级和三级标题及其相应的页码。每一章的子标题都要略微缩进。不要列出四级标题。在各章之后，目录的最后一项是"参考文献"及相应页码。图 10-15 是一个压缩的目录示例。

标题

图10-15　压缩的目录示例

11. 最后的提示

最后的提示旨在确保在复制和装订论文之前一切就绪。这些提示没有特定顺序。其中有些可能不适用于你的情况，若有疑问，请咨询导师。

- 对所有章节进行最后的语法和拼写检查。
- 使文本中的引用与参考文献列表相匹配。
- 将左页边距设置为 4 厘米，以便装订。
- 使用高克重的优质白色纸张打印论文。
- 每一章从新的一页开始。

- 正文前页面（如"致谢""摘要"）的页码使用罗马数字（i、ii、iii、…）。

- 自第一章的第一页起使用阿拉伯数字（1、2、3、…）编制页码，一直应用至参考文献、表格和图示页。

- 至少为自己保留一份已签名的论文（导师和所在机构通常也会收到一份）。

- 所有文本、参考文献和表格都应使用双倍行距（除非导师另有规定）。

- 检查标题级别，确保其正确无误。

- 所有缩写在首次提及时拼出全称，并在表格和图示中加以注释。

- 检查所有表格，确保每行每列都有标题。

所有受版权保护的材料，如引文、表格和图示，均需获得版权所有者的书面许可。

- 所有直接引用的内容都要注明页码。

- 列出在线资源的检索位置。

- 检查所有网页链接，确保其有效。

12. 复印和装订

完成首页、论文正文、参考文献、表格、图示、附录和最后检查后，你可以将所有内容带去打印和装订了（请参阅"最后提示和清单"）。请与导师核实打印和装订的指导原则。有些机构可能只要求提供电子版。但是你可以根据自己的需要制作纸质版。（它们是很好的礼物！）如果你选择的是专业的打印中心，应该不会有问题。打印中心在学期开始和结束时通常都很忙，所以需要给他们几天时间来打印。将装订好的纸质版（或电子版）论文交由导师和委员会成员签字后，论文就真正完成了。

祝贺你！好样的！太棒了！真为你感到高兴！你一定很欣慰。谢谢你和我一起走过这段旅程。现在，昂首挺胸，挥舞双臂，冲过终点线吧。之后作为奖励，给自己放一个长假吧。

≈≈ 第3节　在学术会议上发言以及发表论文 ≈≈

　　等等，还有事情要做吗？现在，漫长的假期过去了，你得到了充分的休息（我知道你戴了帽子，涂了很多防晒霜），是时候展示和发表你的学位论文了！你花了几个月（几年？）的时间研究和撰写论文，为什么不再接再厉，在学术期刊上发表你的论文呢？我保证你会喜欢自己的名字出现在印刷品上。此外，由于你的研究填补了现有研究的空白，因此传播你的工作成果非常重要！APA手册的第二章和第八章专门介绍了发表论文的过程，我会给你一些建议和鼓励。

　　第一步是向所在领域的学术会议提交介绍你研究的提案。这一点至关重要，因为它可以让你从同行那里获得反馈。你不可能回头改变你的研究方法，但也许可以用不同的方法分析数据，或者补充一些被遗漏的重要启示。会议展示为你提供了一个机会，你可以用全新的、批判性的眼光来审视之前的研究。记住，在会议上做报告时，要确保不是照本宣科或逐字逐句宣读论文。你需要概述研究内容、背景和方法，并强调重要的发现和结果。视觉资料对说明研究要点很有帮助。与会者会想知道你的研究对他们的工作有何影响，因此一定要分享一些重要收获或经验教训。

　　第二步是找到理想的期刊并投稿。理想的期刊是在你所在的领域／学科中与你的论文研究课题相关的期刊。该期刊与你目前的研究水平相当。除非你的研究方法非常严谨（这在硕士阶段很难做到），否则不要向顶级期刊投稿。一旦选定了合适的期刊，请查看投稿指南并阅读几篇该刊已经发表的文章，以便了解该期刊的风格以及你的研究是否适合该期刊。找到合适的期刊至关重要——你的研究可能非常出色，但如果编辑和审稿人认为它不适合他们的读者，他们就会拒稿。

　　第三步是仔细阅读并遵循投稿指南。投稿指南一般发布在期刊的网站上，你要认真阅读并严格遵守，否则稿件很可能无法通过审查。大多数期刊希望作者通过电子门户网站投稿（删除所有可识别信息），以便匿名审稿。

第四步是仔细编辑论文。提交有语法或拼写错误（或不遵循 APA 格式）的马虎之作只会让编辑和审稿人不高兴，降低录用概率。不要简单地剪切和粘贴论文中的大块内容。你需要按照投稿指南重写稿件。请记住，一次只能向一家期刊投稿。这也是研究成果需要很长时间才能发表的原因之一。必须等到整个审稿过程结束，才能将研究论文投稿给另一家期刊。

第五步是不要放弃。根据同行评审，编辑可以选择接受、修改后接受或拒稿。我不会告诉你我的稿件被退稿过多少次，也不会告诉你被接受的稿件都是经过修改的。被退稿的好处是可以阅读审稿人的评论，然后修改稿件使其完善。然后可以将稿件投给其他可能更合适的期刊。发表文章（就像生活中的其他事情一样）的关键在于坚持。如果被拒，也不要放弃！请记住，拒稿并不是拒绝你这个人，而是这篇文章。你只需找到更合适的期刊，然后重新走一遍投稿流程。可能要尝试几次才能成功。显然，你应该知道坚持不懈的道理，因为你刚刚完成了一篇硕士学位论文！想想看，你提交并发表论文之后，就可以再休一个长假了。你需要养足精神准备下一项重要研究……你在说"博士论文"吗？

≈≈ 本章小结 ≈≈

本章我讨论了 APA（2010 年）在引文、参考文献、表格、图示等方面的规则和指南，旨在帮助你完成硕士学位论文。希望这些内容能帮助你顺利完成论文。再次祝贺你完成了硕士学位论文这一壮举！以下是第 10章的要点总结。

- APA 格式常用于社会科学学科，如教育学、心理学、社会学、商学、经济学、护理学和社会工作等。

● 分级标题数是指你使用了几级标题。分级标题最多为五级。标题级别数指的是特定的标题位置。

● 使用直接引用（需要注明页码）或转述他人的文字、观点或研究成果时，必须有引用作品的纸质版或 PDF 电子版。

● 引用作品的作者排序若不按照字母顺序，就按照作品中署名的顺序排列。

● 如果正文中引用了作品，参考文献列表中也必须引用，反之亦然。此外，正文中的引文（如作者的拼写和顺序，出版年份）必须与参考文献列表中的引文完全相同。

● 对于在线资源，除了提供印刷材料所需的信息，还需提供检索位置（或 DOI）。

● 遵循表格和图示设计的三"C"规则，即可理解性、清晰性和一致性。

● 图示是展示非线性关系、结果模式、概念或观点的好方式，读者很难从文本描述中"看到"这些。

● 附录中可能包括的项目有伦理审查委员会（IRB）的申请信和空白同意书、课程样本 / 干预材料，以及测量工具。

● 正文前的页面包括标题和签名页、致谢、摘要和目录。

≋ 学习材料 ≋

一、常见问题和实用解决方案

学生在最后编辑硕士学位论文时经常遇到的一个困难是根据引用列出参考文献。学生脑海中可能浮现的一句话是"我到哪里去找这些参考文献？"克服这一困难的最佳方法是在引用时附上参考文献（而不是等到最后）。在转述或引用年份和页码时，立即将引文放在正文中。然后保留一份所有资料来源的清单，哪怕不是按照正确的 APA 格式编辑的也无妨。你可以最后设置参考文献的格式，这样可以节省查找文献的时间。在参考文献管理软件上的投资终会有回报！

另一个常见的困难是编制表格。你可能会想："我真的需要这个表格吗？"先要确定是否真的需要该表格。如果有必要，那就尽量从简。编制几列（不超过三列）和几行即可。由于打印成本和文字间距不是一个大问题（就像用于有待发表的稿件一样），你可以将数据分布到几个表格中。这有助于调整格式，且可以让读者更容易解读表格。

二、思考 / 讨论问题

对论文进行最后的格式编排时，了解 APA 格式的编辑规则和指南非常重要。以下思考 / 讨论问题将有助于你完成编辑过程。

分级标题数与标题级别数有什么区别？通过阅读提纲，你将如何在论文中使用不同级别的标题？

为什么提供参考文献（印文的来源资料）很重要？你在论文中使用了哪些不同类型的资料（印刷版和网络版）？你是否提供了所有引文的完整信息？

完成硕士学位论文后，应该考虑如何在专业会议上展示该论文并在同行评审期刊上发表。考虑一下你所在学科有无相关会议和适合投稿的同行评审期刊。

三、练习

下面的练习旨在帮助你编辑论文的格式。练习一要求为各种来源资料创建参考文献列表。练习二要求运用参与者的人口统计数据创建一个表格。

练习一：请给你论文中出现的五个引用（尽量列出各种类型）创建一个简明参考文献列表。请务必确定作品类型，然后在参考文献中包含所有必要信息。请同伴检查，确保正确无误！

练习二：根据参与者的情况（如人口统计数据、考试成绩、质化引语）制作一个表格。请同伴检查表格，确保其可理解、清晰、一致。表格要满足以下条件。

- 包括存根列、一个栏跨和两个列头。
- 至少包括一行。
- 至少包括五名参与者的数据。

四、推荐阅读

- American Psychological Association. (2010). *Publication manual of the American Psychological Association* (6th ed.). Washington, DC: Author.

- Schwartz, B. M., Landrum, R. E., & Gurung, A. A. R. (2012). *An easy guide to APA style*. Thousand Oaks, CA: Sage.

五、网站链接

- APA 格式 http://www.apastyle.org/, https://www.apa.org/pubs/apastyle/index.aspx

- BibMe http://www.bibme.org/citation-guide/apa/

- Citation Machine http://www.citationmachine.net/apa/cite-a-book, http://guides.libraries.psu.edu/apaquickguide

- Plagiarism.org http://www.plagiarism.org/, https://owl.purdue.edu/owl/research_and_citation/apa_style/apa_style_introduction .html

参 考 文 献

附录

≋ 附录A　同意书样本 ≋

尊敬的先生或女士：

[**介绍**]我叫（填写姓名），是（填写学院／大学名称）（填写系／学院）系的（填写角色）。

[**目的**]我写信给您是为了请求您同意让孩子参加我正在进行的一项研究，该研究旨在调查一种名为"在教育实践中融入文化主题"的干预措施对学生数学成绩的影响。

[**研究描述**]这项干预措施将非裔美国人的集体主义、运动和口头表达等文化主题与针对障碍学生的数学教学相结合。例如，学生将以小组形式（即集体主义）共同解决数学问题。通过舞蹈、节奏和音乐将运动融入数学教学。口语表达将通过各种形式的口头语言（如呼唤和回应）为学生提供参与数学教学的机会。这一干预措施实施的目的是使课堂环境和教学实践与学生的原生家庭文化相匹配，以尽量减少冲突，最大限度地提高具有不同文化背景的障碍学生的成绩。

[**程序**]如果您允许您的孩子参与，您孩子的任课教师（填写教师姓名）将使用标准的数学教材，结合非裔美国人的文化主题，教授有关分数的数学课程，为期8周（每天50分钟）。研究前后，您的孩子将参加数学测试和满意度调查，以衡量干预效果。每节课后还将进行小型数学测试。

[**保密**]请放心，我将对您孩子的记录保密，将所有数据资料（包括教师报告和学业记录）存放在我家一个上锁的文件柜中，所有记录都将保密。您孩子参与或不参与研究绝不会影响其教育质量，也不会影响您作为家长接受服务的质量。

[**花费／好处**]您的孩子参与研究无须任何费用。根据您的要求，我将免费向您提供一份已完成研究的副本。您无须为孩子的参与支付任何费用，但是我认为您的孩子将从数学教学中获益匪浅，教师也将学到有

效的数学教学方法。

[**知情同意书**] 参与研究是出于自愿的。您可以拒绝让您的孩子参与本研究，也可以任何时候退出本研究。(填写学校名称) 的校长（填写姓名）知道这项研究，但她并不要求您的孩子参与这项研究，您的孩子是否参与本研究不会影响您的孩子在(填写学校名称)接受教育的质量，您的孩子参与或不参与本研究也不会影响他／她今后与学校人员的互动。

[**联系方式**] 感谢您同意并协助本研究。如果您有任何问题，请随时通过电话（填写电话号码）、电子邮件（填写电子邮件地址）或普通邮件（填写邮寄地址）与我联系。

谨上

（填写你的姓名）

（填写你的职称）

≋ 附录B　知情同意书样本 ≋

家长知情同意书

（填写学院／大学名称）

[同意成为研究对象]

[研究目的和背景]

（填写姓名、角色、学校／学院、大学）正在进行一项研究，以调查"在教育实践中融入文化主题"的效果，这是一种将非裔美国人的集体主义、运动和口头表达等文化主题与针对障碍学生的标准数学教学相结合的干预措施。

我的孩子被邀请参与研究，因为他／她是特殊教育班级的学生，该班级的教师已自愿同意参与研究。

[程序]

如果我允许我的孩子参与本研究，可能发生以下情况。

（1）任课教师将使用标准的数学教材，结合非裔美国人的文化主题，向我的孩子教授数学学习策略，为期 8 周（每天 50 分钟）。

（2）(填写姓名)可以查阅我孩子的相关文件／教育记录（这些文件／记录将保密）。

（3）我的孩子将在学习前后各完成一次数学测试。

（4）我的孩子将在研究完成前后各完成一份数学满意度调查。

（5）我的孩子将在每节课结束后完成一次小型数学测试。

[风险或不适]

（1）满意度调查中的某些问题可能会让我的孩子感到不舒服，但他／她可以随时拒绝回答任何问题或停止参与调查。

（2）参与研究可能意味着失去机密性。研究记录将尽可能保密。研究产生的任何报告或出版物都不会使用个人身份。研究信息将进行编码并保存在远离学校的上锁文件中。只有研究人员才能查阅这些文件。

[好处]

让我的孩子参加本研究不会给我带来直接的好处。但是我的孩子很可能会提高他／她的数学成绩，并增加他／她对学校和数学的满意度。其他好处还包括最大限度地减少文化误解的可能性，从而最大限度地提高具有不同文化背景、有特殊需要的学生的成绩。

[费用／财务考虑因素]

我或我的孩子参加本研究无须交任何费用。

[报酬]

我的孩子参加本研究不会得到任何报酬。不过，我的孩子将收到学校免费提供的学习用品。

[疑问]

我已与（填写您的姓名和导师）就本研究进行了交谈，我的疑问得到了解答。如果对本研究有进一步的疑问，我可以致电（填写电话号码）或发送电子邮件（填写电子邮件地址）给他／她。

如果我对孩子参与本研究有任何疑问或意见，应先与研究人员沟通。如果出于某种原因，不想这样做，我可以联系人类受试者保护伦理审查委员会（IRBPHS），该委员会负责保护研究项目中的受试者。我可以致电（填写电话号码）、发送电子邮件（填写电子邮件地址）或写信到人类受试者保护伦理审查委员会办公室（填写学校地址）。

同 意 书

我已收到一份《研究对象权利法案》副本，并已收到一份本同意书副本供我保存。

我自愿参与研究。我可以在任何时候拒绝参加本研究或让我的孩子退出本研究。我是否参加本研究的决定不会影响我或我孩子现在或将来作为（填写学院／大学名称）学生或员工的身份。

下面我的签名表示我同意让我的孩子参加本研究。

学生姓名   学生的教师

家长／监护人签名   签名日期

（请保留一份同意书副本作为记录）

≈≈≈ 附录C 第一章引言样本 ≈≈≈

改编自 Williams, A.(2006)。《学习障碍学生的动机、元认知和自我管理能力》。未发表的硕士论文，加利福尼亚州旧金山大学。

[宽泛问题：国家层面]

美国公共教育质量通常由学生的学业成绩来评判。2001年颁布的《不让一个孩子掉队法案》（NCLB）中有四个规定，其中之一是加强对学业成绩的问责（美国教育部，2003）。纵观全国的教育绩效数据，似乎还有很大的改进空间。例如，2003年的国际学生评估项目（PISA）报告称，美国15岁学生在数学学科上的表现低于29个工业化国家的同龄人（PISA，2003）。全国只有24%的高三（十二年级）学生的写作成绩达到或超过熟练水平。2002年高三（十二年级）学生的平均阅读成绩低于1992年。鉴于未能达到《不让一个孩子掉队法案》所规定的学术标准，各州都迫切希望提高学生的学业成绩。

[国家问题的影响 / 表现形式]

学业成绩不佳可能导致学生对公共教育体系灰心失望，可能导致学生辍学率上升。根据国家教育统计中心（NCES）的研究报告，在全国范围内，1999年入学的高中生中，有5%的学生在2000年10月前辍学。报告还说，2000年10月，约有380万16～24岁的人没有读完高中或没有完成高中课程（NCES，2005a）。

鉴于未完成高中课程的学生人数较多，预计全国和各州的高等教育结果都不会太好。国家教育统计中心的研究表明，公共教育的目标之一是为年轻人提供高等教育期间所需的学习技能。没有完成高中课程的学生无法接受这种学术训练，并很可能无法进入高校学习（NCES，2005a）。据经济合作与发展组织（OECD）统计，2003年美国学生首次进入高等教育的比例为42%。与澳大利亚、芬兰、冰岛、新西兰、挪威、波兰和瑞典相比，这一比例极低，这些国家的首次入学率为60%或更高（NCES，2005b）。

美国青少年对教育不感兴趣的后果非常严重，包括学习成绩不佳、辍学、高等教育学习成绩不佳，以及犯罪活动的风险增加（Caraway,Tucker, Reinke, & Hall, 2003）。根据卡拉韦（Caraway）等人的研究，1999

年有三分之一的高三学生（高中毕业生）认为他们在学校所学的知识对他们的未来并不重要。1980年至1999年，那些认为学校所教知识重要的高中生的比例下降了29%。一项研究报告指出，自1976年以来，同龄人对反社会行为的支持一直在稳步增加（Boesel, 2001）。这些对学校持消极态度和学习成绩不佳与高等教育的结果不乐观有关。

高中辍学后，这些人会参加工作。然而，没有高中毕业文凭的年轻人在就业机会方面似乎并不乐观。例如，2003年，16～24岁的人中，44%的人在获得高中文凭之前就辍学了，他们没有学习完高中课程，也没有就业。受教育水平被认为是影响青年失业率的重要因素（NCES, 2005a）。

除了就业前景不佳，没有完成高中课程的年轻人更有可能参与犯罪活动。有75%的州立监狱囚犯没有完成高中学业，有47%的毒品犯罪者没有高中文凭或高中同等学力证书（general equivalency diploma, GED）（Harlow, 2003）。此外，高中辍学者一生中被逮捕的可能性是高中毕业生的3.5倍（美国卓越教育联盟，2003）。这些数字似乎证明了学业成绩以及高中教育和高等教育对年轻人的重要性。显然，学校应继续开展防止辍学计划，并鼓励学生接受高等教育。如果目前的趋势继续下去，预计监禁和失业的青年人数将增加。全国各地的教育工作者、政治家、家长和学生对于这些全国性的统计数据也越发关注。

[州层面的问题]

加利福尼亚州（教育数据与全国类似）等州也未能幸免于日益严重的发展态势。例如，2003年，加利福尼亚州只有22%的八年级学生在国家教育进展评估（NAEP）中的数学和阅读成绩达到或超过熟练水平。根据加利福尼亚州教育部的报告（2004），在2003—2004年的学业表现指数（API）周期中，只有不到一半的高中达到了学业表现指数增长目标。

[国家层面问题的影响／表现形式]

加利福尼亚州的辍学统计数据也与全国其他地区一致。2003年太平洋研究所（PRI）的一项研究表明，超过 30% 的加利福尼亚州学生在 4 年内没有完成高中课程（PRI, 2005）。研究还指出，由于跟踪方面的困难，这一数字实际上可能高于 30%。各州的高等教育入学率同样不容乐观。洛杉矶联合学区进行的一项研究表明，1998 年，加利福尼亚州只有不到 50% 的高中毕业生上了大学（PRI, 2005）。

[特定样本组]

报告显示，与成绩一般的同龄人相比，患障碍学生学习成绩不佳、无法完成高中课程以及参与犯罪活动的风险更高。2000 年，国家教育统计中心（NCES）在报告中指出，公立中小学就读的学生中，有 8% 的学生存在学习障碍（LD）、情绪或行为障碍（EBD）或智力迟钝（MR）（NCES, 2000）。这意味着有 380 万名年轻人属于上述障碍类别。患障碍学生在就业、工资、高等教育和独立居住方面都落后于同龄人。只有不到 20% 的障碍学生进入高校学习，55% 的障碍学生获得了有竞争力的工作，不到 30% 的障碍学生能够独立生活（国家教育统计中心，2005b）。此外，在高中毕业后两年内找到工作的有学习障碍的学生，其工资低于正常水平（Blackorby & Wagner, 1996）。因此，在就业、维持正常生活以及培养独立性方面，障碍成年人的成功率低于正常的同龄人（Field, Sarver, & Shaw, 2003）。

有学习障碍的学生表现不佳的一个原因是他们可能对学校教育缺乏兴趣。与学习成绩较好的同龄人相比，患有学习障碍和学习成绩较差的学生更有可能持消极态度，对学习缺乏动力（McCoach, 2000）。在提高年轻人的学习成绩方面，鼓励他们对学校教育持积极态度，可能比以往任何时候都更加重要。

[具体的研究问题 / 研究]

在当今的教育环境中，要想让患有学习障碍的学生取得较好的学习成绩，培养他们的自我管理能力至关重要，这也是特殊教育计划的重要组成部分。成功的特殊教育计划向障碍学生传授技能和提供机会，使其在教育和今后生活中更加独立，从而促进他们对教育持积极态度。有学习障碍的学生需要获得相关指导，以实现自我管理（Grigal, Neubert, Moon, & Graham, 2003）。根据美国西北地区教育实验中心（NREL）2004年的一份报告，教师和管理人员的重要任务之一是帮助学生，让学生为自己的学习和成绩负责。向有学习障碍的高中生传授自主学习方法，有助于他们在学业、行为和社交方面取得进步。

≈≈ 附录D 第一章样本 ≈≈

问题陈述

改编自 Williams, A.(2006)。《学习障碍学生的动机、元认知和自我管理能力》。未发表的硕士论文，加利福尼亚州旧金山大学。

鼓励有学习障碍的高中学生成为自主学习者，所面临的挑战与自主教育计划的三个重要组成部分有关：[三个方面]动机和自我效能，元认知技能和自我管理。有学习障碍的高中生缺乏学习动机和自我效能感，在认知方面很吃力，而且往往没有机会发展自我管理能力（Deci & Chandler, 1986; Shimabukuro, Prater, Jenkins, & Edelen-Smith, 1999）。一个有上进心的学生不仅会对学科产生浓厚的兴趣，而且会找到学科学习的最佳策略。这种技能被称为元认知。简单地说，元认知就是对认知的认知，包括学生自我调节、自我评价学习过程并在必要时调整学习策略的能力。促进学生自主学习包括在课堂教学中支持和鼓励他们进行自我管理。在教育领域，自我管理是指学生有充分的选择意识，积极主动地为自己的教育做出决定（Ryan & Deci, 2000）。自我管理要求学生了解自己，重视自己的学习，规划自己的学习行为和体验结果。自我管理需要学生了解和珍视自己，制订计划、采取行动并收获成果，持续学习。

动机和自我效能。[第一个方面的问题]学习动机和自我效能是鼓励学生参与教育的重要因素，缺乏这些特质会导致学生学习成绩不佳。

动机和自我效能似乎密切相关，动机指的是学生对某一学科或任务的兴趣，而自我效能描述的是学生对自己在某一特定学科或任务方面能力的判断（NREL，2004）。一个有足够学习动机和自我效能的学生，在接受教育时会抱着"我想成功，我能成功"的态度。可以说，有学习动机的学生会对所学内容和学习过程中的任务产生浓厚的兴趣。学生尝试或完成特定任务的学习动机可能是内在的，也可能是外在的。虽然内在动机与外在动机的有效性还存在争议（Cameron，2001；Deci, Ryan, & Koestner，2001），但研究人员一致认为，学习动机对学生的成功具有重要作用（Linnenbrink & Pintrich，2002；Ryan & Deci，2000）。

对于有学习障碍的学生来说，学习动机是为他们营造好的学习环境的关键因素。然而，激发有学习障碍学生的学习动机很困难。一般来说，教育研究界认为有学习障碍学生的学习动力不足（Adelman, Lauber, Nelson, & Smith，1989；Wilson & David，1994）。据说当学生屡遭失败时，学习动机就会减弱。与正常学生相比，有学习障碍的学生经历过更多失败，因此他们的学习动机水平较低（Deci & Chandler，1986）。

与正常学生相比，有学习障碍的学生的自我效能也较低。研究发现，有学习障碍的学生普遍将学业失败归咎于外部因素。自我效能的缺失导致他们在学习中遇到很多困难（Dev，1996）。

元认知。[第二个方面的问题]除了希望完成任务（学习动机）和感觉自己有能力完成任务（自我效能），有学习障碍的学生还可以从了解完成任务的最佳方法（元认知）中获益。有学习障碍的学生在元认知方面存在困难，包括自我评价和自我调节（Klassen，2002）。准确评价自己的学习技能给有学习障碍的学生带来了挑战（Stone & May，2002）。这种不准确的自我评价可能使他们在组织和规划任务时遇到困难，因为他们难以确定最适合自己的行动方案。有学习障碍的学生也在分析任务要求，选择和应用适当的策略完成任务，以及评价和调整成绩方面存在困难，因为他们倾向于将更多的注意力放在其他方面，而不是元认知的评价方面（Butler, 1998）。元认知的另一个方面是对学习进行调整。调整、学习和成绩之间有一种联系，即人们以调整促学习，以学习促调整（Martin, Mithaug, & Cox, 2003）。

对于有学习障碍的学生来说，由于自我调节方面存在困难，理解自己的认知过程可能是元认知一个特别困难的方面（Price, 2002）。自我调节包括学生能够理解任务或目标的要求，并监控进度和把握截止日期。当学生尝试完成一项任务但没有成功时，他必须进行自我调节，如在学业、行为或社交方面做出调整，以实现自己的目标（Martin et al., 2003）。有学习障碍的学生，包括被诊断患有注意力缺陷或多动症的学生，很难自我调节（Shimabukuro et al., 1999）。有学习障碍的学生通常在调整学习策略方面存在困难，这可能给学生带来新的元认知方面的挑战（Shimabukuro et al., 1999）。了解自己在认知方面的优点和缺点，对于他们做出有效的学习选择至关重要。

自我决定。[第三个方面问题]将学习动机、自我效能和元认知与培养自我管理能力结合起来，可以提高学习障碍学生的成绩。有一定自我管理能力的学生在学业和向成人生活过渡方面都较容易成功（Bremer, Kachgal, & Schoeller, 2003）。1997年颁布的《残疾人教育法》（IDEA）规定，学生必须参与个性化教育计划（IEP）和过渡规划，以提高他们在意向和精神上的自我管理能力（Grigal et al.）。遗憾的是，许多教育机构非但不支持自我管理能力的发展，反而依赖短期解决方案，比如，过度依赖他人安排或过度使用课程免修。这导致学习障碍学生辍学的比例高，接受高等教育的比例低（Field et al., 2003）。

研究表明，与成绩优秀的同龄人相比，学习障碍学生更难于培养自我管理意识（Wehmeyer, Palmer, Agran, Mithaug, & Martin, 2000）。原因之一是学习障碍这一污名促使许多学生否认自己存在学习障碍，这导致他们的情况不为人所知，因此他们可获得的资源也有限。这种自我意识的缺乏也削弱了学生的自信心，从而影响了学生自我管理能力的发展

（Hoffman, 2003）。

有学习障碍的学生在培养自我决定能力方面遇到的障碍还包括习得性无助和自我贬低（Bos & Vaughn, 2002），以及消极或不切实际的自我认知（Price, 2002）。这些自我扭曲可能抑制学生做出有效选择和决定能力的发展，从而对培养自我决定能力产生负面影响。不幸的是，与成绩良好的同龄人相比，有学习障碍的学生在培养自我决定能力方面遇到的困难更大（Hoffman, 2003）。

[**本节总结**]综上所述，有学习障碍的学生在学习动机和自我效能、元认知技能和自我管理方面都低于正常学生。这些不足会对他们的学习成绩产生负面影响，并可能导致他们彻底辍学。为了让有学习障碍的学生获得成功的人生，教育工作者需要实施基于这方面研究的策略，提高学生的学习动机和自我效能、元认知技能和自我管理能力。

〰 附录E　研究综述样本 〰

改编自 Kendall, D. (2006).《沟通的力量：跨文化框架下特殊班级教师及其学生对有效沟通、课程学习效果和师生关系的看法》。未发表的硕士论文，加利福尼亚州日金山大学。

理想情况下，可以认为所有教师进入课堂时都会对学生如何表现得体有自己的看法。此外，每位教育者的个性、文化身份、种族和举止各不相同，这会影响教师向学生表达自己的期望。以往的研究（Sherwin & Schmidt, 2003）表明，教育工作者和服务者需要了解他们所服务对象的文化，以防止表达错误。丹尼斯（Denni）和詹格雷科（Giangreco）（1996）对此进行了调查，他们研究了个性化教育计划（IEP）中家庭访谈存在的文化敏感性，强调了他们作为专业人士和美国少数群体成员对此问题的看法。这项定性研究旨在聆听家庭访谈的反馈意见，参考文化敏感性领域的最新研究成果，从而构建更具文化敏感性的家庭访谈实践。

在这项研究中，研究人员采用标准抽样法选出了 14 名参与者。研究的参与者需要满足以下三个标准：①美国少数族裔；②了解自己的传统文化；③了解美国当前教育在面对患有重度学习障碍学生的常见做法。参与者属于美国以下少数族裔的成员：非裔美国人、拉丁裔美国人、华裔美国人、日裔美国人、美国印第安人、亚裔印第安人、夏威夷原住民和阿拉斯加原住民。

数据收集过程：向 14 名参与者各提供一份研究方案，要求他们阅读该文件并做出反馈，该文件名为《为儿童选择方案和住宿：全程教育规划指南》(*Choosing Options and Accommodations for Children: A Guide to Planning Inclusive Education*，COACH)。文件在先前的一项研究中编写完成，该项研究询问了家庭成员对当前和未来生活（如健康、安全、社会关系）的安排以及他们对学习的重视程度。参与者需要在阅读协议后撰写一份报告，并从跨文化的角度对 COACH 进行批判性评估。访谈以报告为基础，随后进行了半结构化电话录音访谈。

研究问题有三个：①文化敏感性在家庭访谈中意味着什么；②专业人员如何从文化敏感性的角度开展工作；③如何从更具文化敏感性的角度进行家庭访谈。这些变量以参与者访谈回答的形式被转录并输入 Ethnograph（一种计算机化软件程序）进行数据分析。

研究结果表明，关于家庭访谈中文化敏感性的定义，参与者表示专业人员需要了解每位学生特定的家庭环境，以便更准确地解读家庭未来生活和学习的目标。关于专业人员从更具文化敏感性的角度开展工作和家庭访谈的问题，参与者表示，专业人员需要保持积极的态度，提高敏感性，并尊重其他思想流派，即使这些思想流派与他们目前认同的价值观相悖。这对教育具有不同背景的学生有重要意义。一些教育工作者要与拥有不同文化背景的学生家长接触，上述工作方法和开放心态可能会有效。对学生和家庭的了解，以及对其文化的敏感，可以缓解误解，并有助于澄清课堂和个性化教育计划（IEP）中的沟通意图。

虽然研究讨论了文化敏感领域的许多相关问题，但研究的内部有效性受到了威胁，因为测量的变量不够清晰，所以结果也不够清晰。外部有效性受到的威胁包括对问题调查的背景和持续时间的模糊描述。因此，这些研究结果对其他群体的适用性可能有限。

改编自 Iniguez, D. (2007)。《通过积极干预模式为有学习障碍的英语学习者提供初级语言支持》。未发表的硕士论文，加利福尼亚州旧金山大学。

这是一项基于专业发展的研究，旨在帮助教师培养拥有不同文化背景的学生。针对特殊人群的文化适应性教学项目，目的是评估教师对多元文化教育的看法、多元文化教育在学校课程中的地位，以及多元文化如何影响特殊教育服务（Voltz, Brazil, & Scott, 2003）。对多元文化教育的认识，可以帮助教师培养拥有不同文化和语言背景的学生，以避免学生人数过多，减少特殊教育服务的对象。该项目旨在降低特殊教育中有色人种学生比例过高的问题，并为教育工作者提供一个有意义的多元文化教育理论框架。

参与者是来自较大城市学区的 33 名教师。他们当中有 45% 是非裔美国人，55% 是欧裔美国人。这些教师自愿参加研究，并且获得了一笔津贴。参与者仅限小学和中学教师，并且要求同一所学校至少有两名教师进行合作。此外，每个组别必须至少有一名特殊教育工作者。因此，研究中 60.6% 的参与者为普通教育工作者，平均教龄为 9.6 年；39.4% 的参与者为特殊教育工作者，平均教龄为 11.9 年。其中大多数参与者是小学教育工作者，占 85%，其余 15% 是中学教育工作者。

参与者参与了基于多元文化教育框架的专业发展活动。针对特殊人群的文化适应性教学项目，旨在帮助教师了解"文化适应性教学法"的重要性（Voltz et al., 2003, p.64）。此外，该项目还将文化对学习方式和行为的影响纳入其中。该项目的基础是班克斯（Banks）的多元文化教育模式（2001），该模式主要包括五个组成部分：①内容整合；②知识建构过程；

③减少偏见；④学校文化自主发展；⑤公平教育。

专业发展可分为若干阶段。项目初始阶段以研讨会的形式进行，为期3天。研讨会以班克斯（2001）的多元文化教育模式为基础。其他活动包括动手实践，与同校参与者一起制订计划、讨论和演示。最后一项活动是为参与者设定目标。所有参与者都必须至少说出一个目标，以扩展其在研讨会期间所讨论领域的学习。根据这些目标，教师们写下了自己的专业发展计划。所有学校都以合作小组的形式开展工作，他们有26个小时来完成既定目标。参与者的专业发展计划包括行为研究项目、课程开发项目和阅读小组。

针对特殊人群的文化适应性教学项目采用了多种测量工具来评估教学效果。首先，参与者在参加研讨会前后都接受了一个问卷调查，问卷采用李克特五点量表法，其回答包括从（1）非常不同意到（5）非常同意。研讨会后的问卷比之前的问卷多了两个问题，涉及项目对参与者教学方法的影响，该问卷调查将在参与者参加研讨会15周后开展。此外，所有参与者都接受了电话访谈，以评估他们对多元文化教育的熟悉程度和理解程度，以及他们推荐学生接受特殊教育服务的过程。每次访谈平均约20分钟。针对特殊人群的文化适应性教学项目使用的最后一种测量工具是课前和课后教案分析，这就要求参与者通过创建符合当地文化的教案来解构既定的教学计划。

项目针对不同的测量指标采用了几种数据分析方法。问卷数据采用配对t检验进行分析，以确定前后平均值的差异是否具有统计学意义。访谈进行了转录和编码，以寻找参与者在访谈中经常提到的主题。为了提高项目的有效性，一名有经验的研究生助理同时对记录抄本进行了编码，发现评分者的可靠性为78.8%。对于教案分析，分析方法则分为内容、方法、材料和评估四个方面。同样，分析发现评分者的可靠性为82.9%。课前教案分析与课后教案分析之间的变动量按1～4级评分。项目采用配对t检验对总平均值进行比较分析。

问卷调查结果表明，大多数教师认为针对特殊人群的文化适应性教学项目能有效地帮助他们成为更好的教师。培训前调查问卷的结果表明，大多数普通教育工作者基本能够应对不同文化和语言的家庭，同时他们也熟悉学生的文化背景。然而，他们在以下三个方面存在差异：①满足不同文化和语言背景学生的需求；②找到学习障碍和学习差异之间的区别；③如何从多元文化的角度讲授和实施课程。这三个方面的问题有待解决，它们在问卷调查中的评分明显较高。大多数参与者表示，在该教学项目实施之前，他们所接受的其他教师培训课程无法让他们很好地应对具有不同文化和语言背景的学生。该教学项目实施之后的问卷调查显示，他们已经变得得心应手。

访谈结果被分为以下几类：转介实践、转介前干预、行为管理以及教师对针对特殊人群的文化适应性教学项目效果的看法。会前访谈中有关转介实践的问题显示，65%的普通教育工作者曾因学生在数学或阅读方面存在困难而将其转介到特殊教育服务。会后访谈显示，教师转介学生接受特殊教育服务的比例与此类似，均为60%。然而，在会后访谈中，约有25%的参与者指出，转介过程中需要解决各种问题，如家庭环境和与其他教育工作者的沟通问题。关于转介前干预措施的预访谈强调了三个常用的应对方法：住宿（35%）、家长合作（35%）和专家合作（25%）。会后访谈发现了一个新的类别，即根据不同学生的需要调整方法。在参与者中，有54%的特殊教育工作者参与了转介前干预工作。关于行为管理的访谈前后结果则差异很小：53%的普通教育工作者和45%的特殊教育工作者认为学生的文化背景会影响他们的行为。45%的普通教育工作者和69%的特殊教育工作者指出，教师对该项目的认知使教学方法发生了变化。

对课程计划的分析显示，内容和方法层面的变化最大。普通教育工作者的平均值的变化在课前分析时为2.00，在课后分析时为2.44。特殊教育者的平均值的变化在课前分析时为1.83，在课后分析时为2.25。课前分析和课后分析之间没有统计学意义上的明显变化。

研究指出，教师们认为，在干预之前，他们缺乏适当的教学方法和对文化的理解，无法很好地教育有着不同文化背景的学生。与普通教育工作者相比，特殊教育工作者在与有着不同文化背景的学生合作上信心方面也存在差异。研究还强调了该项目如何影响教师对不同文化背景学生课堂实践的反思。通过这项研究，参与者增强了对教学的认识。

这些结果表明，教育工作者需要接受更多的培训，以教育拥有不同文化背景的学生，从而减少特殊教育服务的转介数量。通过提供良好的学校环境和组织教育工作者进行教学研讨，可以实现对拥有不同文化背景的学生进行教学的目标。本研究通过用学生的母语进行阅读教学来满足这一需求。研究者还建议，特殊教育工作者应参加针对不同文化背景学生的专业发展计划。

研究者指出，这项研究有几个局限性。局限之一是研讨会只持续了3天，而大学课程长达数月，所以专业发展的时间长度设置存在问题。对参与者来说，花更多的时间参与可能更具有价值。该研究的另一个局限性是参与者自愿参加研究，样本量较小。该项目的样本组是由希望了解多元文化教育理论的参与者组成，其他教师可能因为个人偏见而没有参加研究。今后的研究需要涉及更大的样本量，涵盖更多样化的教育工作者。

词 汇 表

- 摘要：摘要是一种组织文章信息的方法，包括研究的简要概述和选定的关键信息。

- 可访问性：可访问性是指进入研究网站或访问参与者的能力。

- 先行组织句：先行组织句是文献综述的提纲，告诉读者本章要讨论的内容。

- 高级搜索：高级搜索（也称引导搜索）允许用户设置特定的筛选条件，以缩小搜索结果的范围。

- 美国心理学会（APA）写作格式规范：APA写作格式规范是美国心理学会出版图书和文章时使用的写作和编辑格式，也是教育学、心理学、社会学、商学、经济学、护理学和社会工作等各社会科学学科普遍使用的写作格式。

- AND：AND布尔运算符将两个或多个术语组合在一起，使每条记录包含所有术语。

- 可以回答的研究问题：可以回答的研究问题是指研究人员能够通过收集数据或信息（使用测量工具）来回答相关问题。

- 《贝尔蒙报告》：《贝尔蒙报告》总结了涉及人类受试者研究的基本科研伦理原则和指导方针。

- 仁慈：仁慈原则是《贝尔蒙报告》中的第二条原则，指的是两条一般规则："①不伤害；②最大限度地提高可能的效益，最大限度地降低可能的伤害。"

- 布尔运算符：布尔运算符用于电子数据库和其他搜索引擎，以定义词或词组之间的关系。

- 导师：导师是指派给或由研究生选择的在整个硕士学位论文写作过程中为其提供指导的教师。

- 分块法：分块法指的是将大型任务分解成更小、更易于管理的部分，如写一章的一个小节而不是整章。

- 栏目标题：在 APA 表格中，栏目标题标明了一列中列出的项目。

- 栏跨：在 APA 表格中，栏跨是覆盖两列或多列的标题。

- 《美国联邦受试者保护通则》：这是一项保护人类受试者的联邦政策，大多支持人类受试者研究的联邦部门和机构都遵循该政策。

- 便利抽样：在便利抽样中，研究人员选择的是当时可以接触到的人。

- 成本效益分析：在成本效益分析中，研究人员必须权衡潜在的效益和预期的风险，并决定效益是否大到足以让受试者承受一定程度的风险，或者风险是否大到不值得让受试者承受风险。

- 数据编码：数据编码是定性研究中的一种数据分析过程，用于主要主题的分类和标记。

- 数据三角测量：数据三角测量是三角测量程序的一种，即使用多种数据收集方法来研究一种现象。

- 欺骗：当研究人员遗漏有关研究的信息或提供虚假信息时，就发生了欺骗行为。

- 演绎推理：从一般到具体的逻辑／推理方法。

- 因变量：因变量是观察自变量是否发生变化（如效果）的变量。研究人员不能操纵因变量。

- 描述性统计：描述性统计是对样本组数据集进行基本统计分析。通常报告的统计数据包括平均值、中位数、众数、方差和标准差。

- 描述符：描述符用于电子数据库，为每条记录建立一个主题索引术语（即受控词汇或主题词）。

- 词典定义：词典定义是词典中提供的定义，用于定义与研究问题相关的、含义模糊的术语。

- 数字对象标识符（DOI）：DOI 是由字母和数字组成的唯一代码，

可提供期刊文章在互联网上的位置链接。

- 博士学位论文：博士学位论文通常是博士学位的最高要求。

- 编辑格式：编辑格式是作者在发表文章、出版图书时须遵守的一套规则。

- 电子数据库：电子数据库是信息（如图书、期刊论文、参考资料）的电子集合，个人可在其中研究和检索资源。电子数据库可以是跨学科的，也可以是围绕某一特定领域的。

- 基于实证的研究成果：基于实证的研究成果是指那些基于实验或观察所产生的数据，而不是观点或理论的研究成果。

- 示例定义：示例定义是指使用示例来定义与研究相关的、含义模糊的术语。

- 扩展器功能：扩展器功能与限制器功能相反，通过允许用户组合或添加关键术语，从而扩大电子搜索范围。

- 外部有效性：外部有效性（研究之外）是指研究结果是否适用于或可推广到其他环境和群体。

- 可行性：可行性是指是否可以获取数据或访问参与者，以及是否有完成研究所需的时间。

- 《最终规则》：《最终规则》是指美国卫生与公众服务部及其他 15 个联邦部门和机构于 2017 年发布的修订版《美国联邦受试者保护通则》。该规则于 2017 年 1 月 19 日发布在《联邦公报》（FR）上，并于 2019 年 1 月 21 日生效。

- 全文：全文是指整个资源以可打印的网页格式或 PDF 格式的论文。

- 漏斗式写作策略：漏斗式写作策略类似于一个漏斗，第一段是问题的宽泛描述，之后的每一段都会将主题缩小到一个具体问题上。

- 一般注解：在 APA 表格中，一般注解位于表格底部，用于解释与整个表格有关的信息，如缩写或符号。

- 普遍适用性：普遍适用性是指研究中关于样本群体的结果在多大程度上适用于更大范围的人群。

- 悬挂缩进：参考文献列表中使用悬挂缩进。悬挂缩进指的是参考文献的第一行一直平移到左侧空白处，其余各行缩进半英寸。

- 标题：标题是用于组织论文章节或子章节的名称。同一层次的标题具有同等重要性。标题的格式取决于稿件或论文中有多少级标题。

- 标题大写：标题大写是指所有主要单词都大写，如电影标题。

- 假设：在定量研究中，需要根据事件的概率分布或可能性做出假设。

- 自变量：自变量是指研究人员有意操纵（如原因）以使因变量发生变化的变量。

- 独立样本 t 检验：独立样本 t 检验用于确定两个独立组间因变量均值的差异是真实差异还是偶然差异。

- 归纳推理：从具体到一般的逻辑 / 推理方法。

- 推断统计：推断统计是更高层次的统计分析，通过样本对总体进行推断。推断统计还包括假设检验和设定概率水平，以检验不同组之间是否存在统计学上的显著差异。

- 伦理审查委员会 (IRB)：在高等教育机构中，伦理审查委员会是一个官方指定的小组，负责审查和监督涉及人类受试者的研究申请。

- 馆际互借：馆际互借是图书馆提供的一项服务，一个图书馆的用户可以借阅另一个图书馆拥有的书籍或获取期刊文章的影印件（有时需要付费）。

- 内部有效性：内部有效性（研究内部）是指因变量的变化是由自变量还是由其他变量引起的。

- 评分者间的可靠性：评分者间的可靠性是指两个或两个以上独立的评分者（数据收集者）对同一刺激物所做评分的相对一致性。传统上，评定者之间的可靠性通过百分比来衡量，计算方法是不同评分者得分一致的分数除以总分。

- 公平：公平是《贝尔蒙报告》的第三项原则，是指在选择参与者和分配利益方面的公平和公正。

- 《基福弗－哈里斯药物修正案》：《基福弗－哈里斯药物修正案》增加了食品与药物管理局的监管权，使药品生产商在向公众推广和销售药品之前，必须证明其药品安全有效。该法案还要求医学研究的受试者给予知情同意。

- 关键词：关键词通常是两到三个词或短语，是研究课题、研究问题的基本要素，用于改善搜索过程。

- 标题级别：标题级别是指稿件或论文中各部分的组织结构。一篇稿件或论文中最多可有五级标题。

- 限制器功能：限制器功能通过允许用户设置特定限制，从而缩小电子搜索范围，使搜索结果只包含符合所选特定标准的研究。

- 文献综述矩阵：文献综述矩阵是一种组织工具，如表格、图表或流程图，用于显示多项研究之间的关系或共同属性。

- 文献综述：文献综述（也称研究综述）是对多项相关研究结果进行比较和总结的文章。

- 制图：制图是一种围绕核心问题、主题、作者等直观组织研究文章的技术。有不同类型的制图格式（如概念、思维、主题树、内容）和软件程序可供选择。

- 文学硕士（MA）：文科硕士学位通常授予文科、理科、社会科学（如教育学、心理学）和人文科学（如历史、哲学、宗教）等学科的学生。

- 理学硕士（MS）：理学硕士学位通常授予技术领域的学生，如工程、护理、数学和医疗管理，但也可以授予社会科学领域的学生。

- 硕士学位：硕士学位是学士之后的学位，由学院或大学授予已经完成一至两年研究生课程的学生。

- 硕士学位项目：硕士学位项目是一个特定学科或领域的研究生水

平的学士之后的项目，通常包括学位论文。

- 硕士学位论文：硕士学位论文是一项基于实证的研究，是研究生的原创作品。

- 平均值：平均值是算术平均值，计算方法是分数总和除以个数。

- 集中趋势的度量：集中趋势的度量是指分布中的"典型"或"平均"分数。

- 变异性度量：变异性度量是一种统计数值，表示分数在分布中的接近或分散程度。

- 测量设备：测量设备是用来测量因变量或相关变量变化的数据收集工具（如调查、观察、测试）。

- 中位数：中位数是分布中的中间值，或者是将分布一分为二（高于 50%，低于 50%）的值。

- 元分析：元分析研究是对多项相关研究结果进行分析，并运用统计测量（如效应大小）进行报告的研究。

- 混合方法研究：一种同时使用严格的定量和定性方法，并利用每种方法的优势来回答研究问题的研究方法。

- 众数：众数是分布中最常见或最频繁出现的分数。

- 多学科数据库：多学科数据库是一个涵盖不同学科的电子数据库，而不仅仅涉及一个特定的领域或学科。

- 国家生物医学和行为研究人类受试者保护委员会：国家生物医学和行为研究人类受试者保护委员会是第一个全国性公共团体，其职责是为开展涉及人类受试者的生物医学和行为研究确定一套基本科研伦理原则和指导方针。

- 1974 年《国家研究法案》（公法 93-348）：根据《国家研究法案》设立了国家生物医学和行为研究人类受试者保护委员会。

- 非数值数据：采用定性方法的研究收集非数值数据来回答研究问题。非数值数据是叙事资料（即文字）。

- 未经同行评审的文章：指在发表前未经同行评审的文章。

- 不可以研究的问题：不可以研究的问题是指研究人员无法收集到可测量的数据来回答问题，或者"答案"是基于哲学、精神或宗教信仰的一类问题。

- NOT：通过 NOT 布尔运算符搜索术语，以便从结果中排除包含某些术语的记录。

- 零假设：零假设 H_0 代表"偶然"理论，即任何观察到的差异都是偶然造成的，处理方式对因变量没有显著影响。

- 数值数据：使用定量方法来研究收集数值数据并回答研究问题。数值数据是数学（即数字）数据。

- 《纽伦堡法典》：《纽伦堡法典》是一套医学行为伦理标准，所有医生在涉及人类受试者实验时都应遵守。

- 操作性定义：操作性定义是一种描述术语属性或特征的定义。只有当事物具备这些属性或特征时，才能对其进行测量。

- OR：通过 OR 布尔运算符搜索术语，以便记录中至少存在若干术语中的一项。

- 配对样本 t 检验（也称非独立样本和相依样本）：配对样本 t 检验用于确定两组相关分数之间的差异是真实差异还是偶然差异。

- 转述：转述是将原文改写成自己的文字（适当引用），同时尽量保留原作的观点。

- PDF 格式：PDF 格式是文档的全文电子"图片"，与研究文章在期刊上的实际显示效果相似。

- 剽窃：剽窃是指使用他人的观点或文字而没有注明出处。

- 一手资料：一手资料来源是研究人员报告的实际或原始研究成果。

- 概率注解：在 APA 表格中，概率注解出现在特定注释之后，说明结果是否具有统计意义（即拒绝零假设）。

- 有目的的重复：有目的的重复是指在论文中有意重申研究问题和研究要点。

- 目的性样本：在目的性抽样中，研究人员选择那些有代表性的个人，因为他们符合研究的某些标准。

- 定性研究：定性研究方法深入研究特定情况，以便从自然环境和参与者的角度更好地了解某个现象。

- 定量研究：定量研究方法包括但不限于使用描述、相关、预判和控制（因果关系）方法进行的研究。

- 随机分配：在随机分配中，样本中的每位参与者被选入处理组的机会均等。

- 随机抽样：随机抽样中，人口中的每个人被选中的机会均等。

- 范围：范围是指某一分布中最大值和最小值之间的差距。

- 审稿：审稿文章（也称同行评审文章）在出版前已提交评审小组进行了外部评审。

- 参考资料：参考资料是百科全书、手册、索引和字典等信息的集合。

- 相关性排序："相关性排序"选项首先显示搜索词，然后按相关性排序列出与搜索词相关的主题词（即描述词）。

- 信度：信度指的是一个工具能在多大程度上始终如一地测量出它需要测量的对象。

- 可复制性：可复制性是指复制（即拷贝）研究以验证和解释研究结果，或者调整和扩展研究。

- 研究问题：研究问题是研究课题中的具体问题，是研究人员需要去回答的问题。研究问题决定了需要收集的数据类型或数据收集的方式。

- 《研究对象权利法案》：《研究对象权利法案》是一份权利清单，保证每项研究中参与者的权利。

- 资源：资源是有形资产，如开展研究所需的材料和资金，但也包括无形资产，如个人健康和精力。

- 尊重个人：尊重个人是《贝尔蒙报告》的第一条原则，包括"两个科研伦理信念：第一，个人应被视为自主行为者；第二，自主权受损的人有权得到保护"。

- 样本组：样本组是一项研究的参与者群体。他们是研究人员收集数据的对象。

- 抽样：抽样是指从人口中选择参与者参与研究的过程。

- 搜索引擎：搜索引擎是一种存储和组织信息以便于检索的计算机系统。常见的搜索引擎是通过互联网搜索万维网上的信息。

- 二手资料：二手资料描述或总结他人的工作。

- 句子大写：句子大写是指只有标题的第一个单词和专有名词像普通句子一样大写。

- 略读：略读是一种通过阅读摘要、引言和总结，快速浏览研究文章的技巧。

- 特定注释：在 APA 表格中，特定注释出现在一般注解之后，用于解释与独立列、行或项目有关的信息。

- 标准差：标准差表示在一个分布中分数与平均值相差多少。

- 存根列：在 APA 表格中，表格左侧的第一列称为存根列。

- 存根头：在 APA 表中，存根列的标题称为存根头。

- 存根：在 APA 表中，存根是行标题，是与存根头相关的主要独立变量。

- t 检验：t 检验是一种统计检验，用于确定观察到的两个平均分之间的差异是真实差异还是偶然差异。

- 终极学位：终极学位是某一研究领域公认的最高学术学位。

- 词库：词库包含按字母顺序排列的描述符（即主题词、主题），电子数据库使用这些描述符为每条记录提供一个主题索引术语（即受控词汇）。

- 深度描述：深度描述是一种既对行为又对行为发生背景的解释。

- 三个平行梯子策略：三个平行梯子策略是一种组织性写作策略。它代表论文章节中按主题或顺序排列的部分（例如，问题陈述、背景和需求等）。

- 时间：时间是指研究人员可用于研究的时间，以及研究的持续时间（长度）和频率（研究人员与参与者互动的频率）。

- 时间表：时间表是研究人员制定的日程表，概述了在分配时间内完成研究的所有必要步骤和阶段。

- 第一类误差：第一类误差是指在零假设成立的情况下拒绝接受该假设。

- 效度：效度指的是工具能在多大程度上测量出它需要测量的对象。效度也可以指定性研究结果的可信度。

- 自愿知情同意：自愿知情同意是指某人有能力表示同意，并获得有关研究（如目的、方法、风险、好处）充分而准确的信息，从而做出是否参与研究的决定。

- 弱势群体：弱势群体是指儿童、孕妇、囚犯或其他可能需要额外保护以免受伤害的人，具体取决于研究所涉及的风险。